예비교사와 현직교사를 위한 초등수학 용어도우미

– 수와 연산 영역

최창우

경상남도 창녕에서 태어나, 경북대학교 수학과를 졸업하고 같은 대학교 대학원에서 대수학을 전공하여 이학박사학위를 받았다. 뉴질랜드 오클랜드 교육대학(현 오클랜드 대학교)의 연구교수, 2009 개정 초등수학 교과서 집필위원, 제7차 초등학교 수학과 교과용도서 심의위원 등을 역임하였으며, 현재 대구교육대학교 수학교육과 교수로 재직 중이다. 학문적 주요 관심 분야는 초등수학교육, 수학교육연구방법론 분야이다. 「수학교육과 교구」를 비롯한 십여 권의 저서가 있고, 「STEM은 초등교육이다」외 다수의 역서가 있으며, 그 외에 「뉴질랜드의 교사교육 프로그램과 수학교사교육」을 비롯한 수십 편의 논문이 있다.

예비교사와 현직교사를 위한 초등수학 용어도우미 –수와 연산 영역

초판 인쇄 2017년 12월 8일
초판 발행 2017년 12월 15일

지은이 최창우
펴낸이 최국주
펴낸곳 동명사
출판등록 1950년 11월 1일(제1–76호)
주소 (우 10881) 경기도 파주시 회동길 50(문발동)
전화 031–955–7200(대표)~2, 7203(편집부), 7204(물류)
팩스 031–955–7205
전자우편 webmaster@dmsbook.com
홈페이지 www.dmsbook.com

ISBN 978–89–411–8180–4 93370
값 15,000원

머리말

오늘날 초·중등학교의 학교 수업에서 학생들이 가장 어려워하는 교과를 말하라고 하면 그것은 단연 수학교과일 것이다. 그 이유를 단적으로 말하기는 어렵지만 그러한 여러 가지 이유 중에 하나가 학생들이 접하게 되는 어렵고도 생소한 수학 용어일 것이다.

학습자의 측면에서 효율적인 수학 교수·학습은 물론이고 훌륭한 문제해결자가 되려면 그 선행조건이 수학교과서에 나타나는 용어에 대한 올바른 이해 없이는 불가능하다. 다시 말해 문제나 지문에 나타나는 용어가 올바르게 이해되어야 폴리아가 주장하는 문제해결의 첫 단계를 무난히 통과하게 되고 이것이 훌륭한 문제해결의 첫걸음이 될 수 있다는 것은 분명하다.

그런데 현행 초·중등학교의 수학 교과서에 나타나는 수학 용어의 대부분은 한자에서 온 용어이거나 아니면 한자말이 혼용되고 있는 것이 사실이다. 그러나 이러한 용어들을 검토해보면 한자가 용어의 이해에 도움이 되는 경우도 있지만, 반대로 한자의 뜻으로 이해하거나 추측할 수 없기 때문에 도움이 안 되거나, 한자의 뜻을 아는 것이 학습자로 하여금 오히려 용어의 개념을 잘못 이해하게하는 개연성이 있는 경우도 더러 있다.

이러한 맥락에서 이 책은 2015 개정 교육과정에 따른 초등수학의 각 영역(수와 연산, 도형, 측정, 규칙성, 자료와 가능성)별 시리즈로 기획하여 제1부와

제2부로 나눈 다음, 제1부에서는 각 영역에 해당하는 교육과정의 전문과 함께 학습지도 방법론을 제시하였으며, 제2부에서는 그에 따른 용어들을 독자들이 쉽게 찾아볼 수 있도록 가, 나, 다, 순서의 사전식으로 배열하였고 아울러 각 용어아래에 보기를 제시하여 독자들의 이해를 돕고자 하였다. 또한 추후에 외국의 최신이론을 공부하고자하는 독자들을 위해서 각각의 용어 옆에 영문표기를 병기하여 한·영, 영·한 사전의 역할을 겸하도록 하였다.

따라서, 현직교사와 예비교사는 물론이고 수학교육을 연구하는 모든 독자들에게 많은 도움을 줄 수 있을 것으로 확신하는 바이다.

미흡한 점은 독자 여러분의 아낌없는 지적과 지도 조언에 따라 꾸준히 수정·보완해 나갈 것임을 밝혀둔다.

끝으로 최근 출판업계의 많은 어려움에도 불구하고 기꺼이 출판을 맡아주신 동명사 관계자 여러분에게 진심으로 사의를 표하며 편집과정에서 많은 도움을 준 본 대학 박지영 선생에게도 감사를 드린다.

2017년 8월 상록동산에서 최창우

목차

제1부

수와 연산 영역의
학습지도 방법론

수는 세상의 형태와 에너지의 원천이다.

—스미르나의 테온 Theon of Smyrna—

수는 만물의 척도이다.

—피타고라스 Pytagoras—

수는 1에서 시작된다.

—아리스토텔레스 Aristotle—

신은 자연수를 창조하였다. 나머지 수는 모두 사람들이 만들었다.

—크로넥커 L. Kronecker—

'이상한 나라의 엘리스'의 저자인 루이스 캐롤은덧셈(addition), 뺄셈(subtraction), 곱셈(multiplication), 나눗셈(division)을 야망(ambition), 산만함(distraction), 추함(uglification), 웃음거리(derision)에다 비유한 적이 있다. 이러한 계산에 대한 혐오는 나를 포함해서 보통사람들에게 계산이 얼마나 지루하고 성가시며 골치아픈 것으로 여기는지를 잘 보여준다.

—존 파울로스 John A. Paulos—

대다수의 학생들에게 있어 분수는 학교 수학 수업 시간에 억지로 다루는 것으로서, 교실 밖과는 거의 관련이 없다. 분수 지식은 자연스러운 것이 아니다. 단지 좀 더 많은 수학을 공부하기 위한 목적으로만 필요한 것이다.

—M. A. Clements & G. Del Campo—

출처: 김성준 외(2013), 초등학교 수학과 교재연구와 지도법, 동명사

1부

수와 연산 영역의 학습지도 방법론[1]

제1부에서는 초등수학 교과서의 내용 구성의 근간이 되는 수와 연산 영역의 학습지도에 있어서 그 실제적인 방법을 다룬다. 먼저 2015 개정 초등수학 교육과정의 수와 연산 영역의 각 학년 군별 내용체계와 성취기준을 살펴보면 아래와 같다.

가. 내용 체계

영역	핵심 개념	일반화된 지식	학년(군)별 내용 요소			기능
			1~2학년	3~4학년	5~6학년	
수와 연산	수의 체계	수는 사물의 개수와 양을 나타내기 위해 발생했으며, 자연수, 분수, 소수가 사용된다.	•네 자리 이하의 수	•다섯 자리 이상의 수 • 분수 • 소수	•약수와 배수 •약분과 통분 •분수와 소수의 관계	(수)세기 (수)읽기 (수)쓰기 이해하기 비교하기 계산하기 어림하기 설명하기 표현하기 추론하기 토론하기 문제 해결하기 문제 만들기
	수의 연산	자연수에 대한 사칙계산이 정의되고, 이는 분수와 소수의 사칙계산으로 확장된다.	•두 자리 수 범위의 덧셈과 뺄셈 •곱셈	•세 자리 수의 덧셈과 뺄셈 •자연수의 곱셈과 나눗셈 •분모가 같은 분수의 덧셈과 뺄셈 •소수의 덧셈과 뺄셈	•자연수의 혼합계산 •분모가 다른 분수의 덧셈과 뺄셈 •분수의 곱셈과 나눗셈 •소수의 곱셈과 나눗셈	

1 본교재의 핵심은 제2부의 '수와 연산 영역의 용어해설'에 있다. 그러나 교재의 구성상 수와 연산 영역의 핵심적인 학습지도 방법론을 앞부분에 서술하는 것이 바람직하다고 판단되어, 제1부에 제시된 내용은 저자의 2015 개정 교육과정에 따른 '초등수학 교재연구'(경문사, 2017)의 제2장 '수와 연산'의 내용을 수정·보완한 것임을 밝혀 둔다.

나. 성취기준

[초등학교 1~2학년]

수는 사물의 개수나 양을 나타내기 위해 발생하였다. 자연수는 수 세기를 통해 도입되며, 0과 자연수에 대한 덧셈, 뺄셈, 곱셈이 정의된다. 수는 수학에서 다루는 가장 기본적인 개념으로, 실생활뿐만 아니라 타 교과나 수학의 다른 영역을 학습하는 데 필수적이다. 또한 사칙연산은 수학 학습에서 습득해야 할 가장 기본적인 기능이며, 이후 학습을 위한 기초가 된다.

① 네 자리 이하의 수
[2수01-01] 0과 100까지의 수 개념을 이해하고, 수를 세고 읽고 쓸 수 있다.
[2수01-02] 일, 십, 백, 천의 자릿값과 위치적 기수법을 이해하고, 네 자리 이하의 수를 읽고 쓸 수 있다.
[2수01-03] 네 자리 이하의 수의 범위에서 수의 계열을 이해하고, 수의 크기를 비교할 수 있다.
[2수01-04] 하나의 수를 두 수로 분해하고 두 수를 하나의 수로 합성하는 활동을 통하여 수 감각을 기른다.

② 두 자리 수 범위의 덧셈과 뺄셈
[2수01-05] 덧셈과 뺄셈이 이루어지는 실생활 상황을 통하여 덧셈과 뺄셈의 의미를 이해한다.
[2수01-06] 두 자리 수의 범위에서 덧셈과 뺄셈의 계산 원리를 이해하고 그 계산을 할 수 있다.
[2수01-07] 덧셈과 뺄셈의 관계를 이해한다.
[2수01-08] 두 자리 수의 범위에서 세 수의 덧셈과 뺄셈을 할 수 있다.
[2수01-09] □가 사용된 덧셈식과 뺄셈식을 만들고, □의 값을 구할 수 있다.

③ 곱셈
[2수01-10] 곱셈이 이루어지는 실생활 상황을 통하여 곱셈의 의미를 이해한다.
[2수01-11] 곱셈구구를 이해하고, 한 자리 수의 곱셈을 할 수 있다.

① 학습 요소

- 덧셈, 뺄셈, 곱셈, 짝수, 홀수, +, −, ×, =, 〉, 〈

② 교수·학습 방법 및 유의사항

- 자연수가 개수, 순서, 이름 등을 나타내는 경우가 있음을 알고, 실생활에서 수가 쓰이는 사례를 통하여 수의 필요성을 인식하게 한다.
- 수 세기가 필요한 장면에서 묶어 세기, 뛰어 세기의 방법으로 수를 세어 보고, 실생활 장면에서 짝수와 홀수를 직관적으로 이해하게 한다.
- 두 자리 수를 10개씩 묶음과 낱개로 나타내게 함으로써 위치적 기수법의 기초 개념을 형성하게 한다.
- 수를 분해하고 합성하는 활동은 20 이하의 수의 범위에서 한다.
- '더한다', '합한다', '~보다 ~큰 수', '~보다 ~작은 수', '뺀다', '덜어 낸다', '합', '차' 등의 일상용어를 사용하여 덧셈과 뺄셈의 의미에 친숙하게 한다.
- 덧셈은 두 자리 수의 범위에서 다루되, 합이 세 자리 수인 경우도 포함한다.
- 덧셈과 뺄셈을 여러 가지 방법으로 계산하는 활동을 통하여 연산 감각을 기르게 한다.
- 한 가지 상황을 덧셈식과 뺄셈식으로 나타내는 활동을 통하여 덧셈과 뺄셈의 관계를 이해하게 한다.
- □가 사용된 덧셈식과 뺄셈식은 □의 값을 직관적으로 구할 수 있는 수준으로 다룬다.
- 학생들에게 친근한 실생활 상황을 이용하여 덧셈과 뺄셈에 관련된 문제를 만들고 해결하게 한다.
- 곱셈의 의미는 배의 개념과 동수누가를 통하여 다루고, 1의 곱과 0의 곱은 실생활과 관련지어 다룬다.
- 수와 연산 영역의 문제 상황에 적절한 문제 해결 전략을 지도하여 문제 해결 능력을 기르게 한다.

[초등학교 3~4학년]

수는 사물의 개수나 양을 나타내기 위해 발생하였다. 수 세기를 통해 도입된 자연수는 큰 수로 범위가 확장되며 자연수에 대한 사칙계산이 정의된다. 자연수로 나타낼 수 없는 양을 표현하기 위해 수 개념은 분수, 소수로 확장되고 각각에 대한 덧셈과 뺄셈이 정의된다. 수는 수학에서 다루는 가장 기본적인 개념으로 실생활뿐 아니라 타 교과나 수학의 다른 영역을 학습하는 데 필수적이다. 또한 사칙계산은 수학 학습에서 습득해야 할 가장 기본적인 기능이며, 이후 학습을 위한 기초가 된다.

① 다섯 자리 이상의 수
[4수01-01] 10000 이상의 큰 수에 대한 자릿값과 위치적 기수법을 이해하고, 수를 읽고 쓸 수 있다.
[4수01-02] 다섯 자리 이상의 수의 범위에서 수의 계열을 이해하고 수의 크기를 비교할 수 있다.

② 세 자리 수의 덧셈과 뺄셈
[4수01-03] 세 자리 수의 덧셈과 뺄셈의 계산 원리를 이해하고 그 계산을 할 수 있다.
[4수01-04] 세 자리 수의 덧셈과 뺄셈 계산에서 계산 결과를 어림할 수 있다.

③ 곱셈
[4수01-05] 곱하는 수가 한 자리 수 또는 두 자리 수인 곱셈의 계산 원리를 이해하고 그 계산을 할 수 있다.
[4수01-06] 곱하는 수가 한 자리 수 또는 두 자리 수인 곱셈에서 계산 결과를 어림할 수 있다.

④ 나눗셈
[4수01-07] 나눗셈이 이루어지는 실생활 상황을 통하여 나눗셈의 의미를 알고, 곱셈과 나눗셈의 관계를 이해한다.
[4수01-08] 나누는 수가 한 자리 수인 나눗셈의 계산 원리를 이해하고 그 계산을 할 수 있으며, 나눗셈에서 몫과 나머지의 의미를 안다.
[4수01-09] 나누는 수가 두 자리 수인 나눗셈의 계산 원리를 이해하고 그 계산을 할 수 있다.

⑤ 분수
[4수01-10] 양의 등분할을 통하여 분수를 이해하고 읽고 쓸 수 있다.
[4수01-11] 단위분수, 진분수, 가분수, 대분수를 알고, 그 관계를 이해한다.

[4수01-12] 분모가 같은 분수끼리, 단위분수끼리 크기를 비교할 수 있다.

⑥ 소수
[4수01-13] 분모가 10인 진분수를 통하여 소수 한 자리 수를 이해하고 읽고 쓸 수 있다.
[4수01-14] 자릿값의 원리를 바탕으로 소수 두 자리 수와 소수 세 자리 수를 이해하고 읽고 쓸 수 있다.
[4수01-15] 소수의 크기를 비교할 수 있다.

⑦ 분수와 소수의 덧셈과 뺄셈
[4수01-16] 분모가 같은 분수의 덧셈과 뺄셈의 계산 원리를 이해하고 그 계산을 할 수 있다.
[4수01-17] 소수 두 자리 수의 범위에서 소수의 덧셈과 뺄셈의 계산 원리를 이해하고 그 계산을 할 수 있다.

① 학습요소

- 나눗셈, 몫, 나머지, 나누어떨어진다. 분수, 분모, 분자, 단위분수, 진분수, 가분수, 대분수, 소수, 소수점(.), ÷

② 교수·학습 방법 및 유의 사항

- 실생활에서 10000 이상의 큰 수가 쓰이는 경우를 찾고 큰 수와 관련하여 이야기하는 활동을 통하여 큰 수에 대한 양감을 기르고 필요성을 인식하게 한다.
- 10000 이상의 수를 비교하면서 수의 크기를 비교하는 방법을 찾아 설명하게 한다.
- 덧셈은 세 자리 수의 범위에서 다루되, 합이 네 자리 수인 경우도 포함한다.
- 곱셈은 '(두 자리 수)×(한 자리 수)', '(세 자리 수)×(한 자리 수)', '(두 자리 수)×(두 자리 수)'를 포함한다.
- 나눗셈에서 '(두 자리 수)÷(한 자리 수)'는 나누어떨어지는 경우와 나누어떨어지지 않는 경우를 포함하여 몫과 나머지를 이해하게 하고, 나누는 수가 두 자리 수인 나눗셈에서는 '(두 자리 수)÷(두 자리 수)', '(세 자리 수)÷(두

자리 수)'를 다룬다.

- 한 가지 상황을 곱셈식과 나눗셈 식으로 나타내는 활동을 통하여 곱셈과 나눗셈의 관계를 이해하게 한다.
- 덧셈, 뺄셈, 곱셈, 나눗셈을 하기 전에 계산 결과를 어림해 보고, 어림한 값을 이용하여 계산 결과가 타당한지 확인해보게 한다.
- 학생들에게 친근한 실생활 상황을 이용하여 덧셈, 뺄셈, 곱셈, 나눗셈에 관련된 문제를 만들고 해결하게 한다.
- 자연수의 사칙계산에서 계산 원리를 이해하거나 계산 기능을 숙달하는 것이 목적이 아닌 경우에는 계산기를 사용하게 할 수 있다.
- 1보다 작은 양을 나타내는 경우를 통하여 분수의 필요성을 인식하게 하고, 분수를 도입할 때 '분모', '분자'를 사용한다.
- 소수의 덧셈과 뺄셈은 계산 원리를 이해할 수 있는 수준에서 간단히 다룬다.
- 수와 연산 영역의 문제 상황에 적합한 문제 해결 전략을 지도하고, 문제 해결 과정을 설명하게 하여 문제 해결 능력을 기르게 한다.

③ 평가 방법 및 유의 사항

- 다섯 자리 이상의 수에 대해 평가를 할 때에는 수를 읽고 쓰는 것뿐만 아니라 수에 대한 양감과 필요성을 인식하게 할 수 있는 문제를 다룬다.
- 나눗셈에 대한 검산에서는 나눗셈 식을 보고 곱셈식으로 나타내는 것보다 검산의 목적과 필요성을 이해하는지에 초점을 두고 평가를 한다.

[초등학교 5~6학년]

수는 사물의 개수나 양을 나타내기 위해 발생했으며, 자연수, 분수, 소수가 사용된다. 수 세기를 통해 도입된 자연수 개념을 바탕으로 수 개념이 분수와 소수까지 확장되고, 각각에 대한 사칙계산이 정의된다. 수는 수학에서 다루는 가장 기본적인 개념으로, 실생활뿐만 아니라 타 교과나 수학의 다른 영역을 학습하는 데 필수적이다. 또한 사칙계산은 수학 학습에서 습득해야 할 가장 기본적인 기능이며, 이후 학습을 위한 기초가 된다.

> ⓵ 자연수의 혼합 계산
> [6수01-01] 덧셈, 뺄셈, 곱셈, 나눗셈의 혼합 계산에서 계산하는 순서를 알고, 혼합 계산을 할 수 있다.
>
> ⓶ 약수와 배수
> [6수01-02] 약수, 공약수, 최대공약수의 의미를 알고 구할 수 있다.
> [6수01-03] 배수, 공배수, 최소공배수의 의미를 알고 구할 수 있다.
> [6수01-04] 약수와 배수의 관계를 이해한다.
>
> ⓷ 분수의 덧셈과 뺄셈
> [6수01-05] 분수의 성질을 이용하여 크기가 같은 분수를 만들 수 있다.
> [6수01-06] 분수를 약분, 통분할 수 있다.
> [6수01-07] 분모가 다른 분수의 크기를 비교할 수 있다.
> [6수01-08] 분모가 다른 분수의 덧셈과 뺄셈의 계산 원리를 이해하고 그 계산을 할 수 있다.
>
> ⓸ 분수의 곱셈과 나눗셈
> [6수01-09] 분수의 곱셈의 계산 원리를 이해하고 그 계산을 할 수 있다.
> [6수01-10] '(자연수) ÷ (자연수)'에서 나눗셈의 몫을 분수로 나타낼 수 있다.
> [6수01-11] 분수의 나눗셈의 계산 원리를 이해하고 그 계산을 할 수 있다.
>
> ⓹ 분수와 소수
> [6수01-12] 분수와 소수의 관계를 이해하고 크기를 비교할 수 있다.
>
> ⓺ 소수의 곱셈과 나눗셈
> [6수01-13] 소수의 곱셈의 계산 원리를 이해한다.
> [6수01-14] '(자연수) ÷ (자연수)', '(소수) ÷ (자연수)'에서 나눗셈의 몫을 소수로 나타낼 수 있다.
> [6수01-15] 나누는 수가 소수인 나눗셈의 계산 원리를 이해한다.
> [6수01-16] 소수의 곱셈과 나눗셈의 계산 결과를 어림 할 수 있다.

① 학습 요소

- 약수, 공약수, 최대공약수, 배수, 공배수, 최소공배수, 약분, 통분, 기약분수

② 교수·학습 방법 및 유의 사항

- 자연수의 혼합 계산은 계산 순서에 중점을 두고, 지나치게 복잡한 혼합 계산은 다루지 않는다.
- 약수와 배수는 실생활에서 활용되는 경우를 찾아 자연수 범위에서 다룬다.
- 최대공약수와 최소공배수는 두 수에 대해서 구하게 한다.
- 분모가 다른 분수의 크기 비교에서 수 감각을 이용하여 추론하고 토론하는 활동을 하게 한다.
- 분수의 나눗셈은 '(분수)÷(자연수)', '(분수)÷(분수)', '(자연수)÷(분수)'를 다룬다.
- 소수의 곱셈과 나눗셈은 계산 원리를 이해하는 수준에서 간단히 다루고, 복잡한 계산은 계산기를 사용하게 할 수 있다.
- 수와 연산 영역의 문제 상황에서 문제 해결 전략 비교하기, 주어진 문제에서 필요 없는 정보나 부족한 정보 찾기, 조건을 바꾸어 새로운 문제 만들기, 문제 해결 과정의 타당성 검토하기 등을 통하여 문제 해결 능력을 기르게 한다.

③ 평가 방법 및 유의 사항

- 최대공약수와 최소공배수에 대한 평가에서 소인수의 곱으로 나타내어 구하는 방법은 다루지 않는다.
- 분수의 사칙계산에서 기약분수로 나타낼 것을 요구하지 않을 경우, 계산 결과를 기약분수가 아닌 분수로 나타내는 것도 허용한다.
- 분수의 통분을 이용한 문제에서 공통분모로 최소공배수뿐만 아니라 분모의 곱과 같은 공배수도 이용할 수 있게 한다.

참고

2015 개정 교육과정의 수와 연산 영역에서는 자연수의 혼합계산이 3~4학년 군에서 5~6학년 군으로 상향 이동하였고, 분수와 소수의 혼합 계산은 삭제되었다.

1 수[2)]

수와 숫자(수의 문자 표현)는 수학에서 다루는 대상 중에서 가장 기본이 되는 것은 물론이고, 일상생활을 살아가는데도 없어서는 안 될 기본적인 도구이다. 인류는 역사를 기록하기 전에 수 개념을 발명하였다. 수를 이용하여 사건이나 현상, 재산, 감정, 똑똑함 등 거의 모든 것을 양으로 표현하고 이를 다른 사람에게 전달할 수 있다.

초등학교 수학에서의 연산은 수 개념의 이해를 기반으로 관련된 연산의 내용을 전개하되 처음부터 기계적인 계산 알고리즘의 형식화나 반복 숙달의 방법을

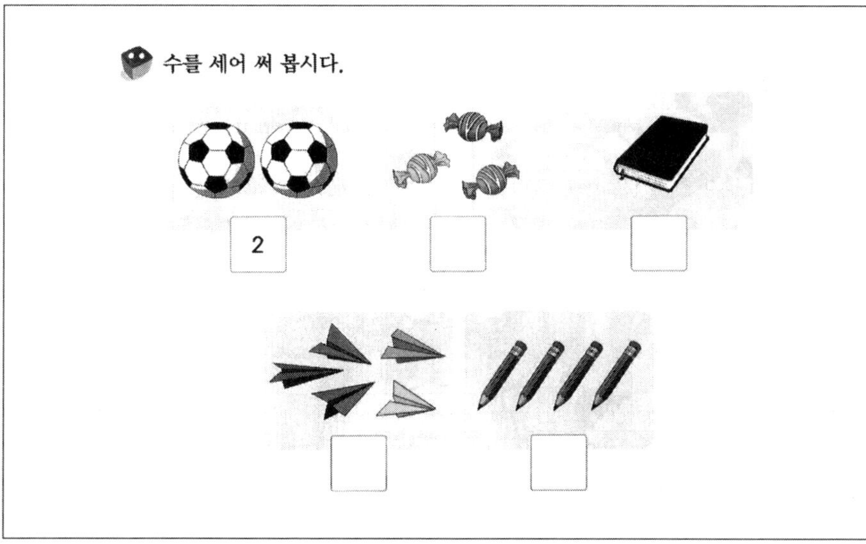

그림 1

2 수는 일반적으로 크기, 순서, 이름을 나타내는 세 가지 의미로 사용된다. 크기나 개수를 나타내는 수에는 개, mL(밀리리터), g(그램), cm(센티미터) 등의 단위가 종종 쓰이며, 순서는 양이 아니라 차례이다. 이름으로 쓰이는 경우는 우리가 전화를 걸 때 지역번호 02를 눌러야 하는데 002를 누르면 전화가 다른 곳으로 연결된다. 이때의 수는 순서를 나타내는 것이 아니라 원영, 지희 같은 서로 다른 이름을 나타내고 있다.

통해서가 아니라 각 연산이 필요한 상황에 대한 이해는 물론 각 계산의 알고리즘이 어떤 주어진 절차대로 이루어 져야만 되는 필연적 이유를 학습자가 이해할 수 있는 활동이나 탐구, 설명의 과정이 충분히 포함되도록 구성되어 있다고 할 수 있다.

인류의 역사를 돌이켜보면 옛날 원시인들은 언제부터인가 눈에 보이는 사물들의 공통점을 찾기 시작하였다. 이를테면, 귤 세 개, 고양이 세 마리, 얼룩말 세 마리, 기린 세 마리 사이에도 눈에 보이지 않는 '3'이라는 공통점이 있다는 사실을 알게 되었다. 이것이 바로 수(number) 개념이며 이와 같이 수 개념은 어떤 '모임들의 모임'의 공통점을 찾는 과정에서 생겨났다. 결과적으로 수는 '모임들의 모임의 공통점'으로서 양의 크기를 나타내며 이러한 수를 기호 5, Ⅴ, 五, 𝍸 등으로 나타낸 것이 숫자(numeral)이다.

1.1 집합의 개념

수학 학습의 대상으로 집합을 다룬 사람은 G. Cantor(독일, 1845~1918)이다. G. Cantor가 생각한 직관적 의미로서의 집합은 "우리의 직관 또는 사고의 대상이며, 명확하고 또 식별 할 수 있는 물건 m을 모은 전체 M, 다시 말해 어떤 모임으로서 그 모임의 대상이 분명한 것을 집합(set)이라하고, 집합을 이루는 낱낱의 대상을 그 집합의 원소(element)라고 한다."로 정의하였다.

보기 1 30보다 작은 자연수들의 모임

1.2 자연수 개념의 형성

우리가 일상생활을 살아가면서 측정하고 비교하는 활동들을 종종하게 된다.

그림 2

이를테면, 수를 센다거나 길이를 재어보는 활동들이 그것이다. 이러한 활동들은 수 개념을 형성하기위한 기초가 된다. 초등학교 1학년에서 수 개념을 형성하기 위한 활동으로서 두 양의 크기를 비교하는 다음과 같은 활동들을 교과서에서 제공한다.

① 그림보고 세어보기.

② 수가 같은 것 알아보기.

③ 세어보고, 더 많은 것, 더 적은 것 알아보기.

④ 1 큰 수와 1 작은 수 알아보기.

1.3 자연수의 의미

자연수라는 용어는 5세기경에 로마의 수학자 Boetius가 처음으로 쓴 것으로 알려지고 있으나 현대에서와 같은 의미로서 쓰여진 것이 아니며, 현재와 같은 개념이 명확하게 된 것은 18세기 프랑스의 수학자 Delembert(1717~1783)에 의한다. 그리고 이때부터 자연수라는 용어가 점차로 일반에게 쓰이게 되었다(고동욱, 1996).

자연수[3]는 공집합이 아닌 유한집합의 집합수로서 우리 일상생활에서는 주로 사물의 양, 순서, 이름 등을 나타낼 때 사용되며 이것을 차례로 집합수(cardinal number), 순서수(ordinal number), 이름수[4] 또는 명목수(nominal number)라고 부른다.

(1) 집합수(기수)

어떤 집합에 속하는 원소의 수를 나타내는 것으로 양을 나타내는 수이다.

보기 2 '우리 반 학생들의 인원수는 24명이다'에서 24는 집합수이다.

(2) 순서수(서수)

사물을 어떤 특정한 관점에 따라 늘어놓았을 때 그 차례 또는 순번을 나타내는 수로서 대상이 순서대로 나열되었을 때 상대적인 위치를 나타낸다.

보기 3 '우리 반 학생들 24명 중에서 나의 키는 앞에서부터 네 번째이다'에서 네 번째는 순서수이다.

(3) 이름수(명목수)

사물의 이름 대신에 쓰이는 수이다. 양을 나타내거나 연산의 대상은 아니지만 자료를 정리할 때 중요하게 쓰인다.

보기 4 생년월일, 통장의 비밀번호, 전화번호, 출석번호, 아파트 동·호수, 버스 번호 등은 이름수 또는 명목수의 대표적인 예이다.

---

3 자연수의 성질은 최소의 수는 1이고 최대의 수는 없다. 또한 위에 언급한 바와 같이 집합수이면서 순서수가 된다.

4 교재에 따라서 명칭수라고 표기하기도 한다.

참고

교재에 따라서는 위의 세 가지 의미 외에 측정수(measuring number)를 소개하기도 한다. 측정수란 연속량인 대상을 재어서 나타내는 수를 말한다. 이를테면, 우리 일상생활에서 사용되고 있는 길이, 무게, 시간 등을 나타낼 때 사용하는 5m, 5kg, 5시간 등의 5는 세어서 나타내는 것이 아니라 연속량을 재어서 나타낸 결과인 측정수이다.

1.4 기수법과 명수법

(1) 기수법

기수법은 수를 기록하기위해 숫자로 나타내는 것을 말한다. 세계 각국의 기수법은 지금의 아라비아 숫자 즉, 인도·아라비아식 기수법이 쓰이기 전까지는 그 나라의 언어와는 상관없이 몇 가지의 원리에 의해서 나타내어지고 있었으며 그 유형은 아래와 같다.

1) 가법적 기수법(加法的 記數法)

기수법 중에서 가장 원시적인 덧셈의 원리에 의한 기수법으로 적혀있는 각각의 수 기호가 나타내는 수 값을 모두 더하여 전체 수 값을 나타내는 방법을 '가법적 기수법'이라고 하며 그 대표적인 예로 아래와 같이 표기되는 고대 이집트, 로마 숫자 등이다.

① 이집트의 숫자

1	10	100	1,000	10,000	100,000	1,000,000
𓏺	𓎆	𓍢	𓆼	𓂭	𓆐	𓁨
막대기	발뒤꿈치 뼈	두루마리	연꽃	지적하는 손가락	올챙이 또는 모캐류	놀라는 사람

이집트 기수법으로 13015는 $1(10^4)+3(10)+1(10)+5$이므로 𓂭 𓆼 𓆼 𓆼 ∩ |||||로 나타내었다.

② 로마숫자

1	5	10	50	100	500	1000
I	V	X	L	C	D	M

이와 같이 기본 숫자를 더하는 방식으로 다른 수를 나타내는 것이 로마 기수법이다. 이를테면, 437을 로마 기수법으로 나타내면 CCCCXXXVII이 됨을 알 수 있다.

2) 승법적 기수법(乘法的 記數法)

승법적 기수법은 곱셈의 원리에 의한 기수법인데 이러한 기수법의 예로는 한 숫자(漢數字)가 있다. 한 숫자는 다음과 같은 원리에 의하여 표기되는 기수법이다.

1	2	3	4	5	6	7	8	9	10	100	1000	10000	…
一	二	三	四	五	六	七	八	九	十	百	千	萬	…

여기서 한 숫자의 기본적인 수는

一 二 三 四 五 六 七 八 九이고

十, 百, 千, 萬, 億, 兆, 京, … 등은 배를 나타내는 수인데, 다른 수를 나타낼 때는 이들 기본적인 숫자 기호 몇 개와 배를 나타내는 숫자 기호를 조합하여 수를 나타내는 방법이다.

이를테면, 三千八百四十九는

$$3 \times 1000 + 8 \times 100 + 4 \times 10 + 9$$

로 해석하여 3849를 의미한다.

이와 같은 뜻에서 이것을 곱셈의 원리에 의한 기수법 또는 승법적 기수법이라고 한다. 승법적 기수법은 큰 수를 나타낼 때 차지하는 공간을 최대한으로 줄일 수 있는 장점이 있지만 큰 수가 나타날 때마다 새로운 단위를 만들어야 하는 단점이 있다.

3) 위치적 기수법(位置的 記數法)

위치적 기수법은 자릿값과 0에 의한 자리 잡기의 원리가 있는 기수법으로 단위를 쓰지 않고 수가 놓인 자리로 단위를 나타내게 하는 방법으로, 해당되는 단위의 수가 없을 때에는 그 자리에 0을 써서 나타낸다. 힌두-아라비아 수 체계인 십진법을 비롯하여, 바빌로니아 수 체계, 오진법, 이진법, 십이진법등 일반적으로 p진법이 있다.

① 힌두-아라비아 수 체계(김수환외, 2010)

힌두-아라비아 수 체계 또는 십진법은 아시아와 중동 지역에서 발생하였다. 초기 발달은 인디아에서 A.D. 600년 무렵 발생하였는데 위치적 기수법의 구조를 가진 수 체계이었다. 현재 사용하는 숫자는 A.D. 700년 무렵 나타났다. 0이 나타난 시기는 불분명하다. 프리버리(Freebury, 1961)에 의하면 0은 8세기 드방나가리(Devanagari)의 숫자라고 하는 반면에 스미스(David Eugene Smith)에 의하면 9세기에 나타났으며, 인디아의 괄리오르에 있는 비문에 쓰여 있었다.

힌두-아라비아 수 체계의 특징은 다음과 같다.

- 기본적인 수 10이 있다. 처음 수를 셀 때 손가락을 이용하였을 것이다. 손가락 10개가 모두 사용되면 더 이상 셀 수 없으므로 그 때까지 센 것을 기록할 필요가 있었다. 따라서 10개씩 묶는다는 것은 매우 자연스러운 일이다.
- 0을 나타내는 기호가 있다. 0은 없음을 나타내기도 하지만 302처럼 0은 10 묶음이 없다는 자릿값을 나타낸다.

- 숫자 1, 2, 3, 4, 5, 6, 7, 8, 9, 0이 사용된다.
- 자릿값 구조는 오른쪽자리가 낱개를 나타내고(일의 자리), 왼쪽으로 한 자리씩 옮길 때마다 10배씩 큰 수를 나타낸다. 어떤 위치에서든 왼쪽에 있는 수는 오른쪽에 있는 수보다 10배 더 크고, 오른쪽에 있는 수는 $\frac{1}{10}$이다. 이것은 소수를 나타낼 때에도 마찬가지이다.
- 알고리즘을 사용하여 지필 계산이 가능하다. 계산기나 컴퓨터를 사용함으로써 지필 계산의 중요성이 떨어지기는 하지만 학생들은 연산에 대한 알고리즘을 배워야 한다.

② 바빌로니아 수 체계

바빌로니아의 수 체계는 이집트와 비슷한 시기에 발달되었다. 바빌로니아 사람들은 2가지 기호만을 사용하였는데 아래와 같이 똑바로 선 쐐기모양으로 1, 옆으로 된 쐐기 모양으로 10을 나타내었다. 이들은 60진법을 사용하였는데 1부터 60까지는 이집트처럼 가법적 기수법을 적용하고, 그 이상의 수에 대해서는 위치적 기수법을 사용하였다.

▼ 1 〈 10

몇 개의 수를 바빌로니아 기수법으로 나타내면 다음과 같다.

▼▼▼▼▼ ▼▼▼	〈	〈▼▼	〈〈〈〈▼▼▼▼▼ ▼▼▼
8	10	12	48

60보다 큰 수를 나타낼 때에는 묶음과 낱개를 띄어서 나타내었다.

▼ 〈▼▼	$60\times 1+12=72$
〈▼ 〈〈▼▼▼▼	$60\times 11+24=684$
▼ ▼ ▼▼▼	$60^2\times 1+60\times 1+1=3663$

바빌로니아 수 체계의 결정적인 결함은 0을 나타내는 수가 없었다는 것이다. 예를 들면, ▼ ▼은 얼마를 나타낼까? 2, 61, 3601, … 또, ▼은 1을 나타낼까, 60을 나타낼까? 이런 불편함을 없애기 위하여 훨씬 뒤에 ◀ 을 0으로 사용하였다. 따라서 ▼◀▼ 은 $60^2 \times 1+1 = 3601$을 나타내고, ▼◀은 60을 나타낸다.

(2) 명수법

명수법은 기수법상의 수(숫자)의 계열에 수의 이름인 수사(number name)를 붙여주는 방법을 말한다. 즉, 수를 부르는 말 또는 수를 읽는 방법을 말한다. 명수법은 각 나라마다 민족의 언어와 밀접한 관련이 있다. 우리나라의 경우는 우리 말 고유의 수사가 있지만, 중국 문화의 영향으로 한자 수사가 함께 쓰이고 있다.

1) 우리 말 수사

우리가 일상생활에서 사용하는 우리말 수사는

하나, 둘, 셋, 넷, 다섯, 여섯, 일곱, 여덟, 아홉, 열, 스물, …, 아흔

등이 있으며, 이들은 모두 집합수를 지칭할 때 사용된다. 순서수를 말할 때에는 맨 처음인 '첫째'를 제외하고는 모두 끝에 '~째'를 붙여 사용한다.

우리나라의 명수법에서는 1에서 10까지의 첫 번째 수사는 한자말 명수법으로 하나의 글자로 되어있고, 11에서 20까지의 수사는 반복의 원리에 따라 수사가 만들어졌으며, 또 $1 \times 10 = 10$(십), $10 \times 10 = 100$(백), $100 \times 10 = 1000$(천)… 등과 같이 10배함에 따라 새로운 수사가 정해짐을 알 수 있다. 다음 두 번째의 우리말 명수법은 10까지는 2개 이하의 글자로 되어 있어 첫 번째의 한자말 명수법 보다는 편리하지 못하며, 11이상의 수에서는 반복의 원리는 적용되고 있으나 스물, 서른, 마흔, 쉰… 등은 발음상에서는 다소 유사한 점도 있지만 확실한 반복의 원리가 적용되었다고 보기는 어렵다.

한편 미국의 수사는 1에서 10까지는 영어의 발음을 한국어로 표현했을 때

세 글자 이하로 수사가 정해져 있어 우리나라의 수사보다 복잡하며, 또 10 이상의 숫자에 대한 수사도 반복의 원리가 명확하지 못하다. 이를테면 11을 읽을 때 반복의 원리가 있게 하려면 ten-one으로 해야 하나 eleven이라 하였고, 12는 twelve 등이 그것이다. 또 $1 \times 10 = 10$(ten), $10 \times 10 = 100$(hundred), $100 \times 10 = 1000$(thousand)… 등 10배할 때마다 새로운 수사가 결정되나 발음의 양이 많아서 우리나라의 수사보다 좋지 못함을 알 수 있다.

2) 한자 수사

한자 수사는

일, 이, 삼, 사, 오, 육, 칠, 팔, 구, 십, 백, 천, 만, 억, 조

등과 같이 한자 기수법에 따른 숫자를 그대로 읽어주면 된다.

대체로 대상이 이산량 혹은 사물의 수효를 나타내는 수일 때 '1, 2, 3, …'을 우리말 수사로 '하나, 둘, 셋, …'으로 읽고 대상이 연속량이거나 이름, 차례 또는 횟수를 나타내는 수나 cm, m, kg 같은 단위가 붙는 수는 '일, 이, 삼, …'과 같이 한자 수사로 읽는다.

이를테면, 우리의 일상생활에서 사과 6개는 '육개'라고 읽는 것이 아니고 '여섯'개 라고 읽어야 하며 몸무게 48kg은 '마흔 여덟 kg'이 아니고 '사십팔 kg'으로 읽어야 한다. 또한 '1월'은 '한 월'이 아니라 '일 월', '제2회'는 '제 두 회' 가 아니라 '제 이 회', '2명'은 '이 명'이 아니라 '두 명', '기호 4번'은 '기호 네 번'이 아니라 '기호 사 번', '5층' 은 '다섯 층'이 아니라 '오 층'이라고 읽는다.

'115 cm'는, '백열다섯 센티미터'가 아니라 '백십오 센티미터'라고 읽지만, '115명'은 '백열다섯 명' 또는 '백십오 명'이라고 읽는다. 이처럼 100보다 큰 수는 한자와 섞어서 읽는다.

명수법에서 또 한 가지 재미있는 사실은 우리말과 영어는 날짜를 읽는 법이 다르다는 것입니다. 이를테면, 7월 4일은 우리말로 '칠월사일'이다. 하지만 영어로는

'칠월 넷째 날'이라는 뜻인 'July Fourth'이다. 우리말로 날짜를 읽을 때는 '일일, 이일, 삼일, 사일, '인데 영어로는 '첫째 날, 둘째 날, 셋째 날, 넷째 날, …'이다.

우리말은 시간을 읽는 법이 독특하다. 시를 읽을 때와 분을 읽을 때가 서로 다르다. 분이나 초는 '일, 이, 삼'으로 읽고, 시는 '하나, 둘, 셋'으로 읽는다. 그래서 3시 3분 3초는 '세 시 세 분 세 초'가 아니라 '세 시 삼 분 삼 초' 로 읽는다.

1.5 자연수의 성질

(1) 약수와 배수

약수와 배수는 중등에서는 정수의 범위에서 다루지만 초등수학에서는 자연수의 범위에서 약수와 배수를 다룬다. 약수와 배수를 수학적으로 정의하면,

N을 자연수 전체의 집합이라 할 때, a, b $\in$ N에 대하여 b = ac인 c $\in$ N이 존재할 때, a를 b의 약수 (divisor)또는 인수라고 하고, b를 a의 배수(multiple)라고 한다. 이때 "a는 b를 나눈다", 또는 "b는 로 나누어 떨어진다"라고 말한다.

약수는 우리 일상생활에서 어떤 물건을 똑같이 나 누어 가지거나 보관하여 담을 때, 공약수를 배우는 데에 사용하고 배수는 기준이 되는 수나 일정한 규칙을 가지고 커지는 규칙을 알아볼 때, 공배수를 배우는 데에 이용된다. 또한 공약수는 약분[5]과 최대공약수를 구할 때 이용되고 공배수는 통분[6]과 최소공배수를 구

5 분모와 분자를 그들의 공약수로 나누어 간단히 하는 것을 약분이라 한다. 약분을 할 때 공약수보다 최대 공약수를 이용하면 계산의 절차를 줄일 수 있으며 그 결과 분모와 분자의 공약수가 1뿐인 기약분수, 즉 더 이상 간략하게 할 수 없는 분수가 된다.

6 두 분수의 분모를 같게 만드는 것을 통분이라 한다. 통분한 분모는 공통분모가 된다. 약분과 통분은 문제 해결과정에서 필요한 형태의 분수 값을 구하기 위해 분수의 표현방법을 변형하는 것이 목적이며 통분을 하는 근본적인 이유는 같은 단위를 가진 것으로 바꿔주어야 비교를 쉽게 할 수 있기 때문이다.

하는 데에 이용된다. 최소공배수로 통분하면, 분모의 크기가 작아지기 때문에 분수의 크기 비교, 덧셈과 뺄셈을 직관적으로 쉽게 이해 할 수 있다. 한편 최대공약수로 약분하면, 분모와 분자의 수가 작기 때문에 분수의 비율을 직관적으로 쉽게 이해 할 수 있다. 결과적으로 약수와 배수를 올바로 이해해야 분수의 사칙연산을 제대로 계산할 수 있다.

초등학교에서는 약수와 배수를 아래와 같이 각각 나눗셈 식과 곱셈식으로 나타내어 지도한다.

보기 5 12의 약수는 다음과 같이 구할 수 있다.

$12 \div 1 = 12$	$12 \div 2 = 6$	$12 \div 3 = 4$
$12 \div 4 = 3$	$12 \div 5 = 2$ 나머지 2	$12 \div 6 = 2$
$12 \div 7 = 1$ 나머지 5	$12 \div 8 = 1$ 나머지 4	$12 \div 9 = 1$ 나머지 3
$12 \div 10 = 1$ 나머지 2	$12 \div 11 = 1$ 나머지 1	$12 \div 12 = 1$

12를 나누어 떨어지게 하는 수는 1, 2, 3, 4, 6, 12이므로 이들이 12의 약수이다.

보기 6 3의 배수는 다음과 같이 구할 수 있다.

3을 1배한 수는 3입니다. $3 \times 1 = 3$

3을 2배한 수는 6입니다. $3 \times 2 = 6$

3을 3배한 수는 □입니다. $3 \times 3 = \square$

3을 4배한 수는 12입니다. $3 \times 4 = \square$

3을 □배한 수는 □입니다. $3 \times \square = \square$

⋮ ⋮

□을 □배한 수는 □입니다. $\square \times \square = \square$

⋮ ⋮

이와 같이 어떤 수를 1배, 2배, 3배 …한 수를 그 수의 배수라고 합니다.

3, 6, 9, …는 3의 배수입니다.

참고

일선 현장학교의 분수와 관련한 문제에서 '그 답을 기약분수로 나타내시오'라는 조건을 주지 않았는데 문제를 채점할 때 약분을 하지 않았을 경우 틀렸다고 채점 하는 것은 잘못이다. 즉, '기약분수로 나타내시오'란 조건을 문제에 주지 않으면 분수의 값이 맞을 경우에는 채점 시 맞는 것으로 해야 한다. 왜냐하면, 기약분수로 쓰는 이유는 표기를 통일하는 약속에 불과하기 때문에 그 약속을 하지 않으면 분수의 값은 수도 없이 다양하게 나타낼 수 있기 때문이다.
분수를 통분할 때 많은 현장교사들이 최소공배수로만 통분할 수 있다고 잘못 이해하고 있다. 분수의 통분은 통분하고자 하는 분수의 분모에 대한 공배수로 통분할 수 있으며, 일선현장 학교에서 주로 최소공배수로 통분하는 이유는 최소공배수로 통분하는 것이 가장 간편하기 때문이다.

(2) 소수와 합성수

소수(prime number)의 개념은 피타고라스학파에 의하여 얻어진 것으로 알려져 있으며, 유클리드는 '소수란 단위만으로 측정되는 수'라고 정의하였는데 이는 곧 1보다 큰 자연수 중에서 약수가 1과 자기 자신 밖에 없는 수가 소수[7]임을 의미한다. 1과 자기 자신 이외에 적어도 하나의 약수를 가지는 수를 합성수(composite number)라 한다.

소수를 찾는 방법에는 그리스 시대부터 알려진 '에라토스테네스의 체(sieve of Eratosthenes)'가 있다. 이 방법은 아래와 같다.

- 단계 1: 1은 건너뛴다.
- 단계 2: 2에 ○표를 하고, 2 다음에 나타나는 2의 배수를 모두 ×표한다.
- 단계 3: 3에 ○표를 하고, 3 다음에 나타나는 3의 배수를 모두 ×표한다.
- 단계 4: 이런 방식으로 ×표 되지 않은 수로 이와 같은 과정을 반복한다.

결과적으로 ○표 된 수들이 소수가 된다.

합성수를 소수인 약수들의 곱으로 표시하는 것을 소인수분해라고 한다. 이를

7 소수의 개수는 무한(infinite)임이 밝혀져 있다.

테면, 60 = 2×2×3×5로 소인수 분해 된다.

참고

1은 소수가 아니다. 그 이유는 만일 1을 소수로 친다면 정수론의 기본정리에서 1 보다 큰 모든 양의 정수는 소수들의 곱으로 유일하게 표현되어야 한다는 사실에 모순이 생기게 된다. 이를테면, 3003을 생각해보자. 1이 소수라면 3003은 아래와 같이 소수들의 곱으로 표현할 수 있다.

$$3003 = 3\times7\times11\times13$$
$$3003 = 1\times3\times7\times11\times13$$
$$3003 = 1\times1\times3\times7\times11\times13$$

이와 같이 1이 소수라면 분해한 식에다 얼마든지 1을 붙일 수 있다. 이렇게 되면 소수들의 곱으로 유일하게 나타낼 수 없게 된다. 따라서 1은 소수로 생각하지 않는다.

(3) 짝수와 홀수[8)]

짝수와 홀수는 아이들이 처음으로 경험하는 수에 대한 이론이다. 일상생활이나 놀이 등을 통하여 둘씩 짝을 지어보는 경험을 하다보면 그 과정에서 어떤 수가 짝수인지 홀수인지를 자연스럽게 비형식적으로 인식할 수 있다. 또 다른 방법으로는 5학년에서 학습하는 배수를 활용하여 짝수와 홀수를 지도할 수 있다. 이를테면, 자연수의 집합은 여러 가지 방법으로 분류할 수 있는데, 예를 들어 자연수 집합은 {1}과 소수의 집합, 합성수의 집합으로 분류할 수 있다. 또, 3의 배수 집합과 3의 배수가 아닌 집합으로도 분류할 수 있다. 같은 방법으로 자연수 집합은 2의 배수 집합과 2의 배수가 아닌 집합으로 분류할 수도 있다. 이때, 2의 배수의 집합을 짝수(even number)라 하고, 2의 배수의 집합이 아닌 집합을 홀수(odd number)라고 한다(배종수, 1999). 그러나 약수와 배수를 배우지 않은 저학년에서는 사용할 수 없으며 앞서 언급한 바와 같이 둘씩 짝을 지어보는 활동으로 짝수와 홀수를 지도할 수 있다.

---

8 짝수와 홀수는 2007 개정 교육과정에서 5학년의 약수와 배수 바로 다음에 지도하다가 2009 개정교육과정부터 1~2학년 군으로 하향 조정되었다.

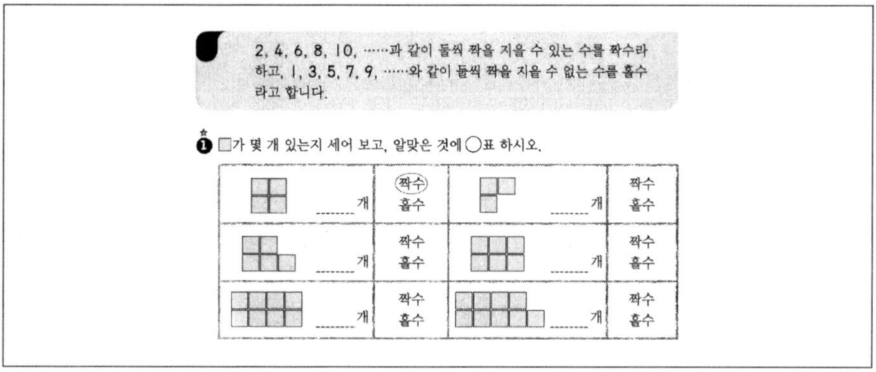

2, 4, 6, 8, 10, ……과 같이 둘씩 짝을 지을 수 있는 수를 짝수라 하고, 1, 3, 5, 7, 9, ……와 같이 둘씩 짝을 지을 수 없는 수를 홀수라고 합니다.

❶ □가 몇 개 있는지 세어 보고, 알맞은 것에 ○표 하시오.

____개	(짝수) 홀수	____개	짝수 홀수
____개	짝수 홀수	____개	짝수 홀수
____개	짝수 홀수	____개	짝수 홀수

그림 3

짝수와 홀수에 대해서 여러분들은 다음과 같은 패턴을 찾을 수 있다.

① 덧셈

(홀수)+(홀수)=(짝수), (짝수)+(홀수)=(홀수), (짝수)+(짝수)=(짝수)

② 연속적인 홀수의 합

$1+3 = 2\times2$ $1+3+5 = 3\times3$ $1+3+5+7 = 4\times4$

$1+3+5+7+9 = 5\times5$ $1+3+5+7+9+11 = 6\times6$

③ 연속적인 짝수의 합

$2+4 = 2\times3$ $2+4+6 = 3\times4$ $2+4+6+8 = 4\times5$

$2+4+6+8+10 = 5\times6$ $2+4+6+8+10+12 = 6\times7$

④ 곱셈

(짝수)×(짝수)=(짝수), (짝수)×(홀수)=(짝수), (홀수)×(홀수)=(홀수)

참고

정수론의 나눗셈 정리(division algorithm)에 따르면 a, b는 정수이고, $a \neq 0$일 때, $b = aq+r$, $0 \leq r < |a|$인 정수 q, r이 유일하게 존재한다.
위의 정리를 주목하면 임의의 정수는 반드시 $2q$ 또는 $2q+1$의 꼴로 표현됨을 알 수 있고 $2q$꼴인 정수를 짝수, $2q+1$ 꼴인 정수를 홀수로 정의함이 본래의 짝수 홀수의 정의이나 초등수학에서는 수의 범위를 자연수 범위에서만 생각한다는데 근본적인 차이점이 있다.

(4) 완전수, 부족수, 과잉수, 친화수

"유클리드 《원론》" 제7권에서는 완전수, 부족수, 과잉수를 다음과 같이 정의하고 있다.

> "한 자연수의 모든 약수의 합계(단, 자신은 포함하지 않는다)가 자신과 같을 때, 완전수(perfect number)라고 한다."

기원전 600년경의 그리스의 수학자이며 철학자인 Nicomachos는 완전수에 대하여 다음과 같이 언급하였다.

> "주지하는 바와 같이 아름다운 것은 희소하면서도 정연한 것이다. 그런데 완전수는 각 자리에서 하나씩, 즉 한 자리에서 하나 6, 두 자리에서 하나 28, 세 자리에서 하나 496, 네 자리에서 하나 8128 뿐이다. 그리고 완전수 6, 28, 496, 8129의 끝자리 숫자가 6, 8, 6, 8로 교대로 정연하게 주어져 있다. 완전수는 희소하고도 정연하므로 아름답다."

당시에는 4개의 완전수만이 알려져 있었으나 15세기에 5번째의 완전수 33550336, 6번째의 완전수 8589859056이 독일의 수학자 Regiomontanus에 의하여 얻어졌다(고동욱, 1996). 그 이후 현재까지 발견된 완전수는 모두 46개로 알려져 있으며 홀수인 완전수는 아직 발견되지 않았고 아울러 완전수가 무한히 존재하는지의 여부도 미해결 문제로 남아있다.

보기 7 6의 약수는 1, 2, 3(자신 6은 제외)인데, $6 = 1+2+3$이므로 따라서 6은 완전수이다. $1+2+4+8 \neq 16$이기 때문에, 16은 완전수가 아니다.

또 "한 자연수의 모든 약수의 합계(단, 자신은 포함하지 않는다)가 그 자신보다 작을 때 부족수(deficient number)라고 하며, 자신을 제외한 모든 약수의 합이 그 자신보다 클 때를 과잉수(abundant number)라고 하였다.

보기 8 8의 약수는 1, 2, 4(자신 8은 제외)인데, 8 > 1+2+4이므로 8은 부족수이다. 또 12의 약수는 1, 2, 3, 4, 6(자신 12는 제외)인데, 12 < 1+2+3+4+6이므로 12는 과잉수이다.

친화수[9]란 어떤 두 수가 있을 때, 어느 한 수의 약수의 합(자신의 수는 제외)이 다른 수와 같을 때 두 수를 친화수(friendly number)라고 한다.

보기 9 220과 284는 친화수이다. 왜냐하면,

220의 약수 $= 1 + 2 + 4 + \cdots\cdots + 55 + 110 = 284$

284의 약수 $= 1 + 2 + 4 + 71 + 142 = 220$

이 밖에도 쌍둥이 소수, 부부수, 제곱수 등이 있는데 관련 자료를 참고하기 바라며, 이런 토픽들을 적절히 재구성하면 영재학습 지도 자료로 활용할 수 있다.

(5) 피타고라스의 도형수[10]

피타고라스의 수에 대한 발견 중 아주 흥미 있는 내용은 바로 도형수(figurate numbers)에 관한 것이다. 피타고라스는 수는 일정한 모양을 갖는다고 생각하였다. 그래서 삼각수(triangle numbers), 사각수(square numbers), 오각수(pentagonal numbers) 등의 도형수를 생각하였다. 이를테면, 삼각수는 점을 배열해서 정삼각

9 교재에 따라서는 친화수를 우호수라고 하기도 한다. 위의 보기의 220과 284가 가장 작은 친화수이고, 1184와 1219, 17296과 18416, 9437056과 9363584 등 지금까지 60쌍 이상이 발견되었으며, 컴퓨터와 계산기의 발달로 10억 이하의 수에 해당하는 친화수는 모두 발견되었다.

10 어떤 도형의 모양을 잘 나타내도록 점을 규칙적으로 배열하고, 이때 도형에 배열한 점의 수를 대응시킨 수를 도형수라고 하며 교재에 따라서는 형상수라고 하기도 한다.

형 모양으로 나타냈을 때의 점의 수를 말한다. 아래 그림은 삼각수, 사각수를 네 번째 모양까지 나타낸 것이다.

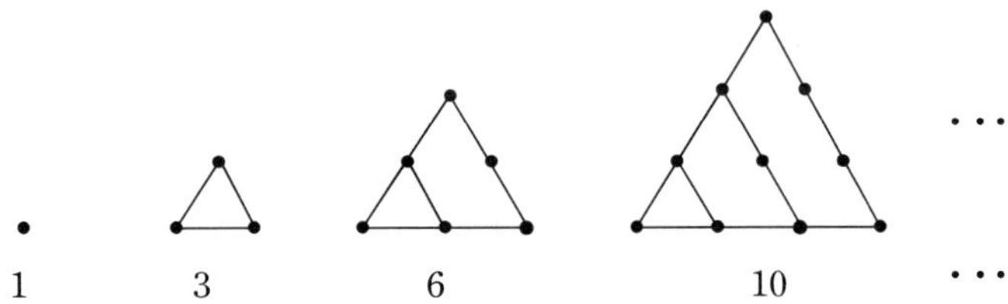

사각형에서는 다음과 같이 사각수가 얻어진다.

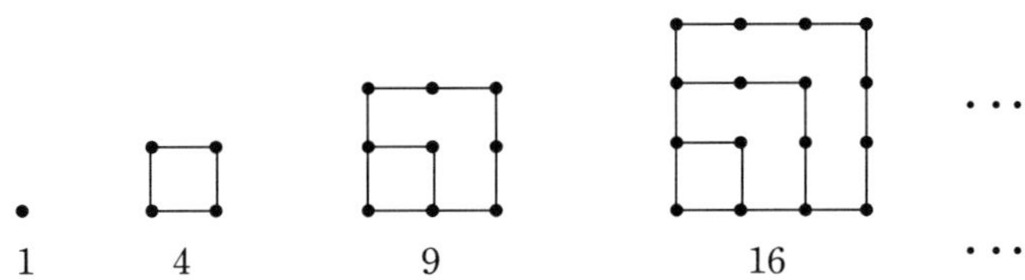

(6) 자연수열의 합

고대의 수학자들은 자연수에 관한 여러 가지 연구를 하였다. 그 중의 한가지로 자연수열의 합을 구하는 문제를 들 수 있다.

① $1+2+3+\cdots+n=\dfrac{n(n+1)}{2}$

② $1+3+5+\cdots+(2n-1)=n^2$

고대의 수학자들은 이들 공식을 아래와 같이 도형으로 구하고 있는 것이 특징이다.

① □ = 1

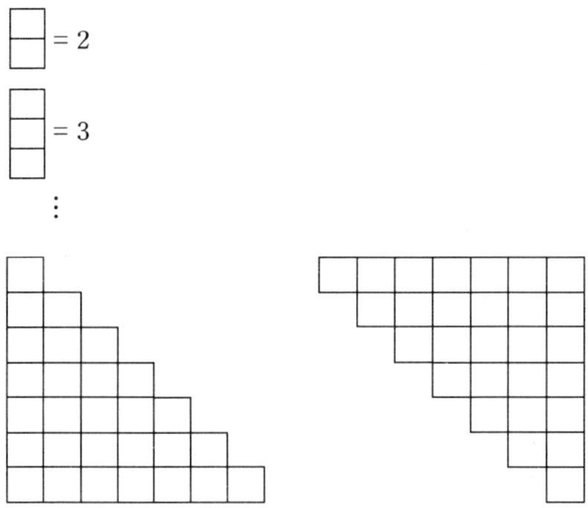

그림에서 $1+2+3+4+5+6+7 = \frac{7\times8}{2} = \frac{7\times(7+1)}{2}$ 이므로

일반적으로 $1+2+3+\cdots+n = \frac{n(n+1)}{2}$ 이 얻어진다.

②

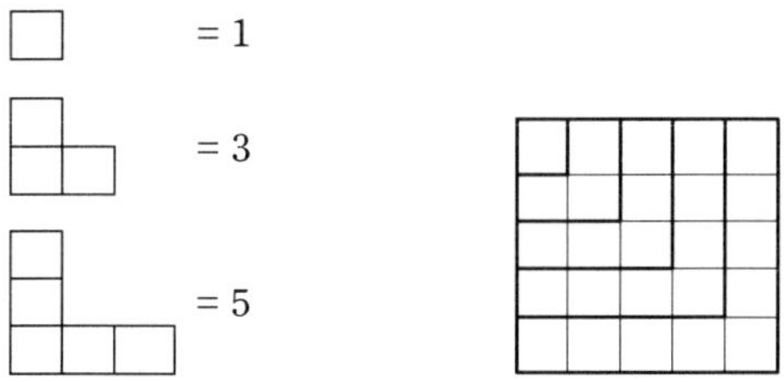

그림에서 $1+3+5+7+9 = 5^2$

일반적으로 $1+3+5+\cdots+(2n-1) = n^2$ 이 얻어진다.

(7) 배수판정법

수학이나 일상생활에서 어떤 수가 다른 수로 나누어 떨어진다는 것을 알면 편리할 때가 많다. 왜냐하면 계산기로 나누는 시간을 절약시켜 주기 때문이다. [표-1]의 배수 판정법을 알고 있으면 실제로 계산하지 않고 나누어 떨어지는지를 쉽게 알 수 있다.

[표-1]

숫자	배수판정법
2의 배수	마지막 숫자가 짝수(이를테면 0, 2, 4, 6, 8)
3의 배수	숫자의 총합이 3의 배수
4의 배수	마지막 두 자리 숫자가 00이거나 4의 배수
5의 배수	마지막 숫자가 0 또는 5
6의 배수	2의 배수이고 3의 배수
7의 배수	abcde에서 abcd−2×e가 7의 배수
8의 배수	마지막 세 자리 숫자가 000이거나 8의 배수
9의 배수	숫자의 총합이 9의 배수
10의 배수	마지막 숫자가 0
11의배수	홀수 자리 숫자들의 합과 짝수 자리 숫자들의 합의 차이가 11의 배수
100의배수	마지막 두 자리 숫자가 모두 0

보기 10 아래 각 문장의 진술이 참이 되도록 밑줄 친 곳에 알맞은 숫자를 넣어보시오.

① 73456_은 3의 배수이다.

② 58_236은 6의 배수이다.

보기 11 87836은 7의 배수이다.

abcde에서 abcd−2×e가 7의 배수임을 확인해보자. 8783−26 = 8771, 877−21 = 875, 87−25 = 77이고 77은 7의 배수이므로 87836은 7의 배수가 된다.

1.6 자연수의 학습지도 방법

우리는 수로서 어떤 양이나 성질 등을 표현하는 일에 익숙해져 있으며, 그렇게 표현되었을 때만이 양감을 느낄 수 있을 뿐만 아니라 신뢰감이 생긴다. 역사적으로 볼 때, 인류가 처음 사용한 수는 아주 간단하였으며 자연수는 역사상 가장 먼저 발생한 수로서 모든 수학의 기초개념 형성과 다른 여러 가지 수를 형성하는데 기초가 된다. 자연수에서 '자연'이란 말은 자연현상과 같이 '있는 그대로'란 뜻으로서 조작되지 않은 수를 의미하며, 물건의 개수를 하나, 둘, … 셀 때나 첫째, 둘째, …와 같은 차례를 정할 때에 자연수가 필요하게 된다. 따라서 그 도입과정에서부터 이 두 가지 관점에 부합되는 방향으로 자연수 및 0의 개념이 파악될 수 있도록 지도가 전개 되어야 할 것이다. 최근 들어 수 감각(number sense)에 대한 관심이 점차 증가하는 추세이므로 수지도에서 수 자체만을 학습하기 보다는 수에 대한 감각을 기르는 것 또한 중요한 문제이다. 이를 위하여 단순히 물건의 개수를 수로 나타내는 지적 학습보다는 수를 실제로 활용하는 여러 가지 활동학습이 보다 더 효율적이라 생각된다.

그 지도 방법은 여러 가지로 생각할 수 있겠으나 대체적으로 아래와 같은 순서로 지도한다. 여기서 0에서 9까지의 수를 기본수라고 하며 1~9, 0의 순서로 나누어 지도하며 수세기의 원리에 바탕을 두고 있다.

1~9 → 0 → 10 이상의 두 자리 수 → 세 자리수와 네 자리 수 → 만 이상의 수

(1) 10보다 작은 자연수의 지도

1) 1~5의 지도

그림 4에서와 같이 사물의 수를 세어서 몇 개인지 알아보고 숫자로 써보게 하는 학습이 가장 일반적으로 활용되고 있다.

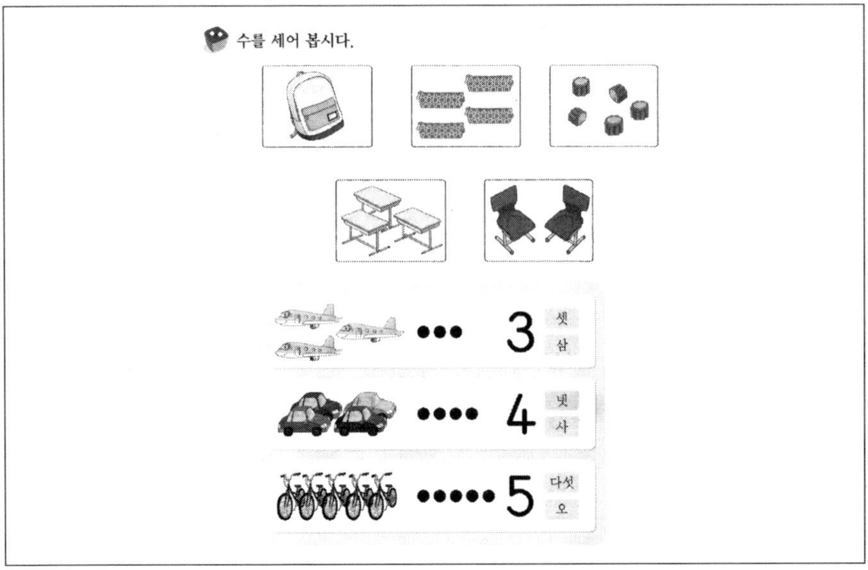

그림 4

2) 6~9의 지도

6~9의 수의 정의는 '5와 몇', '몇과 5'라는 형태로 6~9의 수를 정의한다. 즉 6은 '5와 1', '1과 5', 7은 '5와 2', '2와 5' 등이다. 따라서 그 지도방법은 그림 5와 같이 6은 5보다 1 큰 수, 7은 5보다 2 큰 수, 등으로 지도한다. 또한 교구로써 종이판을 이용할 수도 있다. 5의 종이판과 1의 종이판을 보여, 그를 결합하여 6의 종이판을 만들고, 이것을 '육'이라고 말하고 '6'이라 쓴다는 사실을 인식시킨다. 다음에

그림 5

그들 수의 개념을 명확히 하기 위하여 6~9의 종이판을 제시하여 그와 같은 수만큼의 물건을 늘어놓게 하거나 또는 모으게 하여 對等인 집합을 만들게 하고, "이들 집합은 모두 6을 나타낸다."는 사실을 강조한다.

3) 0의 지도[11)]

수학적으로는 공집합의 크기(집합수)로 정의 할 수 있으나 수 0은 다른 자연수와 달리 이를 나타내는 구체물을 제시 할 수 없기 때문에 학생들에게 지도하기가 어렵다. 따라서 0의 개념은 아래의 그림과 같이 2개에서부터 하나씩 줄여나가 마지막 한 개에서 하나를 더 줄인 수를 나타내는 것이라고 설명하고, 처음부터 구체물이 '없는 것'이라고 지도하는 것은 바람직하지 않다.

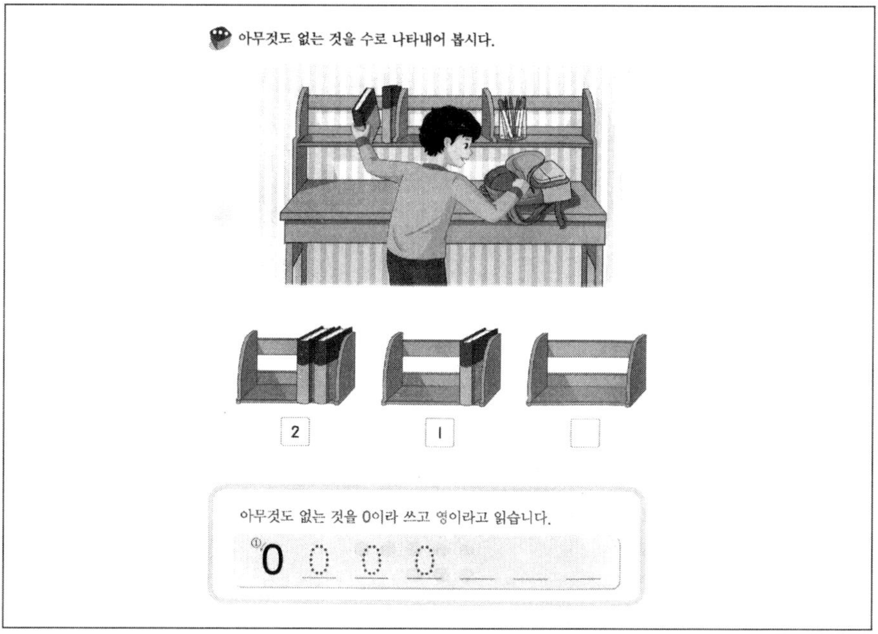

그림 6

11 0은 위치적 기수법에 따른 표기에 있어서 없어서는 안 되는 중요한 개념이다. 수의 분류상 자연수가 아니고 정수이지만 1학년에서 1에서 9까지의 수지도 다음에 지도하기 때문에 여기에 포함시켜 다룬다.

(2) 10이상의 두 자리 수의 지도

10은 9보다 1 큰 수로 도입한다. 10 이상의 두 자리 수의 지도는 십진 기수법의 원리에 의하여 10이 되면 묶어준다. 책상위에 물건(빨대, 클립, 수모형, 구슬 등)의 수(100미만)를 그림 7과 같이 10묶음과 낱개로 구분하여 나타내게 한 다음 표에 기록하게 해보고 이를 숫자로 나타내고 읽는 활동을 한다.

이러한 활동을 충분히 제공하여 십진 기수법의 기초를 익히게 한다. 이러한 활동을 통하여 학생들이 두 자리 수에 대한 개념을 형성한다면 세 자리 수, 네 자리 수 또는 그 이상의 수에 대해서도 같은 원리가 적용되므로 학습이 용이하게 된다.

수의 지도와 함께 우리는 수의 구성도 함께 다루어야 한다. 이를테면, 36은 '30보다 6이 더 큰 수', '26보다 10이 더 큰 수', '29보다 7이 더 큰 수' 등으로 말하게 하고, 이를 기호로 30+6, 26+10, 29+7 등과 같이 나타내어 보게 함으로서 수

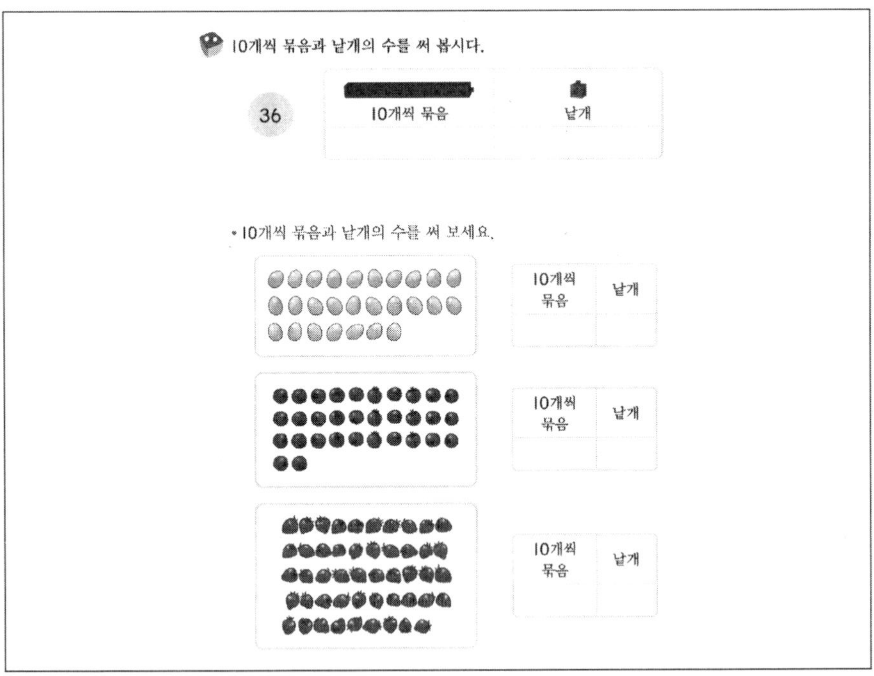

그림 7

를 학습하면서 동시에 연산도 함께 학습 할 수 있도록 한다. 또한 묶여짐을 경험하도록 하기위하여 39를 산가지로 나타내게 하고, 교사가 산가지를 1개씩 더 주면서 모두 몇 개인가를 알아보게 하여 낱개 9개에 낱개 1개를 더하면 10개가 되어 묶어야 함을 체험하게 하고 이를 표에 나타내어 40이라고 쓰고 읽게 한다.

구체물 조작활동을 하면 수 계열, 크기비교 등에 관한 원리를 쉽게 학습 할 수 있을 것이다. 36을 나타내는 산가지에 10개 묶음을 1묶음씩 더하거나 빼어서 얼마인지, 또 낱개 1개를 더하거나 빼어서 얼마인지 말하고 써보게 함으로써 10개 묶음을 1묶음씩 더하거나 뺄 때에는 10의 자리 숫자만, 낱개 1개를 더하거나 뺄 때에는 1의 자리에 있는 숫자만 변한다는 것을 아동 스스로 발견하게 해본다. 수 100은 99보다 1이 더 큰 수라고 지도하고 보다 자세한 학습은 다음 단계에서 하도록 한다.

또한 수 개념의 학습에서 모의 화폐를 활용하여 지도할 수 있다. 모의화폐는 구체물 보다 더 추상화된 것으로 영상화 단계이다. 따라서 모의화폐를 가지고 수를 지도하면 아이들이 수에 대한 영상적 이미지를 갖게 되어, 수를 구체물로 조작하는 것이 아니라 영상적 이미지를 조작하게 된다. 수를 구체물로 조작하는 것보다 영상적 이미지로 조작하게 되면 앞으로의 수의 학습에 쉽게 적응하고 빠르게 이해하게 될 것이다. 모의화폐 교환놀이를 하는 것은 받아 올림이나 받아 내림의 개념을 이해하는 데도 효과적으로 활용할 수 있다.

(3) 세 자리 이상의 수

100은 99보다 1 큰 수의 개념으로 도입한다. 그러나 바로이어서 100은 90보다 10 큰 수, 100은 10씩 열 묶음 등의 개념도 익히도록 한다.

세 자리 수를 체계적으로 학습하기 위해서는 90개에 10개를 더하면 또는 99개에 1개를 더하게 하면 낱개가 10이므로 이를 묶고, 또 10개짜리 묶음이 10묶음이므로 이를 다시 묶어 [표-2]에 기록하게 해본다.

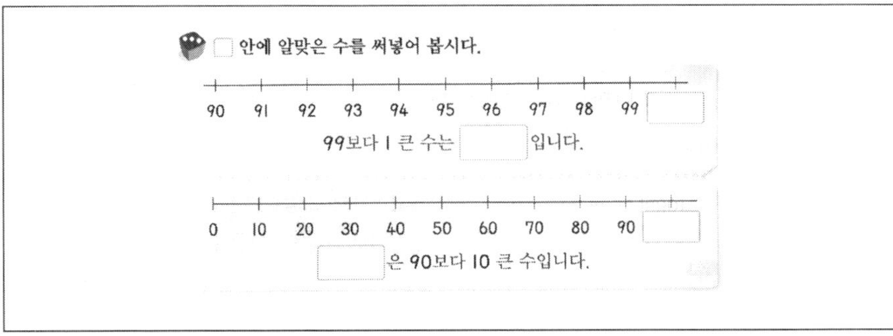

그림 8

[표-2]

100개짜리 묶음	10개짜리 묶음	낱 개
1	0	0

⇒ 100

이를 '백'이라고 읽는다.

세 자리 수의 지도방법은 두 자리 수의 지도방법과 동일하다. 아래와 같이 구체 물을 주고 몇 개인지 알아보는 방법을 생각해 볼 수 있다.

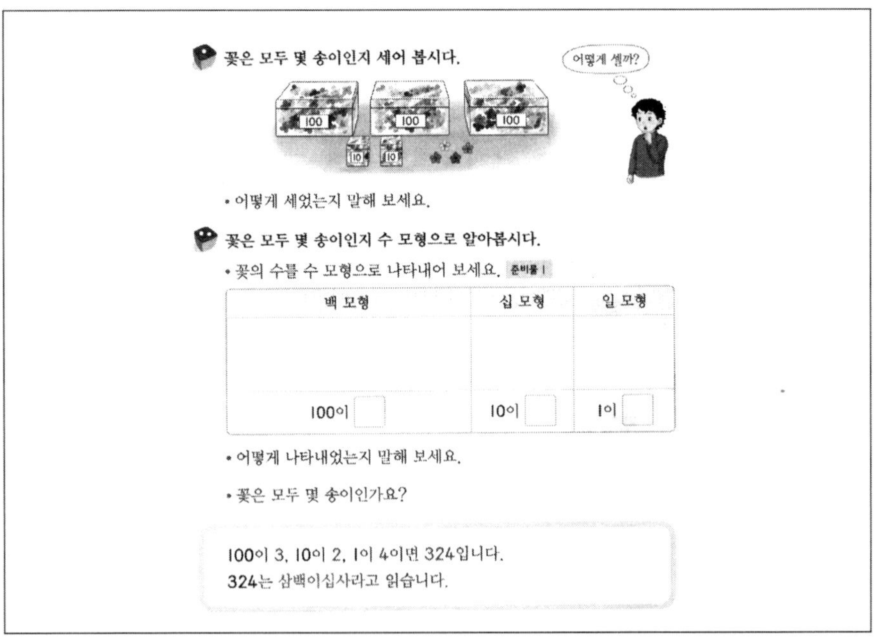

그림 9

십진 기수법의 원리에 의하여 아동들은 먼저 10개씩 묶어 세게 될 것이다. 그 다음에 10개 묶음이 10개보다 많을 때에는 10개짜리 묶음 10묶음을 하나로 묶어(100개짜리 묶음하나)준다. 이렇게 세어 보는 활동을 통하여 그 결과를 아래와 같은 표에 기록해 보도록 한다.

[표-3]

100개짜리 묶음	10개짜리 묶음	낱 개	
3	2	4	⇒ 324

나머지는 두 자리 수의 학습과 동일하다. 앞서 두 자리 수의 지도에서와 마찬가지로 수 자체만을 학습할 것이 아니라 수를 학습하면서 동시에 연산도 함께 지도될 수 있도록 하여야 한다.

어떤 의미에서 세 자리 수의 지도가 두 자리 이상의 자연수 지도의 기본으로 볼 수 있다. 그 이유는 두 자리 수는 세 자리수의 특별한 경우라 볼 수 있고, 네 자리 이상의 모든 수에 나타나는 현상이 모두 세 자리 수의 경우에 나타나기 때문이다. 이런 의미에서 세 자리 수는 두 자리 이상의 수의 모델케이스라 볼 수 있고 세 자리 수가 이해되면 임의 자리의 수의 지도는 거의 완결된다고 보아도 좋을 것이다.

(4) 만 이상의 수

10000 이상의 큰 수는 자리 잡기의 원리에 기초하여 지도한다. 10000 이상과 같이 큰 수는 위에서처럼 구체물로 조작하는 자체가 현실적으로 어렵다. 그러나 그 기본 원리는 세 자리 수나 혹은 네 자리 수와 동일함으로 이를 10000 이상의 수로 확장하여 귀납적으로 유추하도록 한다. 즉 1000이 10이면 10000이며, 10000은 9999보다 1이 더 큰 수, 9900보다 100이 더 큰 수로 10000을 도입하고, 10000이 4이면 40000, 5이면 50000 등으로 지도할 수 있다.

만 이상의 큰 수를 읽을 때 우리나라의 명수법 체계는 일, 십, 백, 천이 반복되며,

4자리마다 새로운 수의 단위가 도입된다. 그러므로 큰 수는 읽을 때 뒤에서부터 차근차근 4자리씩 끊어 읽거나 쓰면 편리하다. 예를 들어, 3230004587524003을 읽는 방법을 다음과 같은 절차로 지도하면 효과적이다.

3230004587524003→3230 0045 8752 4003→3230 0045 8752 4003
조 억 만

→삼천이백삼십조 사십오억 팔천칠백오십이만 사천삼

반대로, '사천오조 육십억 이만 사'를 수로 나타내는 방법을 다음과 같은 절차로 지도하면 좋을 것이다.

사천오조 육십억 이만 사 →

조				억				만							
천	백	십	일	천	백	십	일	천	백	십	일	천	백	십	일
4	0	0	5			6	0				2				4

→

조				억				만							
천	백	십	일	천	백	십	일	천	백	십	일	천	백	십	일
4	0	0	5	0	0	6	0	0	0	0	2	0	0	0	4

→ 4005006000020004

1.7 유리수

유리수의 개념은 초등수학에서 중요한 개념 중의 하나이며, 자연수의 개념보다 훨씬 더 추상적이라 할 수 있다. 자연수는 덧셈, 곱셈이 닫혀있지만 뺄셈은 닫혀있지 않으므로 이를 확장한 것이 정수이다. 하지만 정수역시 나눗셈은 닫혀있지 않으므로, 수의 이론 전개에서 정수로는 충분하지 못하며, 분수의 도입으로 수의 이론 전개가 확대되고 나눗셈이 항상 가능하게 된다.

초등학교 수학에서 다루는 수의 범위는 양의 유리수까지이다. 따라서 유리수의 개념은 초등학교 아이들이 학습하는 수학적인 개념 가운데 가장 복잡하고 중요한 개념 중의 하나라 할 수 있다. 유리수를 표현하는 방법으로는 분수와 소수가 있으며 이들은 각각의 장단점을 가지고 있다. 분수는 어떤 유리수도 간결·명확하게 나타낼 수 있고 유리수의 성질을 이론적으로 고찰하는 데 적합하며 곱셈과 나눗셈에 편리하고, 소수는 분수보다도 가감산하기가 간편하며 대소판별이 쉽고 실용성이 높다는 장점을 가지고 있다.

(1) 유리수의 개념

유리수는 비(ratio)를 나타내는 수에서 유래된 말이다. 유리수를 배우기 이전까지의 아이들은 0을 포함한 자연수만 학습하였으나 사실상 자연수는 크기와 상관없이 그 개수만을 세어서 나타낸 것으로 볼 수 있다. 그러나 유리수는 절대적인 크기를 나타내는 것이 아니라 상대적인 크기를 나타내는 수로서 정수의 몫으로 정의된다. 즉, 임의의 정수의 몫 $\frac{a}{b}$ $(b \neq 0)$는 하나의 유리수이다. 그러므로 유리수는 형식적으로 정수의 집합 Z로부터 다음과 같이 구성된다. 유리수의 집합을 Q라고 할 때,

$$Q = \left\{ \frac{a}{b} \mid a,\ b \in Z,\ b \neq 0 \right\}$$

$$\text{즉, } Q = \left\{ \cdots -3,\ -2.5,\ -\frac{1}{3},\ 0,\ \frac{3}{4},\ 0.8,\ 1,\ 2,\ \cdots \right\}$$

로 표현되는 수의 집합으로 정수, 분수, 소수 등은 모두 이 유리수의 집합에 포함된다.

정수의 집합에서는 나눗셈의 계산이 불가능했으나 유리수의 집합으로 수의 집합을 확장하면 사칙연산이 모두 가능하게 된다(단 0으로 나누는 것은 제외한다).

유리수의 구성에서 보는 것처럼 유리수 집합은 a, $b(\neq 0)$가 정수이기 때문에 분수와 분수에 음의 부호를 붙인 것을 포함한다. 유리수의 집합을 Q로 표시하는 것은 영어의 몫(quotient)에서 가져온 것이다.

(2) 유리수의 성질

① 가산집합(countable set)이다. 이는 곧 하나도 빠짐없이 모두 셀 수 있다. 즉, 아래와 같이 원소 하나 하나에 모두 번호를 붙일 수 있다는 것이다.

② 조밀성(density)을 갖는다. 즉, 서로 다른 두 유리수 a, b 사이에는 이들과 다른 유리수 $\frac{a+b}{2}$가 존재한다.

③ 최소와 최대의 수가 없다.

④ 집합수이지만 순서수는 아니다. 순서의 개념은 기준과 다음이 일의적(一意的)으로 정해져야 하는데, 두 유리수 사이에는 조밀성에 의해 계속해서 중간수가 존재하기 때문이다.

⑤ 두 유리수 a, b가 있을 때, $a > b$, $a = b$, $a < b$중 어느 하나가 반드시 성립한다.

⑥ 유리수는 사칙 연산에 관해서 닫혀있으며 연산의 결과 그 답은 유일하다.

⑦ 유리수는 덧셈과 곱셈에 관해서 교환법칙과 결합법칙이 성립하며, 덧셈에 관한 곱셈의 분배법칙이 성립한다.

참고

정수는 절대 값의 크기에 따라 배열할 수 있지만 유리수는 그렇게 배열할 수 없다. 그 이유는 이웃한 두 자연수 2와 3 사이에 무한히 많은 유리수가 있기 때문이다. 그러면 여기서 우선 양의 유리수를 배열하고 번호를 붙이는 방법은 그림과같이 생각 할 수 있다.

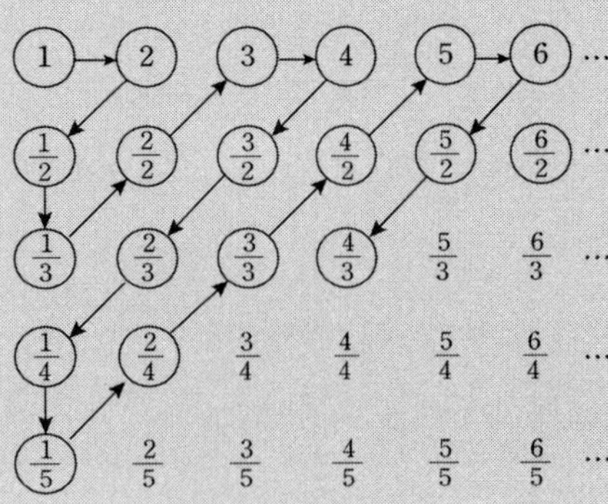

위의 그림에 표시된 선로를 따라 가면 표에 있는 유리수를 하나도 빠뜨리지 않고 모두 지나갈 수 있다. 그런데 여기에서 어떤 유리수는 중복이 된다. 이를테면 $\frac{1}{2}$, $\frac{2}{2}$, $\frac{3}{3}$, …은 중복되는 것으로서 실제는 모두 1이고 $\frac{1}{2}$, $\frac{2}{4}$, $\frac{3}{6}$, …도 중복되는 것으로서 실제는 모두 $\frac{1}{2}$이다. 따라서 이 표에서 중복되는 것은 모두 지운다.

그러면 1, 2, $\frac{1}{2}$, $\frac{1}{3}$, 3, 4, $\frac{3}{2}$, $\frac{2}{3}$, $\frac{1}{4}$, $\frac{1}{5}$, 5, …을 얻는다.

이와 같이하여 1은 1번, 2는 2번, $\frac{1}{2}$은 3번, $\frac{1}{3}$은 4번, 3은 5번 등으로 번호를 붙일 수 있다. 양수, 음수 그리고 0을 포함한 유리수 전체를 배열하는 문제에 대해서는 여러분 각자가 한번 생각해 보기 바란다.

(3) 분수

유리수의 다른 표현인 분수(fraction)는 실생활 상황과 문제를 이해하고 다루는 능력을 크게 증진시킨다. 뿐만 아니라, 이후에 접하게 될 기본적인 대수 계산의 바탕이 되는 중요한 개념이다. 그러나 일선 학교에서의 분수 학습은 자연수나 정수에 비해 표기법이 다르고 분수에 대한 개념적 이해보다는 절차적인 기능이나 계산적 알고리즘만을 강조해 온 결과, 수학 교육과정의 다른 어느 부분보다도 학생들이 어려움을 겪고 있는 내용이라 할 수 있다.

분수의 역사는 기원전 1800년경 고대 이집트 문명에서 발생되었으며 그 필요성은 인류의 초기단계에 생겼다. 분수는 그 어원이 라틴어 fractus, 즉 '쪼개다'의 뜻을 지닌 것처럼 분수는 분할하는 과정에서 발생하였다. 실제로 B.C. 1700년경의 린드 파피루스(Rhind Papyrus)에서는 '빵 3개를 4명에게 나누어 주어라'라는 문제가 실려 있다. 또한 데이비도브(Davydov)라는 학자는 '역사적으로 분수는 측정의 필요성 때문에 존재하게 되었다'고 주장하였다.

수의 발생과정에서 분수는 어떤 관점에서 만들어졌을까를 생각해보면, 사물의 개수가 1보다 클 때에는 정수의 개념이 나타났을 것이고, 1보다 작은 조각을 나타내는 수의 개념에서는 분수가 발생했을 것이다. 다시 말해 1보다 작은 반(半)이나 반의 반 등은 어떻게 수로 나타낼까? 하는 생각이 분수를 낳게 한 이론의 근거가 된다.

(4) 우리나라 초등학교 분수수업의 문제점

일선 현장의 분수에 대한 교수·학습지도의 문제점은 아래와 같이 요약해 볼 수 있다(김옥경, 1996).

① 학생들 스스로 지식을 구성하고, 그 지식의 타당성을 인식하게 하기 보다는 이미 정해진 알고리즘이나 절차를 일방적으로 제시한다. 학생들은 이해보다는 암기를 하게 되고, 결국 이러한 지식은 시험이 끝나면 잊어버리게 된다.

② 분수의 크기 비교나 연산을 다룰 때 의미를 도외시한다. 사실상 기호는 많은 정보가 축약된 경제적인 의사 전달 수단이지만, 기호에 앞서 의미를 충분히 이해할 때 기호는 비로소 효과적인 수단이 된다. 그렇지 않고 의미를 도외시한 채 기호만을 다루게 되면 정작 중요한 수학적 아이디어를 놓치고 형식에 치중하게 된다.

③ 학생의 경험에 기초한 비형식적인 지식은 거의 활용되지 않으며, 분수 개념과 연산은 생활과 분리되어 있다. 학생들의 생활과 관련짓지 못하고 경험과 동떨어져 있기 때문에 이해를 바탕으로 한 생성력이 있는 지식이 될 수 없다.

④ 다양한 학생 활동과 학습 자료를 제공하지 않는다. 주로 기호를 가지고 학습하며 교사와 학생, 학생과 학생간의 개방적인 상호 작용이 이루어지지 않는다. 대체로 교사는 학습 내용을 수여하는 입장이고 학생들은 수동적으로 받아들이는 입장이다. 뿐만 아니라 개념 이해에 적합한 다양한 학습 자료를 활용하지 않는다. 수업은 학생들이 다양한 상황을 경험하고 상황간의 공통성을 이해함으로써 추상화에 이를 수 있게 해야 한다.

⑤ 분수의 양적인 이해에 대해 거의 고려하지 않는다. 수 개념의 바탕이 되는 것은 수에 대한 크기 감각이다. 일차적으로 분수에 대한 크기 개념이 없으면 크기 비교나 연산은 기계적으로 다루어 질 수밖에 없다. 양적인 개념의 발달 즉 분수의 "크기"에 대한 인식은 분수를 의미 있게 이해하는 능력의 기

초가 된다. 이것은 크기 비교와 동치 개념, 어림 기능이 통합되어 발달한다.

(5) 소수

소수(decimal number)에 관한 개념은 네덜란드의 수학자 스테빈(Simon Stevin, 1548–1620)에 의하여 확립되었다. Stevin 이전에도 소수에 관한 생각은 있었으나, 이를 통합하여 정연한 이론을 세운 것은 Stevin이다.

계산기도 없던 시절 네덜란드 군대의 재정을 맡은 스테빈은 각각 분모가 다른 분수로 되어 있는 이자를 계산하느라 무척이나 골머리를 앓고 있었다. 어떻게 하면 분수로 된 계산을 더 쉽고 빠르게 계산할 수 없을까 고민하다가 스테빈이 알아낸 방법은 분모를 11이나 12 대신 10이나 100으로 고쳐서 계산[12)]하면 된다는 것이었고 이 방법은 그를 계산의 고통에서 해방시켜주었다.

소수는 일의 자리보다 작은 자릿값을 가진 수를 말하는데, 분수를 10진법에 맞도록 표현한 것이 소수이다. 하지만 분수와 소수가 생겨난 배경은 서로 다르다. 분수가 나눗셈을 하다가 만들어 졌다면, 소수는 측정을 하다가 만들어졌다. 소수라고 해서 반드시 '작은 수'만을 의미하는 것은 아니다. 이를테면 1보다 작은 0.6도 소수이고, 1보다 큰 23.4도 소수이다. 작은 수이건, 큰 수이건 일의 자리보다 작은 자릿값을 가진 수는 모두 소수이다.

참고

소수의 의미는 아래와 같이 요약해 볼 수 있다.

① 연속량의 크기인 측정값을 나타낸다. 이를테면, 쌀 4.5kg, 노끈 3.2 m 등

② 단위량을 몇 배한 수를 나타낸다. 이를테면, 3.2는 0.1을 32배한 수이다.

③ 비율을 나타낸다. 이를테면, 42의 10에 대한 비율은 4.2가 된다.

④ 몫을 나타낸다. 이를테면, $(42 \div 10) = \frac{42}{10} = 4.2$

---

12 $\frac{1}{11} \fallingdotseq \frac{9}{100}$ $\frac{1}{12} \fallingdotseq \frac{8}{100}$

1.8 분수의 지도방법

(1) 분수의 여러 가지 의미

분수는 여러 가지 의미로 사용되고 있기 때문에 학생들이 분수개념을 쉽게 이해하지 못한다. 많은 연구자들이 유리수의 의미를 여러 가지로 제시하였는데, 보통 전체-부분으로서의 의미(등분할의 의미), 측정의 의미(양으로서의 분수), 비율의 분수(비의 의미), 나눗셈의 분수(몫의 의미), 연산자의 의미 등과 같이 다양하게 분수를 설명하고 있다. 그러나 순수하게 분수로서의 의미를 나타내는 것은 두 가지이고, 나머지는 비율과 나눗셈에서 유도된 분수이다.

① 전체-부분으로서의 의미(등분할 분수)

만일 a와 $b(\neq 0)$가 범자연수이면 분수 $\frac{a}{b}$는 동등한 b부분 중의 a를 나타낸다. 이를테면, 분수 $\frac{2}{7}$는 7 부분으로 동등하게 나누어진 물건과 그런 부분 두 개를 나타내는 것을 의미한다. 전체-부분, 즉 등분할의 의미는 분수개념에서 가장 기초적이고 중요한 개념이다. 왜냐하면 전체를 똑같이 몇으로 나눈 것 중의 일부분의 크기를 나타내는 것이 분수라는 생각은 분수가 지니고 있는 여러 가지 의미의 근본적인 바탕이 되기 때문이다.

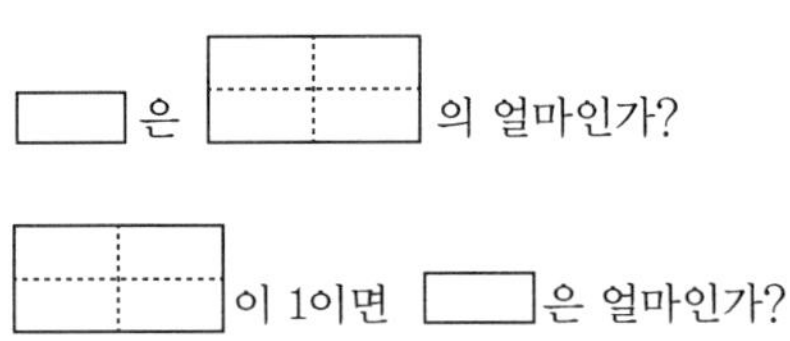

② 측정의 의미(量으로서의 분수)

분수는 측정의 의미를 나타내는 것으로도 쓰이는데 이를테면 어떤 막대의 길이를 재어 $\frac{4}{3}$m라든지 어떤 물건의 무게를 재어 $\frac{5}{7}$kg과 같이 나타낸 것 등이 그 예이다.

이를테면, 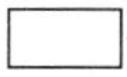을 단위로 하여 막대 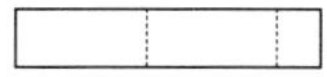의 길이를 재어보면 주어진 단위의 2배와 남는 부분이 생긴다. 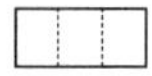 단위를 3등분하였더니 막대의 남는 부분은 단위 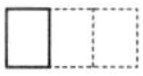의 $\frac{1}{3}$이 됨을 알 수 있다. 그러므로 위의 재고자 하는 막대의 길이는 단위 길이의 $2\frac{1}{3}$이 된다. 우리 일상생활에서 어떤 물건의 길이를 재었을 때 측정 결과가 자연수의 배로 딱 맞아 떨어지는 경우는 드물며 이처럼 끝이 남는 경우가 대부분이다. 이와 같이 단위분수는 단위보다 작은 부분을 재는데 가장 기본이 되는 분수이다.

③ 비율로서의 분수(비의 의미)

등분할 상태를 나타낸 분수 $\frac{1}{4}$과 $\frac{2}{8}$는 두 양의 상대적인 크기를 나타내는 비의 의미에서는 같은 수이다. 또, 서로 다른 크기에서도 전체에 대한 부분의 상대적인 크기가 $\frac{1}{4}$과 같다고 생각할 수 있을 때 비의 개념을 이해한다고 볼 수 있다. 따라서 분수의 본질적인 개념을 이해하기 위해서는 상대적인 크기를 나타내는 비의 의미를 이해하여야 한다.

④ 나눗셈으로서의 분수(몫의 의미)

유리수는 방정식 $ax=b(a,\ b$는 정수, $a\neq 0)$의 해를 의미한다. 즉, $b\div a=\frac{b}{a}$로 나타내어 사용되는데, 이것이 분수가 몫의 의미를 나타내는 것이다. 빵 4개를 5명이 똑같이 나누어 가졌을 때 1사람의 몫은 $\frac{4}{5}$이다.

⑤ 연산자의 의미로서 분수

연산자의 의미로서 분수는 유한 집합에서 유한 집합으로의 사상이나 유클리드 평면에서 유클리드 평면으로의 사상이라고 할 수 있다. 도형을 $\frac{p}{q}$만큼 축소, 확대시키거나, 한 집합을 그 집합의 원소의 개수의 $\frac{p}{q}$배한 다른 집합으로 줄이거나 늘이는 함수로서 $\frac{p}{q}$를 생각할 수 있다.

연산자의 의미를 이산량에 대해서 알아보자. 다음 그림에서 '18의 $\frac{2}{3}$는 얼마인가?'의 문제에서 $\frac{2}{3}$라고 하는 것은 '셋 마다 둘,' 또는 '셋에 대해 둘'을 의미한다. 따라서 원래 집합의 원소의 수 3에 대하여 새로운 집합의 원소의 수 2를 만든다. 새로운 집합의 원소는 12개가 되므로 18의 $\frac{2}{3}$는 12가 된다. 새로운 집합의 크기는 원래 집합 크기의 $\frac{2}{3}$로 축소된다.

원래의 집합 ●●● ●●● ●●● ●●● ●●● ●●●

연산자 $\frac{2}{3}$ ↓ ↓ ↓ ↓ ↓ ↓

새로운 집합 ●● ●● ●● ●● ●● ●●

초등수학에서 연산자의 의미로서 분수 개념은 학생들이 이후에 학습할 도형의 합동, 또한 확대, 축소 등의 개념과 연관되는 닮음을 이해하는데 필수적이다. 8 cm의 $\frac{3}{4}$을 그리는 것은 4 cm에 대하여 3 cm만큼 그리는 것을 의미한다. 이 결과는 원래의 길이보다 줄어드는 축소의 의미를 담고 있다. 또 9 cm의 $\frac{4}{3}$를 그리는 것은 3 cm에 대하여 4 cm를 그리는 것을 의미하므로 12 cm가 되어 원래보다 늘어난 확대이다.

(2) 분수를 지도하기 위한 구체적인 모델

부분–전체로서의 분수에 대한 네 가지 모델은 영역, 길이, 집합 그리고 넓이모델이 있으며 이들 모델 중 어느 것도 몫으로서의 분수에 대한 설명을 위해 사용될 수 있다. 그 중 영역 모델은 가장 간단하면서도 초등수학 교과서에 실제로 소개되고 있는 모델이다. 물론 들이, 부피, 시간등과 같은 다른 속성들도 역시 모델로 사용될 수 있다.

① 영역 모델

이 모델은 가장 구체적인 형태이면서 아동들이 가장 쉽게 조작할 수 있는 것이다. 넓이 모델의 특별한 형태인 영역 모델에서, 영역은 전체(단위)이고, 그것을

영역의 형태

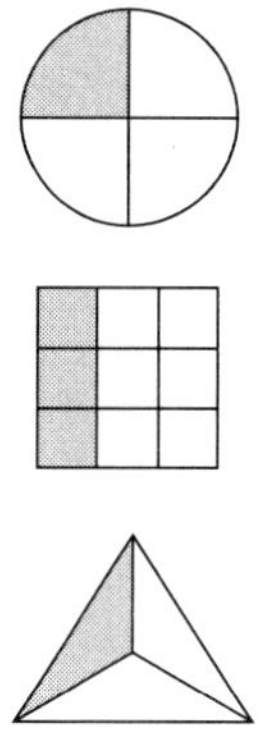

원: 전체를 알아보기 쉽다.
그러나 등분할하기가 어렵다.

사각형: 등분할하기 쉽고 전체를
1로 이해하기 어렵다.

삼각형: 등분할하기 어렵고 전체를
1로 이해하기도 어렵다.

그림 10

등분할한 부분들은 같은 크기와 모양을 가지고 있다. 초등수학 교과서에 제시되고 있는 영역 모델은 주로 원, 직사각형, 정사각형, 삼각형 등이다. 영역 모델을 사용할 때에는 다양한 모델을 다룸으로써 학생들이 분수는 항상 '파이의 한 부분'이라는 생각을 갖지 않게 해야 하며 그림 10에 제시한 것처럼 영역모델 중에서도 어느 것을 사용하느냐에 따라 각각의 장·단점이 있다.

② 길이 모델

모든 단위 길이는 등분할 할 수 있다. 이를테면, 길고 가느다란 노끈이나 분수띠 모양을 반이나, 반의반으로 접을 수 있다. 아래 그림에서 2와 3사이의 단위 길이를 셋으로 등분할 함으로써 단위 길이의 $\frac{1}{3}$을 만들 수 있고 그 점이 2보다 크다는 것도 알 수 있다. 아동들이 각각의 단위 길이가 삼등분된 것을 올바르게 이해할 수 있다면 그 점이 $2\frac{1}{3}$이 됨을 깨닫게 될 것이다.

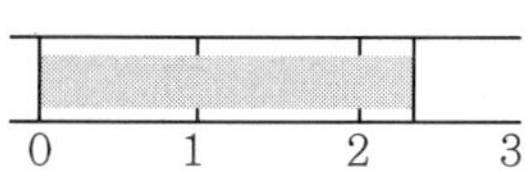

③ 집합 모델

집합 모델은 사물의 한 집합을 하나의 전체(단위)로 사용한다. 이 모델은 아동들에게 상당히 어려운데 그 이유는 영역모델이나 길이 모델처럼 아동들 스스로 사물들을 실제로 분할하지 않기 때문이다. 이를테면 10개의 오렌지를 5명의 아동에게 똑같이 나누어 주도록 요구할 수 있다. 이러한 이해를 바탕으로 집합 모델은 분수와 관련시킬 수 있다. 예를 들어 집합을 다섯 개로 등분할 함으로써 $\frac{1}{5}$ 을 발견할 수 있다. 그림 11은 5개로 등분할 된 10개의 집합을 나타낸다. 각 부분은 전체의 $\frac{1}{5}$ 이다. 이 모델로부터 다음과 같은 질문이 가능하다.

- 10의 $\frac{1}{5}$ 은 얼마인가?
- 10의 $\frac{3}{5}$ 은 얼마인가?

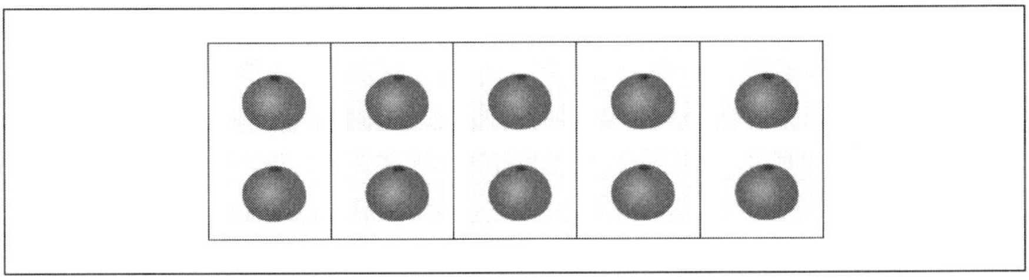

그림 11

④ 넓이 모델

넓이 모델은 영역 모델을 포함하는 보다 복잡한 모델이다. 앞서 언급한 영역

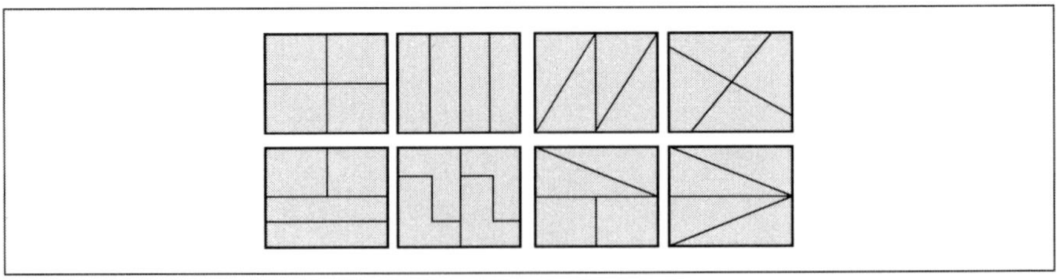

그림 12

모델에서는 등분할 된 각 부분의 크기와 모양이 같아야 했는데 넓이 모델에서는 각 부분의 모양과 크기는 상관없이 단지 넓이만 같으면 된다. 이 모델은 넓이에 대한 학습이 이루어진 후에 활용할 수 있다.

(3) 분수의 종류

① 단위분수

분자가 1인 분수를 단위분수(unit fraction)라 한다. 이를테면 $\frac{1}{2}$, $\frac{1}{5}$, $\frac{1}{8}$, … 등은 모두 단위분수이며 모든 분수는 단위분수들의 합으로 나타낼 수 있다.

② 진분수

분자가 분모보다 작은 분수를 진분수(proper fraction)라 한다. 이를테면 $\frac{2}{3}$, $\frac{3}{5}$, $\frac{2}{7}$, … 등이 그 예이며 전체에 대한 부분의 비율을 나타내는 분수는 모두 진분수이다.

③ 가분수

분자가 분모보다 같거나 큰 분수를 가분수(improper fraction)라고 한다. 이를테면 $\frac{3}{3}$, $\frac{6}{4}$, $\frac{7}{5}$, …는 가분수이다.

④ 대분수

자연수와 진분수의 합으로 이루어진 분수이다. 이를테면 $2\frac{1}{5}$, $4\frac{2}{3}$, $7\frac{3}{4}$, … 등은 모두 대분수(mixed fraction)이다.

⑤ 동치분수

크기가 같은 분수를 동치분수(equivalent fraction)라고 한다. 이를테면, $\frac{1}{2}$과 $\frac{2}{4}$는 이름은 다르지만 같은 크기를 나타낸다. 크기가 같은 색종이를 $\frac{1}{2}$, $\frac{2}{4}$만큼 잘라 서로 포개어 보면 크기가 같다는 사실을 쉽게 알 수 있다.

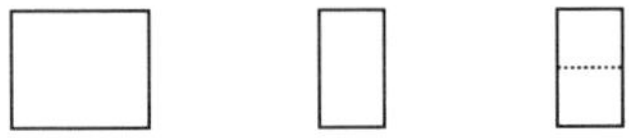

색종이 1장　　$\frac{1}{2}$장　　$\frac{2}{4}$장

분모와 분자 사이의 관계를 파악하면 동치분수를 필요에 따라 만들어 활용할 수 있다. 특히 자연수는 어떤 분모이든지 동치분수를 만들 수 있다.

$$1=\frac{1}{1}=\frac{2}{2}=\frac{3}{3}=\frac{4}{4}=\frac{9}{9}=\cdots$$

활동2 $\frac{1}{4}$과 $\frac{3}{12}$의 크기를 비교해 보시오.

- 분수만큼 색칠하시오.

$\frac{1}{4}$　$\frac{3}{12}$

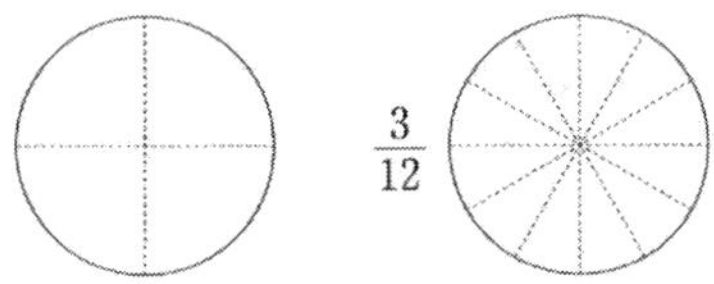

- $\frac{1}{4}$과 $\frac{3}{12}$의 크기를 투명 종이를 사용하여 비교해 보시오. 준비물 3쪽
- 크기가 같은 분수는 어떤 특징을 가지고 있는지 이야기해 보시오.

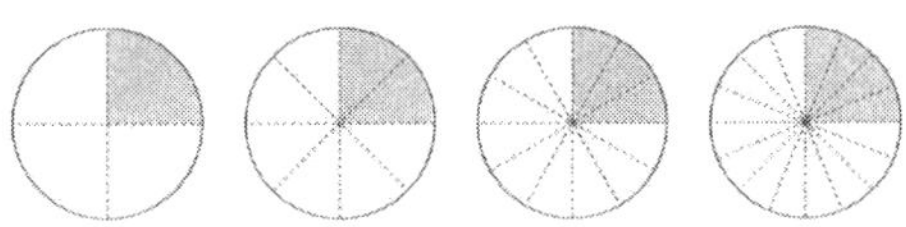

$\frac{1}{4}$, $\frac{2}{8}$, $\frac{3}{12}$, $\frac{4}{16}$……는 크기가 같은 분수입니다.

그림 13

참고

위의 정의에서 알 수 있는 것처럼 모든 단위분수는 진분수이다. 실제로 분자가 분모보다 작은 분수는 만들 수 있는 진짜 분수이기 때문에 진분수라고 하는 것이 타당한 이치이며 또한 분자가 분모보다 크거나 같은 가분수는 1보다 큰 양이므로 옛날 사람들이 분수로 표시하는데 상당히 거리낌을 느꼈을 것으로 추정된다. 또 한 가지 주의 할 것은 자연수와 가분수의 합인 $4+\frac{6}{5}$을 $4\frac{6}{5}$과 같이 써서는 안 된다는 점을 유의하기 바란다.

(4) 분수의 크기 비교

분수의 크기 비교는 초등수학 교과서에서 다음과 같은 순서로 지도하고 있으며 그 구체적인 지도방법은 아래와 같다.

① 동분모 분수의 크기 비교 ⇨ ② 단위 분수의 크기 비교 ⇨ ③ 이분모 분수의 크기 비교

1) 동분모 분수의 크기 비교

활동1 $\frac{3}{4}$과 $\frac{2}{4}$ 중에서 어느 분수가 더 큰지 알아보시오.

- $\frac{3}{4}$과 $\frac{2}{4}$만큼 각각 색칠하시오.

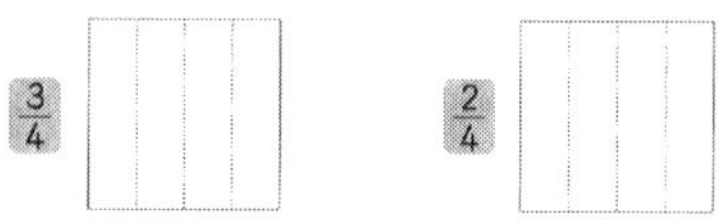

- $\frac{3}{4}$과 $\frac{2}{4}$ 중에서 어느 분수가 더 크다고 생각합니까?

활동2 윤호네 모둠에서는 발표 자료를 꾸미기 위하여 도화지의 $\frac{4}{6}$를 색칠했고, 세미네 모둠에서는 도화지의 $\frac{2}{6}$를 색칠했습니다. $\frac{4}{6}$와 $\frac{2}{6}$ 중에서 어느 분수가 더 큰지 알아보시오.

- $\frac{4}{6}$는 $\frac{1}{6}$이 몇 개입니까?
- $\frac{2}{6}$는 $\frac{1}{6}$이 몇 개입니까?
- $\frac{4}{6}$와 $\frac{2}{6}$ 중에서 어느 분수가 더 크다고 생각합니까?
- 분수의 크기를 비교하는 방법을 이야기해 보시오.

그림 14

2) 단위 분수의 크기 비교

동분모 분수의 크기를 비교한 방법과 같은 방법으로 활동을 하면서 일반적인 규칙을 아동 스스로 발견하도록 아동들을 도와주어야 한다.

활동1 $\frac{1}{2}$과 $\frac{1}{3}$ 중에서 어느 분수가 더 큰지 알아보시오.

- $\frac{1}{2}$과 $\frac{1}{3}$만큼 각각 색칠하시오.

- $\frac{1}{2}$과 $\frac{1}{3}$ 중에서 어느 분수가 더 큽니까?

활동2 민재네 모둠에서는 색 테이프의 $\frac{1}{5}$을 사용했고, 윤지네 모둠에서는 색 테이프의 $\frac{1}{4}$을 사용했습니다. $\frac{1}{5}$과 $\frac{1}{4}$ 중에서 어느 분수가 더 큰지 알아보시오.

- $\frac{1}{5}$과 $\frac{1}{4}$만큼 각각 색칠하시오.

- $\frac{1}{5}$과 $\frac{1}{4}$ 중에서 어느 분수가 더 큽니까?
- 분수의 크기를 비교하는 방법을 이야기해 보시오.

그림 15

3) 이분모 분수의 크기 비교

이분모 분수는 먼저 통분하여 분모를 같게 한 후에, 동분모 분수의 크기를 비교한 것을 이용하여 크기를 비교하며 그 구체적인 지도방법은 그림 16과 같다.

활동1 $\frac{3}{4}$과 $\frac{7}{10}$의 크기를 비교해 보시오.

- 분모가 다른 두 분수의 크기를 비교하려면 어떻게 해야 한다고 생각합니까?

- $\frac{3}{4}$과 $\frac{7}{10}$을 통분하여 크기를 비교해 보시오.

$$\left(\frac{3}{4}, \frac{7}{10}\right) \Rightarrow \left(\frac{\square}{\square}, \frac{\square}{\square}\right) \Rightarrow \frac{3}{4} \bigcirc \frac{7}{10}$$

- 분모가 다른 두 분수의 크기를 비교하는 방법을 이야기해 보시오.

그림 16

참고

크기를 비교하기 때문에 분수의 크기를 나타내는 것은 넓이를 나타내는 평면도형(이를테면 삼각형, 사각형, 원 등)보다는 길이를 나타내는 수직선 또는 수 막대가 편리하다.

1.9 소수의 지도방법

소수를 지도하기 위해서는 자연수에서 배운 자릿값 개념과 또한 소수는 분수의 다른 표현이기 때문에 앞서 학습한 분수의 의미를 알고 있어야 하며 이들 개념과 연관 지어 지도하여야 한다. 소수도입의 지도순서는 다음과 같은 단계적인 지도를 생각할 수 있다.

(1) 소수 한 자리 수

① 분모가 10인 여러 가지 분수를 소수로 나타낼 수 있음을 알게 함으로써 분수로부터 소수를 도입하여 소수의 뜻을 이해시키고 분수와의 대응관계 및 소수의 구조를 이해시킨다.

② 소수를 수직선상에 나타낼 수 있게 하여 소수의 대소 관계와 소수의 계열을 이해시킨다.

③ 소수를 사용하여 길이의 단위인 1 cm와 1 mm와의 관계를 활용하여 소수에 관한 이해를 더욱 깊게 한다.

이상의 지도순서에 따라 실제 수업에서 다음과 같이 지도할 수 있다.

① 분모가 10인 분수의 다른 표현으로 소수를 도입하여 이해하기

분수의 다른 표현으로 소수를 도입하여 분모가 10인 분수를 소수로 자유롭게 나타낼 수 있게 한다. 이를테면, $\frac{1}{10}$과 0.1은 1을 10등분한 것 중의 하나의 크기를 나타내는 수로서 크기는 같으나 표현이 다르다는 것을 이해하도록 한다. 그리하여 $\frac{3}{10}$은 $\frac{1}{10}$이 셋과 같으므로 0.3은 0.1이 셋 모여 된 것임을 이해하게 한다. 이와 같이 하여 분수는 이미 학습하였으므로 분수의 계열에 따라 소수를 하나씩 대응시켜 소수의 계열을 자연스럽게 이해할 수 있도록 한다. 이때 수직선을 이용하면 편

활동1 윤호는 길이가 1 m인 색 테이프를 똑같이 10개로 나눈 것 중의 1개를 사용했습니다. 윤호가 사용한 색 테이프의 길이를 알아보시오.

- 윤호가 사용한 만큼 색칠하시오.

- 색칠한 부분을 분수로 나타내면 얼마입니까?
- 색칠한 부분을 분수가 아닌 다른 방법으로 나타낼 수 있다고 생각합니까?

쓰고 읽기

전체를 똑같이 10으로 나눈 것 중의 하나는 $\frac{1}{10}$입니다.

분수 $\frac{1}{10}$을 0.1이라 쓰고 영점 일이라고 읽습니다.

$$\frac{1}{10}=0.1$$

그림 17

활동2 세미는 길이가 1 m인 색 테이프를 똑같이 10개로 나눈 것 중의 2개를 사용했고, 준우는 똑같이 10개로 나눈 것 중의 3개를 사용했습니다. 세미와 준우가 사용한 색 테이프의 길이를 알아보시오.

- 세미가 사용한 만큼 색칠하고, 분수로 나타내어 보시오.

- 준우가 사용한 만큼 색칠하고, 분수로 나타내어 보시오.

- 색칠한 부분을 분수가 아닌 다른 방법으로 나타낼 수 있습니까?

쓰고 읽기

전체를 똑같이 10으로 나눈 것 중의 2개, 3개, ……, 9개는 $\frac{2}{10}$, $\frac{3}{10}$, ……, $\frac{9}{10}$입니다.

분수 $\frac{2}{10}$, $\frac{3}{10}$, ……, $\frac{9}{10}$를 0.2, 0.3, ……, 0.9라 쓰고 영점 이, 영점 삼, ……, 영점 구라고 읽습니다.

0.1, 0.2, 0.3과 같은 수를 소수라 하고, '.'을 소수점이라고 합니다.

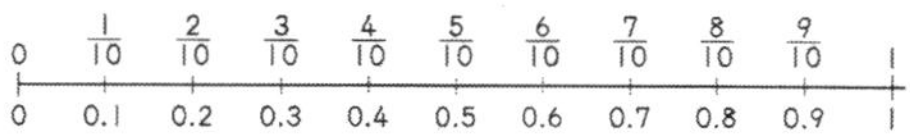

그림 18

리하게 이 사실을 지도할 수 있다.

② **소수를 수직선위에 나타내어 소수의 대소 관계를 이해하기**

소수를 수직선위에 나타내어 소수의 계열을 이해하고, 대소판별에 따라 부등호를 사용하여 나타낼 수 있도록 한다. 수직선을 통해서 두 수의 대소비교를 할 때에는 항상 수직선의 오른쪽에 대응되는 수가 왼쪽에 대응되는 수보다 크다는

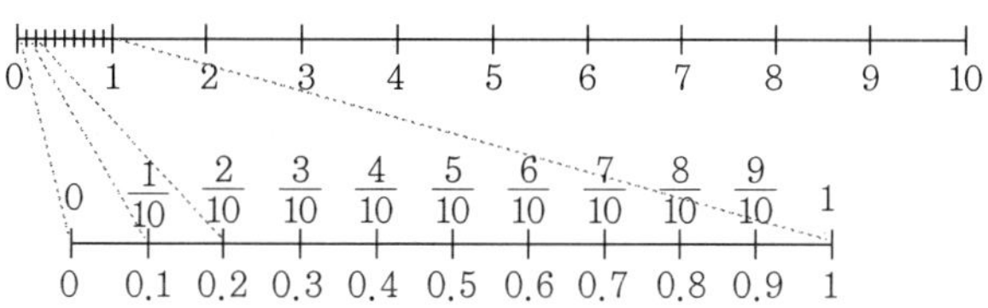

사실을 발견 하게하고 이를 부등호를 사용하여 대소 관계를 나타내 보게 한다. 이런 활동을 거친 다음에 궁극적으로는 수직선을 사용하지 않고 두 수의 대소를 비교시켜 보게 하고 더욱 나아가서는 여러 소수를 주고 작은 수부터 혹은 큰 수부터 차례로 써보는 연습을 통하여 소수의 대소에 관한 이해를 보다 깊게 해 나간다.

③ **소수를 사용하여 1 cm와 1 mm 사이의 관계를 사용한 이해**

연속량을 도입하여 이것의 등 분할에 따른 크기의 분수 표현에서 같은 크기의 소수로 나타내도록 함으로써 양으로서의 소수를 이해하도록 한다.

활동3 색 테이프의 폭은 7 mm입니다. 몇 cm인지 알아보시오.

- 자에 7 mm를 표시해 보시오.

- 1 cm는 몇 mm입니까?
- 7 mm는 1 cm를 똑같이 10개로 나눈 것 중의 몇 개입니까?

- 7 mm는 분수로 몇 cm입니까?
- 7 mm는 소수로 몇 cm입니까?

그림 19

(2) 소수 두 자리 수

소수 한 자리 수에 대한 개념만 명확히 이해되면 소수 두 자리 수의 개념은 자연스레 확장될 수 있다. 소수 두 자리 수를 지도하기 위해서는 아래와 같이 모눈종이 모델을 사용할 수 있고 그렇지 않으면 $1\,\text{m} = 100\ \text{cm}$임을 이용하면 $1\ \text{cm} = \frac{1}{100}\ \text{m} = 0.01\,\text{m}$가 되어 소수 두 자리 수를 얻을 수 있다.

활동3 오른쪽 모눈종이 전체의 크기를 1이라고 할 때 모눈 한 칸의 크기를 분수와 소수로 나타내어 보시오.

- 모눈이 몇 칸 그려져 있습니까?
- 모눈 한 칸의 크기를 분수로 나타내어 보시오.
- 모눈 한 칸의 크기를 소수로 나타내어 보시오.

쓰고 읽기 분수 $\frac{1}{100}$을 소수로 0.01이라 쓰고 영점 영일이라고 읽습니다.

$$\frac{1}{100}=0.01$$

그림 20

(3) 소수 세 자리 수

소수 세 자리 수는 소수 한 자리와 소수 두 자리를 배웠던 것을 유추하여 지도하는 것이 바람직하다. 그러므로 소수 두 자리와 마찬가지로 모눈종이 모델을 사용할 수 있으나 1000 등분된 모눈종이는 그 칸수가 너무 많아 사용하기에 불편하므로 아래와 같이 수모형을 활용하거나 1 km = 1000 m임을 이용하면 소수 세 자리 수를 얻을 수 있다.

활동1 빨강 개미 1000마리가 각설탕 한 개를 똑같이 나누는 모습을 생각해 보시오.

- 빨강 개미는 각설탕을 모두 몇 조각으로 나누었는지 알아보시오.

활동2 빨강 개미 한 마리가 가질 수 있는 각설탕의 크기를 수 모형으로 확인해 보시오.

- 을 각설탕 한 개라고 할 때 빨강 개미 한 마리가 가질 수 있는 각설탕의 크기로 알맞은 수 모형을 찾아보시오.
- 각설탕 한 개의 크기를 1이라고 할 때 빨강 개미 한 마리가 가질 수 있는 각설탕의 크기를 분수로 나타내어 보시오.
- 빨강 개미 한 마리가 가질 수 있는 각설탕의 크기를 소수로 나타낼 수 있습니까?

쓰고 읽기

분수 $\frac{1}{1000}$을 소수로 0.001이라 쓰고 영점 영영일이라고 읽습니다.

$$\frac{1}{1000}=0.001$$

그림 21

(4) 소수의 자릿값 지도

소수의 자릿값 지도는 일의 자리를 단위로 시작한다. $\frac{1}{10}$이라는 새로운 단위를 만들기 위하여 $\frac{1}{10}$을 취한다. 1의 자리 뒤에 소수점을 사용하고 $\frac{1}{10}$이 10개가 되면 1과 같다는 사실을 지도한다. 자연수를 지도할 때 수모형을 활용하면 쉽게 지도할 수 있듯이 소수의 자릿값[13] 지도에서는 그림과 같이 자릿값 판을 활용하면 아동들이 쉽게 이해할 수 있다.

자리값 알아보기

- 62.379에서 6은 십의 자리 숫자이고, 60을 나타냅니다.
- 2는 일의 자리 숫자이고, 2를 나타냅니다.
- 3은 0.1의 자리 도는 소수 첫째 자리 숫자이고, 0.3을 나타냅니다.
- 7은 0.01의 자리 또는 소수 둘째 자리 숫자이고, 0.07을 나타냅니다.
- 9는 0.001의 자리 또는 소수 셋째 자리 숫자이고, 0.009를 나타냅니다.

62.379 = 60 + 2 + 0.3 + 0.07 + 0.009

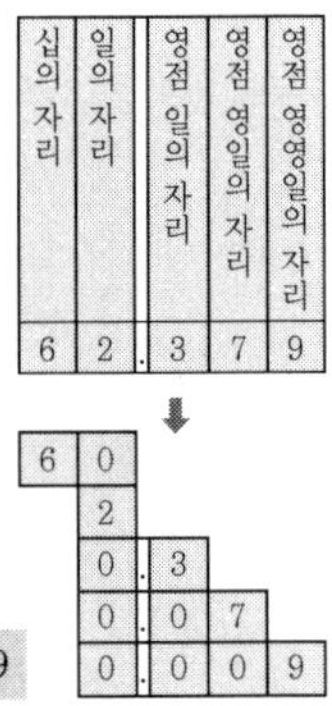

13 교재에 따라서 아래의 자릿값 판에서 영점일의 자리를 소수 첫째자리, 영점영일의 자리를 소수 둘째자리, 영점영영일의 자리를 소수 셋째자리 등으로 표현하기도 한다.

(5) 소수를 가르치는 직관적인 모델

① 수모형을 통해 전체를 1로 보고 소수 한 자리 수 및 소수 두 자리 수와 세 자리 수를 표현할 수 있다.

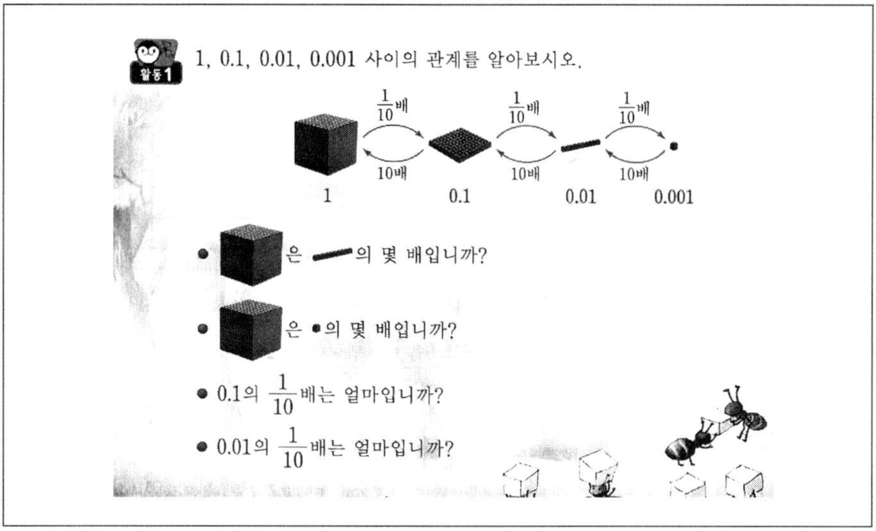

그림 22

② 정사각형 10개 모델(수 막대 모델)을 통해 전체를 1로 보고 소수 한 자리 수를 표현할 수 있다.

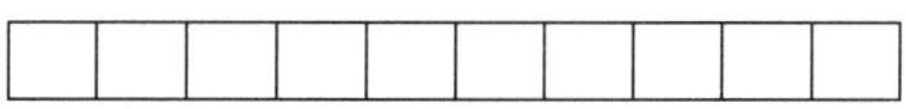

③ 수직선 모델을 통해 소수 한 자리 수를 표현할 수 있다.

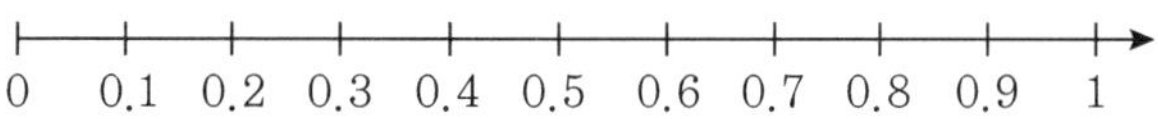

(6) 소수의 크기 비교

소수는 십진법 체계에서 십진 기수법으로 표기하기 때문에 자연수의 크기 비교와 같은 방법을 택하게 됨을 아는 것이 중요하다. 두 수의 크기를 비교하는 방법을 발견하기 위해서 조작활동으로 수 막대에서 두 소수의 위치를 표시하거나 색칠해 볼 수도 있고, 수직선에서 소수의 위치를 표시하고 직관적으로 알아보면서 오른쪽에 있는 소수가 더 크다는 것을 알 수 있다. 또는 자릿값을 활용해서 소수의 크기

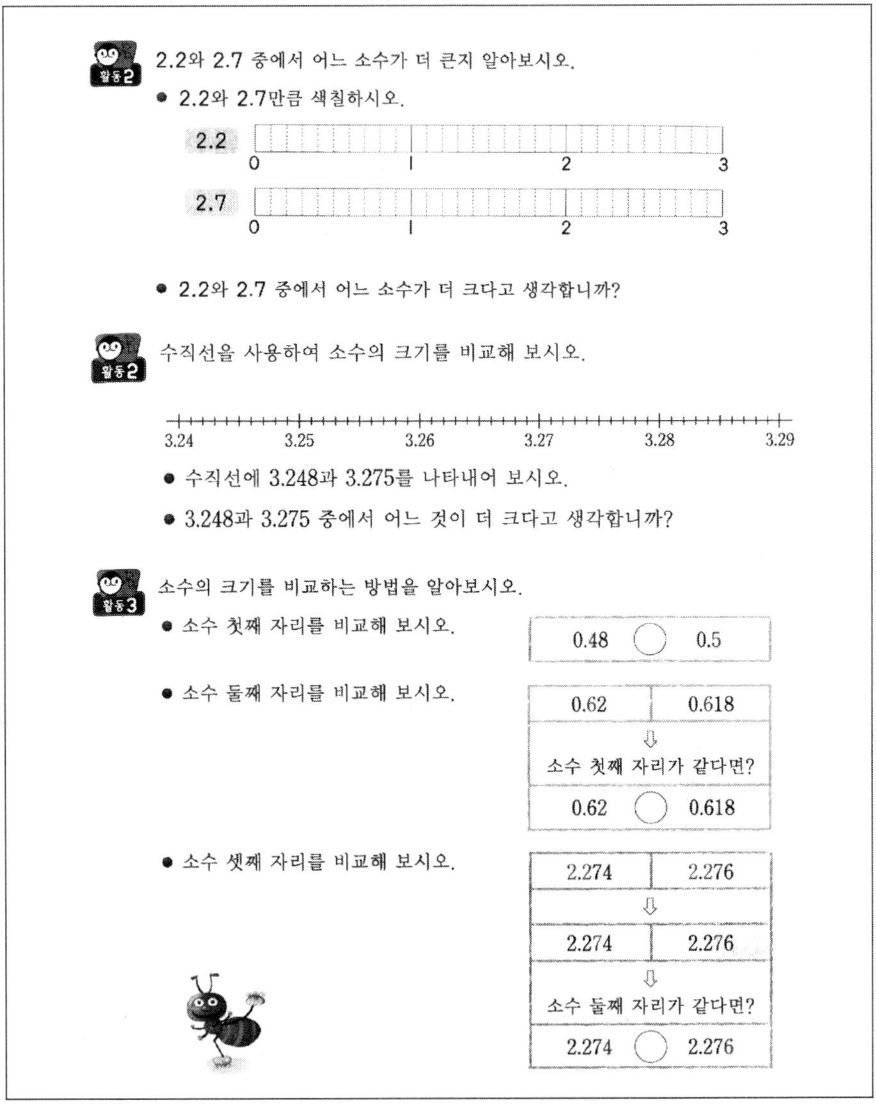

활동2 2.2와 2.7 중에서 어느 소수가 더 큰지 알아보시오.

- 2.2와 2.7만큼 색칠하시오.

2.2 (0, 1, 2, 3)

2.7 (0, 1, 2, 3)

- 2.2와 2.7 중에서 어느 소수가 더 크다고 생각합니까?

활동2 수직선을 사용하여 소수의 크기를 비교해 보시오.

3.24 3.25 3.26 3.27 3.28 3.29

- 수직선에 3.248과 3.275를 나타내어 보시오.
- 3.248과 3.275 중에서 어느 것이 더 크다고 생각합니까?

활동3 소수의 크기를 비교하는 방법을 알아보시오.

- 소수 첫째 자리를 비교해 보시오.

0.48 ◯ 0.5

- 소수 둘째 자리를 비교해 보시오.

0.62 | 0.618
⇩
소수 첫째 자리가 같다면?
0.62 ◯ 0.618

- 소수 셋째 자리를 비교해 보시오.

2.274 | 2.276
⇩
2.274 | 2.276
⇩
소수 둘째 자리가 같다면?
2.274 ◯ 2.276

그림 23

를 비교할 수도 있다, 그러나 쉬운 방법을 교사가 제시하는 것이 아니라 아동 스스로 발견하도록 도와주어야 한다.

2 연산

자연수 연산은 수학의 가장 기본적인 기능이다. 계산 기능의 숙달은 수학 학습력 향상에 많은 도움이 된다. 우리나라의 경우 입시위주의 교육 이다보니 학교 현장에서는 계산기능의 향상에 지나치게 중점을 두어온 것이 사실이다. 하지만 계산은 수학교육의 목표가 아니라 문제를 해결하기위한 수단에 지나지 않는다.

우리가 흔히 연산(operation)이라고 말할 때 이는 곧 덧셈과 뺄셈, 곱셈, 나눗셈의 사칙 연산을 의미한다. 연산이라는 용어는 일종의 대응을 의미하는 것으로 매우 포괄적인 의미로 사용된다. 대부분의 학생들에게 연산이 수학적으로 어떤 의미를 가지고 있는가를 물어보면 사칙 계산 혹은 계산[14]이라고 답하는 경우를 흔히 볼 수 있다.

수학적으로는 연산을 어떤 수의 집합에 속하는 두 개의 원소 a, b의 순서쌍 (a, b)에 대응하는 원소 c를 그 집합의 원소 중에 일의적으로 결정하는 조작으로 설명할 수 있다.

이를테면, 집합 A에서 정의역이 $A \times A$이며, 변역이 A인 함수 $f: A \times A \rightarrow A$가 존재하면 이 함수 f를 이항연산(binary operation)이라고 한다.

이때 함수의 값 $f(a, b)$를 간단히 $f(a, b) = a * b$로 나타낸다. 즉, 기호 $*$는 이항연산이다. 이항연산 $a * b$에서 $*$대신에 우리가 쓰고 있는 기호 $+$, $-$, $\times$, $\div$을

14 계산은 일정한 알고리즘에 따라 어떤 값이나 결과를 구하는 것을 말하며 연산은 계산을 포함하는 보다 포괄적인 의미로 사용된다.

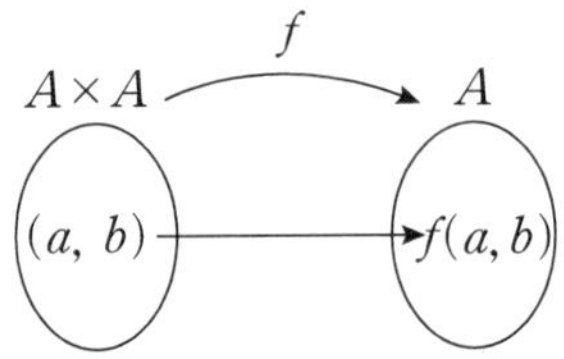

대입하면 사칙 연산 $a+b$, $a-b$, $a\times b$, $a\div b$을 얻는다.

이를테면, 집합 A가 자연수의 집합이라면 덧셈과 곱셈에서는 함수가 되어 이항연산이 되지만 뺄셈과 나눗셈에서는 일반적으로 이항연산이 되지 않는다.

2.1 자연수의 계산

(1) 덧셈

자연수의 덧셈(addition)은 페아노(Peano, 1858~1932)의 공리를 토대로 정의하는 방법과 집합개념을 이용하는 두 가지 방법이 있으나 여기서는 후자의 의미를 생각해 보기로 한다. 즉, 두 집합 A, B에서 $A \cap B = \phi$이고 집합 A, B의 원소의 개수를 각각 $n(A)$, $n(B)$라 할 때 $n(A \cup B) = n(A)+n(B)$를 덧셈이라고 한다.

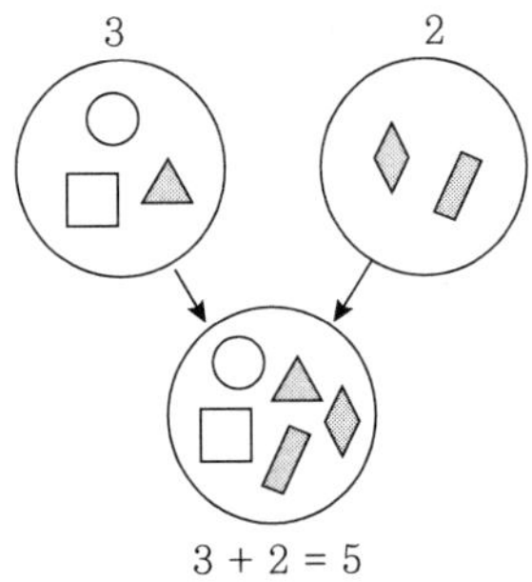

초등수학에서 이와 같은 연산의 정의를 만족하는 덧셈 연산의 유형은 첨가형과 합병형 두 가지가 있다.

① 첨가형

하나의 부분에 다른 부분을 첨가해서 전체를 알아내는 조작이다. 이를테면,

나비는 모두 몇 마리인지 알아봅시다.

• 나비는 모두 몇 마리인지 식으로 써 보세요.

그림 24

"호랑나비 72마리가 있었는데 흰나비 43마리를 더 들여왔다. 나비는 모두 몇 마리인지 알아보시오."와 같은 유형이다.

② 합병형

동시적으로 존재하는 두 양을 한데 합한 크기를 구하는 조작이다. 이를테면, "앵무새 15마리가 줄에 앉아있고, 앵무새 6마리는 모이를 먹고 있다. 앵무새는 모

앵무새는 모두 몇 마리인지 알아봅시다.

• 앵무새는 모두 몇 마리인지 식으로 써 보세요.

그림 25

두 몇 마리인지 알아보시오"와 같이 동시에 동적인 상태로 합병시키는 문제유형을 합병형의 문제라고 한다.

(2) 뺄셈

뺄셈(subtraction)은 덧셈의 역연산으로 도입된다. 즉, $b+x=a$(또는 $x+b=a$)에서 $x=a-b$를 구하는 것이 뺄셈이다. 이때 a를 피감수, b를 감수라 하며, x를 두 수의 차라고 한다.

뺄셈은 집합에서 여집합, 또는 차집합의 뜻을 가진다. 즉, 두 집합 A, B 사이의 관계가 $A \supset B$일 때의 뺄셈은 $n(A)-n(B)=n(A-B)$와 같은 의미를 가진다. 그러나 일반적인 경우의 차집합은 뺄셈이 되지 않는다. 이를테면, $A=\{a, b, c\}$이고, $B=\{b, c, d\}$라면, $n(A)=3$, $n(B)=3$인데 $A-B=\{a\}$, $n(A-B)=1$이 되어, $n(A-B) \neq n(A)-n(B)$가 되기 때문이다.

초등수학에서 교과서에 소개되는 뺄셈연산의 유형[15]은 제거형과 비교형 두 가지가 있으며 그 구체적인 문제 장면은 다음과 같다.

① 제거형

전체에서 그 중의 한 부분을 뺀 나머지를 구하는 상황(求殘)이다. 즉, 수량 A가 B만큼 감소하여 C만큼 남았을 때, A와 B의 크기에서 C의 크기를 구하는 경우이다. 이를테면, "풍선이 6개 있습니다. 그 중에서 1개를 날려 보냈습니다. 남은 풍선은 몇 개인지 알아보시오."와 같은 문제유형이다.

---

15 현행 초등수학 교과서에는 뺄셈연산의 유형으로 제거형(구잔)과 비교형(구차) 두 가지를 다루고 있으나 외국의 경우는 이 외에 아래 ③과 같이 등화 유형을 취급하는 경우도 있다. 등화 유형은 두 양 사이의 차이를 없애려는 상황이다. 다시말해, 더 많은 양과 같게 만들기 위해서 적은 양에 얼마를 더해 주어야 하는지(또는 적은 양과 같게 만들기 위해서 많은 양에서 얼마를 빼 주어야 하는지)를 결정하는 형태의 뺄셈 유형이다.

그림 26

② 비교형

두 부분을 알고 그들을 비교시켜 차를 알아내는 조작(求差)이다. 즉, 두개의 수량 A, B의 크기로부터 A, B의 크기의 차를 구하는 경우이다. 이를테면, "분홍 솜사탕 8개와 파란 솜사탕 5개가 있습니다. 분홍 솜사탕은 파란 솜사탕보다 몇 개 더 많은지 알아보시오."와 같은 문제유형이다.

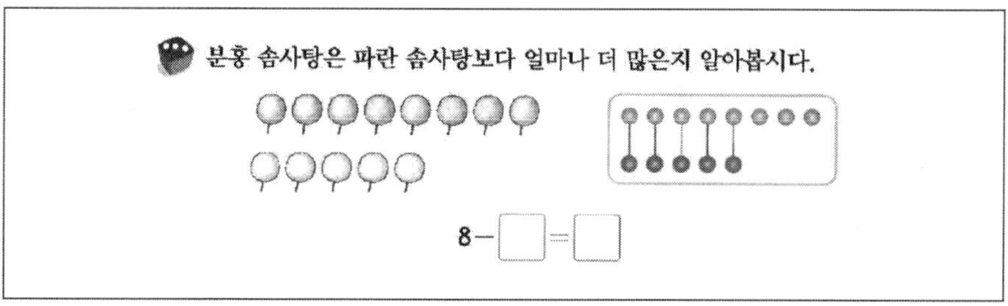

그림 27

③ 등화 유형

두 양 사이의 차이를 없애려는 상황이다. 즉, 더 많은 양과 같게 만들기 위해서 적은 양에 얼마를 더해주어야 하는지(또는 적은 양과 같게 만들기 위해서 많은 양에서 얼마를 빼야 하는지)를 결정하는 것이다. 이를테면, 원영이와 영찬이는 축구 비디오 게임을 했다. 원영이는 6골을 넣었고 영찬이는 4골을 넣었다. 동점이 되려면 영찬이는 몇 골을 더 넣어야 하는가?와 같은 유형이다.

참고

덧셈과 뺄셈 사이의 관계

a와 b를 알고 c를 구하는 것은 덧셈이며, c와 a를 알고 b를 구하거나, c와 b를 알고 a를 구하는 것은 뺄셈이다.

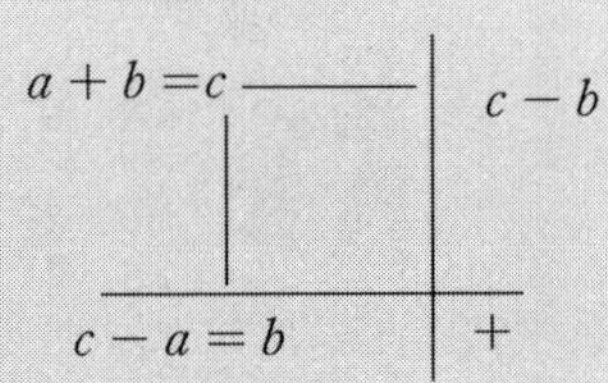

(3) 곱셈

곱셈은 적집합(cartesian product)에 의하여 정의된다. 곧, 두 집합 A, B는 유한집합이고, A의 원소의 개수를 $n(A) = a$, B의 원소의 개수를 $n(B) = b$라고 하면,

$$n(A \times B) = n(A) \times n(B) = a \times b = c$$

를 만족할 때 $a \times b$를 곱셈(multiplication)이라고 한다.

이때 a를 피승수, b를 승수라 하고, c를 a와 b의 곱 또는 적(積)이라고 한다.

이를테면, 두 집합 A, B가 $A = \{1, 2\}$, $B = \{3, 4, 5\}$의 원소를 갖는다고 하자. 이때, 곱집합 $A \times B = \{(1, 3), (1, 4), (1, 5), (2, 3), (2, 4), (2, 5)\}$이 되고, $n(A) = 2$, $n(B) = 3$이 되며, 곱집합의 원소의 개수는 $n(A \times B) = 6$이 되므로

$$n(A \times B) = n(A) \times n(B) = 2 \times 3 = 6$$

을 만족한다.

초등수학의 교과서에 소개되는 곱셈연산의 문제 장면을 유형[16]별로 생각해 보면 다음과 같다.

16 묶음 상황은 동수누가로 저학년 학생들도 해결할 수 있지만 조합이나 넓이 상황은 3학년 정도에서 해결할 수 있고, 비교나 비율 상황은 상대적으로 고학년에서 취급이 가능하다.

① 묶음

곱셈을 도입하는 데 가장 기본적이고 이해하기 쉬운 상황이다. 학생들은 이 문제를 주로 동수누가(同數累加)로 해결하며 우리나라 교과서에 곱셈이 처음 도입되는 상황이 바로 묶음 상황으로 도입하고 있다.

보기 12 6장씩 묶여있는 색종이가 5묶음 있습니다. 색종이는 모두 몇 장입니까?

② 배열

묶음의 특수한 경우라고 할 수 있다. 대상이 직사각형 모양으로 가지런히 정렬되어 있을 때 모두 몇인지 쉽게 셀 수 있는 방법은 곱셈을 이용하는 것이다.

보기 13 운동장에 학생들이 4명씩 5줄로 서 있습니다. 학생들은 모두 몇 명입니까?

③ 비율

항목의 수와 비율이 주어졌을 때, 전체의 값을 구하는 상황이다.

보기 14 '1개에 3000원하는 필통 4개의 값은 얼마인가?'의 상황이다.

④ 비교

A, B 두 집합의 크기를 비교하는 상황으로 이를테면, A집합의 크기가 주어지고, B집합의 크기가 A집합의 몇 배라고 하였을 때 B집합의 크기를 구하는 상황이다.

보기 15 원영이는 연필을 4자루 가지고 있고, 영우는 원영이의 3배를 가지고 있습니다. 영우가 가지고 있는 연필은 몇 자루입니까?

⑤ 조합

두 가지 유형의 항목을 각각 짝지을 때, 모든 경우의 수를 구하는 상황이다.

보기 16 웃옷 4가지와 바지 3가지가 있습니다. 웃옷과 바지를 한 벌로 입을 수 있는 방법은 몇 가지입니까?

⑥ 넓이

직사각형의 가로와 세로의 길이가 주어졌을 때 단위 넓이의 수를 구하는 상황이다.

보기 17 가로 10 m, 세로 8 m인 직사각형 모양의 땅이 있습니다. 이 땅의 넓이는 얼마입니까?

⑦ $x \div a = b$인형

제수와 그 몫을 알고 피제수를 구하는 제법의 역 조작으로서의 승법형 문제이다.

보기 18 "주어진 테이프의 길이를 4등분하여 한 개분의 길이를 재었더니, 12 cm가 되었습니다. 처음에 주어진 테이프의 길이는 얼마나 될까요?"

교사는 이 7가지 경우를 아이들에게 잘 이해 할 수 있도록 하여 어느 경우에 각각의 곱셈의 연산을 사용할 수 있는지를 지도하는 것이 바람직하다.

(4) 나눗셈

나눗셈은 곱셈의 역연산으로 정의된다. 즉, $x \times b = a$(혹은 $b \times x = a$)에서 $b \neq 0$일 때, $x = a \div b$를 구하는 것을 나눗셈(division)이라고 한다. 이때 a를 피제

수, b를 제수라 하며, x를 두 수의 몫이라 한다.

초등수학의 교과서에 소개되는 나눗셈 연산의 문제 장면을 유형별로 생각해 보면 다음과 같다.

① **포함제**(measurement division problem)

a에는 b가 몇 번 포함되어 있는가를 알아보는 나눗셈을 의미한다. 포함제 상황은 할당과 동수누감을 통하여 해결한다.

활동2 바둑돌 18개를 3개씩 나누어 보시오.

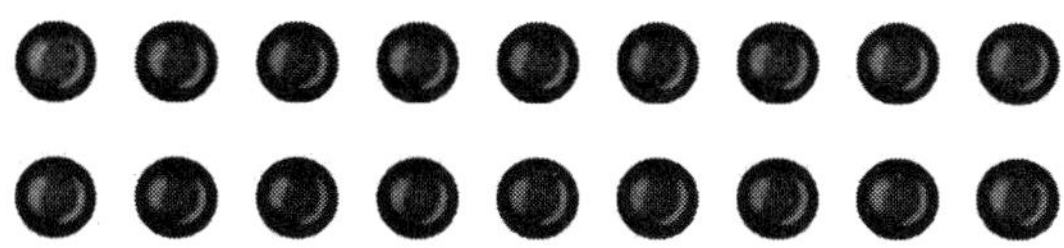

- 18에서 3을 몇 번 빼면 0이 됩니까?

  18−□−□−□−□−□−□=0

- 3개씩 묶으면 몇 묶음입니까?
- 나눗셈식으로 나타내어 보시오.
- 어떤 방법으로 나누었습니까?

그림 28

이 문제는 $18 = 3 \times x$인 형태로 기준량의 몇 개분(개수) 쪽이 미지수로 되어 있는 경우이다.

② 등분제(partitive division problem)

등분제는 a를 b등분하면 그 하나치는 얼마인가를 알아보는 것으로, 주어진 것을 등분한다는 의미의 나눗셈을 말한다. 이러한 등분제 상황은 분배하고, 시행

활동2 바둑돌 8개를 두 접시에 똑같이 나누어 보시오.

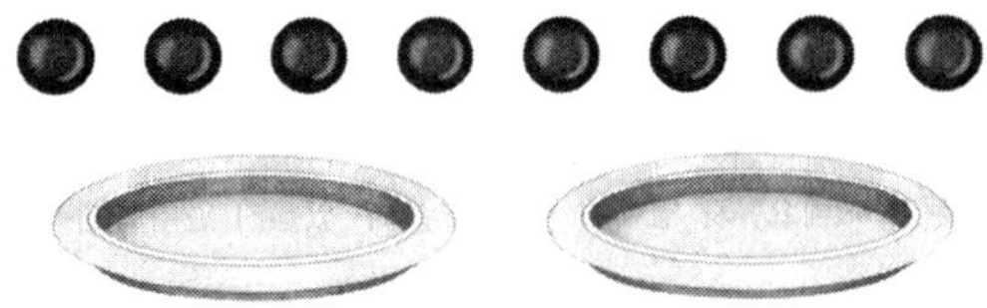

- 한 접시에 바둑돌을 몇 개씩 놓았습니까?
- 어떤 방법으로 나누었습니까? 다른 방법도 생각해 보시오.

그림 29

착오를 통하여 해결한다.

이 문제는 $8 = x \times 2$ 인 형태로 기준량 그 자체가 미지수로 되어있는 경우이다.

쓰고 읽기

8을 2로 나누면 4가 됩니다.
이것을 식으로 8÷2=4라 쓰고 8 나누기 2는 4와 같습니다라고 읽습니다.
8÷2=4와 같은 식을 나눗셈식이라 하고 4는 8을 2로 나눈 몫이라고 합니다.

그림 30

참고

① 나눗셈연산의 지도에서 등분제냐 포함제냐 하는 것을 지도할 것이 아니라, 구체적인 조작에서 나눗셈의 개념을 바르게 형성시키는 것이 중요하다.

② 나눗셈을 처음 배우는 어린이에게는 포함제가 등분제 보다 쉽게 받아들여지기 때문에 포함제를 먼저 지도하고 다음에 등분제를 지도하지만, 나눗셈의 학습이 누적됨에 따라 등분제의 생각으로 학습지도가 이루어지도록 한다.

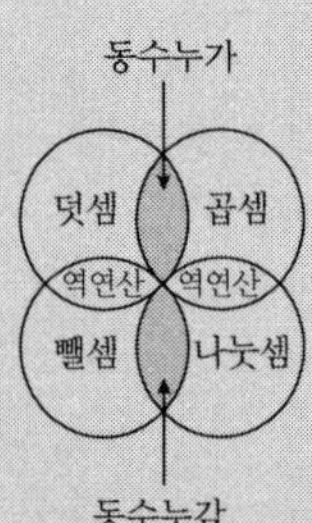

사칙 연산 사이의 관계

2.2 자연수의 계산지도 방법

자연수의 계산을 잘하기 위해서는 1학년에서 학습하는 9 이하의 수에 대한 수 감각(number sense)을 바탕으로 하나의 수를 두 수로 가르기(분해)하기와 두 수를 하나의 수로 모으기(합성)하기가 자유자재로 이루어져야 하고 아울러 0의 개념과 십진 기수법에 대한 기초적인 이해가 선행되어야 한다.

(1) 덧셈

덧셈에서는 합이 10미만인 덧셈과 합이 10인 경우의 덧셈 두 가지만 생각하면 충분하다.

1) 합이 10미만인 덧셈

주로 세어보기 또는 위에서 언급한 수의 가르기(분해)와 수의 모으기(합성)와 관련지어 지도한다.

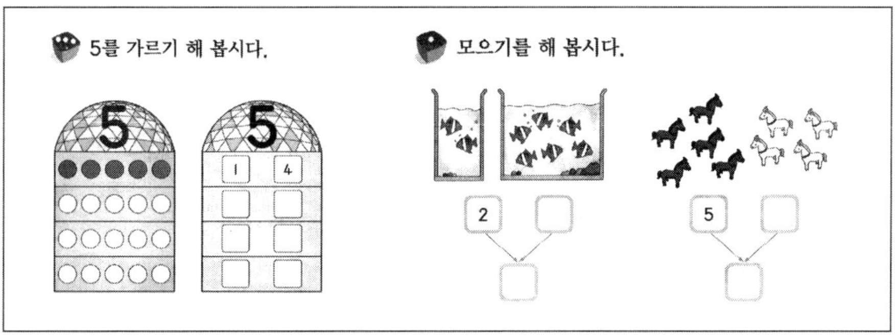

그림 31

2) 합이 10인 경우의 덧셈

합이 10인 경우의 덧셈은 받아 올림이 있는 덧셈을 하기 위한 기초적 학습 단계이다. 합이 10인 경우의 덧셈은 다음과 같이 3단계로 나누어 지도할 수 있다. 이를테면, 7+3=□의 경우를 생각해 보자.

① 1단계는 합이 10이 되는 경우의 덧셈이 이루어지는 원리를 구체물의 조작을 통하여 이해하게 한다. 교사가 7+3=□의 상황에 알맞은 적절한 이야기를 아이들에게 들려주면서 바둑알, 산가지, 타일 등의 구체물을 가지고 조작활동에 의한 덧셈을 하게 해본다.

② 2단계로 수직선에서 점의 이동으로 알아본다. 이때 주의할 점은 수직선 뛰기에서는 출발은 반드시 0에서 하고, 화살표의 끝점이 구하는 답이 된다는 것을 알게 한다.

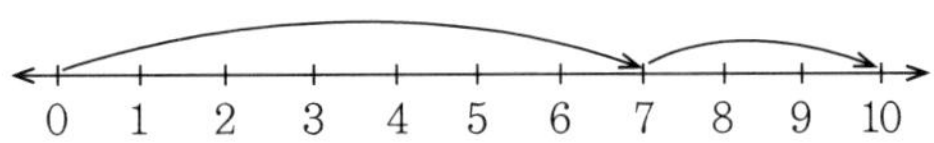

③ 3단계는 형식화 단계로서 7+3=□와 같은 가로 형식과 $\begin{array}{r} 7 \\ +3 \\ \hline \end{array}$ 와 같은 세로 형식[17]으로 덧셈을 하게 해 본다.

(2) 뺄셈

뺄셈의 경우는 전통적으로 아래와 같은 감가법(減加法)과 감감법(減減法)의 두 가지 유형이 교과서에 소개되고 있다.

1) 감가법

감가법은 뺄셈에서 받아내림을 하는 경우의 계산 과정을 설명하는 방법의 하나로서, 이를테면

$$15-7 = (10+5)-7 = (10-7)+5 = 3+5 = 8$$

와 같이 피감수(빼지는 수) 15를 10과 5로 분해하여 계산하는 방법을 말한다.

---

17 덧셈식과 뺄셈식은 이항 연산이므로 $a*b = c$형태이기 때문에 가로 형식인 $3+4 = 5$ 또는 $8-2 =6$ 형태이어야 한다. 그러므로 위와 같은 세로 형식의 계산 방법은 덧셈식도 아니고 뺄셈식도 아니다. 세로 형식의 계산 방법은 단지 계산을 쉽게 하는 방법에 지나지 않는다.

활동2 그림을 보고 계산하시오.

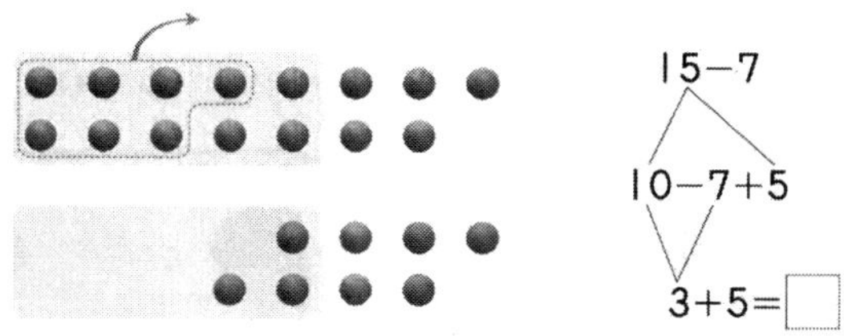

그림 32

2) 감감법

감감법은 뺄셈에서 감수(빼는 수)를 분해하여

$$12-5 = 12-(2+3) = 12-2-3 = 10-3 = 7$$

와 같은 과정을 거쳐 계산하는 방법이다.

활동2 그림을 보고 계산하시오.

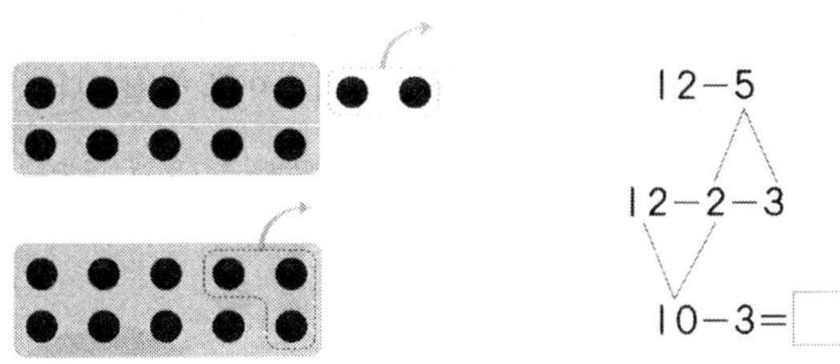

그림 33

참고

감가법이나 감감법은 뺄셈에 대한 이해를 더욱 깊게 하는 데 필요하기 때문에 두 가지 방법을 모두 지도하는 것이 좋다. 하지만 초등학교에서 오랜 지도경험을 가진 현장교사들의 말에 의하면 아동들은 감감법보다는 감가법을 훨씬 더 쉽게 받아들인다는 자신들의 경험에 따라 일선 현장에서는 감가법을 기본적인 사고로 하여 지도하는 입장을 취하는 것이 좋다.

3) 곱셈

곱셈은 동수 누가 상황을 제시하여 합을 구하게 한 다음, 동수 누가 상황의 번거로움으로부터 보다 더 편리한 방법으로 곱셈을 도입하고, 배 개념으로서 곱셈으로 발전시킨 다음, 곱셈 구구로 일반화한다. 곱셈구구의 지도를 어느 단에서부터 시작하여 나아갈 것인가에 대한 문제는 학자에 따라 그 견해가 다를 수 있겠으나, 가장 손쉽게 접근 할 수 있는 방법은 5→2, 4, 8→3, 6, 9→7단의 순서로 학습할 수도 있고, 현행 교과서와 같이 2→5→3→4→6→7→8→9단의 순서로 학습할 수도 있다. 그러나 전자의 순서로 곱셈구구에 접근하면 암기하기에 편리할 뿐만 아니라 이들 사이의 관계도 쉽게 파악하는 데 도움이 된다.

참고

간혹 수학교육과 관련한 교재에서 아래와 같은 러시아 농부의 계산법 혹은 격자법(格子法; Lattice method 또는 Napier method)이라고도 함을 소개하고 있다. 격자 곱셈은 곱셈을 한 후 자리 수를 맞추어 각 자리 수들을 더하고 10이 넘으면 한 자리 올리면 된다.

67×8=536　　46×23=1058　　213×58=12354

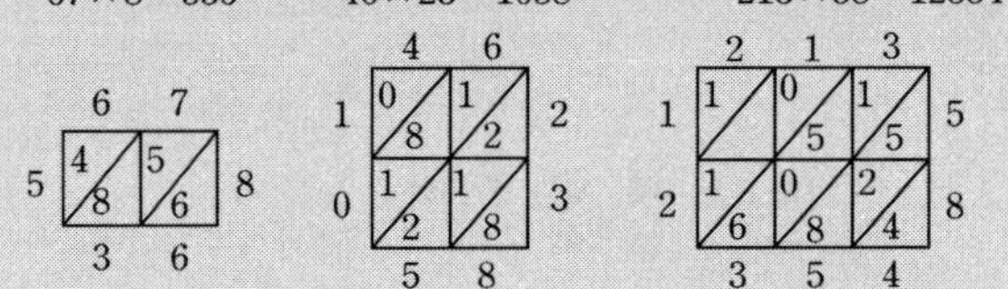

곱셈구구는 곱셈뿐만 아니라 나눗셈에도 그대로 사용되므로 문제 상황이 주어졌을 때 충분한 조작활동을 통하여 그 의미를 학습하고 난후 형식화 하도록 지도되어야 한다.

4) 나눗셈

나눗셈 역시 다른 계산지도 방법과 유사하게 문제를 제시하여 구체물 조작활동을 통하여 해결하게 한다. 이런 활동을 충분히 제공하여 아동 스스로 조작해

봄으로써 계산 원리를 터득하게 하는 것이 무엇보다 중요하다. 제법계산의 지도의 순서를 결정하는 요인은 다음과 같다.

① 수 집합을 생각한다.
② 나머지가 있는 제법계산과 없는 것을 생각한다.
③ 피제수와 제수의 자리수를 생각한다.
④ 0이 피제수, 제수, 몫에 있을 때를 생각한다.

이와 같은 지도순서에 따라 처음에는 8÷2와 같이 나머지가 없는 피제수와 제수가 한자리수인 계산으로부터 출발하여 이를 바탕으로 12÷4, 128÷4와 같이 점차적으로 피제수의 자리수를 하나씩 증가해 간다.

이러한 과정을 되풀이하여 충분히 사고할 수 있는 시간을 준 다음 이를 형식화하도록 한다.

참고

(1) 나머지가 있는 제법 계산과 나머지가 없는 제법계산은 어느 것을 먼저 지도할 것인가?

일상생활에서 나눗셈을 행할 때 나머지가 있는 쪽이 많으므로 나머지가 있는 계산부터 지도하는 것이 마땅하나, 기습사항인 승법구구와 관련을 맺는다면 나머지가 없는 계산부터 지도해도 무방하다.

(2) 0이 있는 나눗셈

수학의 연산에서 0이 들어가는 나눗셈을 쉽게 이해하지 못하는 경우가 많다. 먼저, 0이 들어있는 나눗셈의 식을 말해 보게 한다. 그러면 다음과 같은 세 가지 경우를 생각해 볼 수 있다.

① 0÷5 = □

이 경우 초등학생의 눈높이에 맞는 이야기 구성은 다음과 같이 할 수 있다. "쟁반에 사과가 한 개도 없다. 그런데 사과를 얻어먹겠다고 5사람이 모여들었다. 한 사람이 몇 개씩 가질 수 있느냐?"의 문제구성으로 지도해 볼 수 있다.

② 0÷0 = □

이 경우의 몫이 얼마인가를 물어보면 대부분의 아동들은 몫이 1이라고 생각하는 경우가 종종 있다. 그 이유는 지금까지 자신들이 배운 나눗셈의 유형 중에 이와 같은 것을 보지는 못했지만 5÷5 = 1, 7÷7 = 1 등과 같이 피제수와 제수가 같은 경우에는 언제든지 그 몫이 1이었다는 자신들의 경험에 기초한 것으로 보인다. 그러나 나눗셈의 역연산인 곱셈으로 고쳐 생각해 보면 □에는 어떠한 수를 대입하여도 성립함을 알 수 있다. 따라서 이 경우는 몫이 없는 것이 아니라 너무 많아서 정할 수 없는 부정(不定)의 경우이다.

③ $5 \div 0 = \square$

이 경우는 나눗셈의 역연산인 곱셈으로 고쳐 생각해보면 "불가능하다."는 사실을 알 수 있으며 이것을 수학적 용어로 불능(不能)이라 부른다.

0이 들어있는 이상의 세 가지 경우를 살펴보았으나 실제로 초등수학에서는 첫 번째 경우만 고려의 대상이 될 수 있다.

2.3 분수 계산의 지도 방법

(1) 분수의 덧셈과 뺄셈

분수를 더하거나 빼려고 할 때 우선 고려되어야 할 사항은 단위의 문제이다. 이를테면, 동분모 분수는 단위가 서로 같으므로 쉽게 덧셈과 뺄셈이 가능하지만 이분모 분수는 단위가 같지 않으므로 단위를 같게 하기 전에는 더하거나 뺄 수 없다. 이처럼 분수의 덧셈과 뺄셈에서 단위를 같게 해주는 과정이 통분이며 이를 위해서는 앞에서 공부한 배수, 공배수, 최소공배수 등의 개념이 필요하다.

분수의 덧셈은 자연수의 덧셈과 유사하다. A, B 두 연속량에 대응하는 분수를 $m(A)$, $m(B)$라 하면

$$m(A)+m(B) = m(A \cup B) \text{ 단, } A \cap B = \phi$$

로 정의된다.

그림 34에서 두 양은 겹치지 않으므로 따라서 $\frac{1}{4}+\frac{2}{4}=\frac{3}{4}$이 된다.

일반적으로 동분모끼리의 덧셈은 $\frac{b}{a}$는 $\frac{1}{a}$이 b개이고 $\frac{c}{a}$는 $\frac{1}{a}$이 c개이므로, $\frac{b}{a}+\frac{c}{a}$는 $\frac{1}{a}$이 b개와 c개의 합으로 된다. 즉,

$$\frac{b}{a}+\frac{c}{a}=\frac{b+c}{a}$$

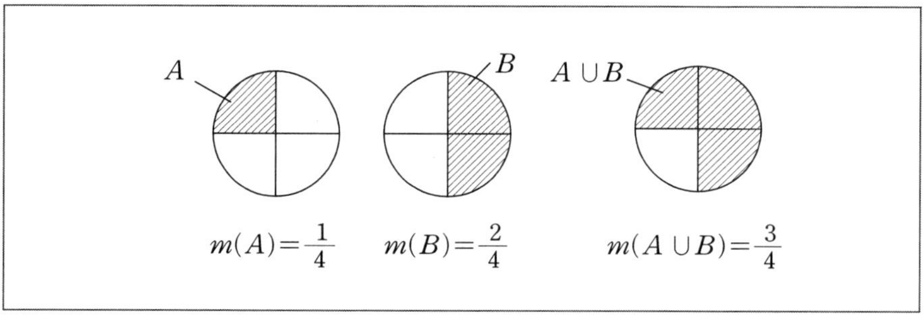

그림 34

가 된다. 이분모분수의 덧셈은 단위를 같게 해주는 절차인 통분에 의하여 동분모 분수로 고쳐서 계산한다. 즉,

$$\frac{b}{a}+\frac{d}{c}=\frac{bc}{ac}+\frac{ad}{ac}=\frac{bc+ad}{ac}$$

분수의 뺄셈도 자연수의 뺄셈과 유사하게 다음과 같이 정의된다.

$$m(A)-m(B)=m(A-B) \text{ 단, } B\subset A$$

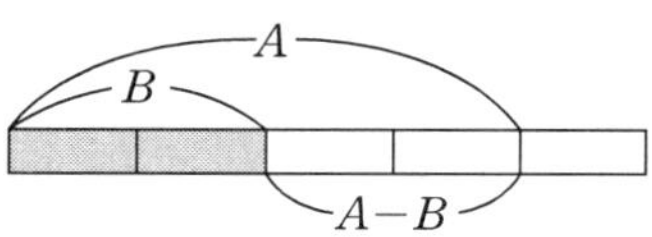

$m(A)=\frac{4}{5}$, $m(B)=\frac{2}{5}$이고, $B\subset A$이면 $m(A-B)=\frac{2}{5}$이므로, 다음과 같이 계산할 수 있다.

$$\frac{4}{5}-\frac{2}{5}=\frac{2}{5}$$

분수의 뺄셈의 계산 원리나 계산방법은 분수의 덧셈과 비슷하며 다음과 같이 형식화 할 수 있다.

$$\frac{b}{a}-\frac{c}{a}=\frac{b-c}{a} \text{ 단, } b>c$$

$$\frac{b}{a}-\frac{d}{c}=\frac{bc}{ac}-\frac{ad}{ac}=\frac{bc-ad}{ac} \quad \text{단, } bc > ad$$

(2) 분수의 곱셈과 나눗셈

자연수의 계산에서 동수누가나 동수누감의 모델이 분수에서는 일반적으로 적용되지 않는다. 이를테면, (분수)×(자연수)의 형태인 다음을 생각해 보자.

$\frac{3}{5}\times 3$:

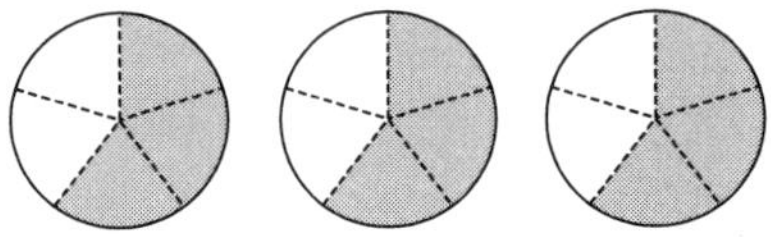

$\frac{3}{5}\times 3=\frac{3\times 3}{5}$으로 계산 방법의 형식화를 지도하기 위해서는 $\frac{3}{5}$을 $\frac{1}{5}$이 3개인 한 묶음으로 생각한다. $\frac{3}{5}\times 3$은 $\frac{1}{5}$이 3개씩 3묶음으로 생각할 수 있어 $\frac{1}{5}$이 $3\times 3=9$(개), 즉 $\frac{9}{5}$가 된다. 따라서 $\frac{3}{5}\times 3=\frac{3\times 3}{5}=\frac{9}{5}$가 된다는 것을 알 수 있다. 또한 $\frac{3}{5}\times 3=\frac{3}{5}+\frac{3}{5}+\frac{3}{5}=\frac{3\times 3}{5}$처럼 분자를 동수누가를 이용하여 곱셈으로 나타낼 수 있다.

그러나 (자연수)×(분수) 형태인 $3\times\frac{3}{5}$에는 적용되지 않는다. 왜냐하면, 3을 $\frac{3}{5}$번 더한다는 것은 무의미하기 때문이다. 따라서 분수의 곱셈은 배의 개념을 바탕으로 계산 원리를 유도한다.

즉, 5의 3배 ↔ 5×3

$\frac{3}{5}$의 $\frac{1}{3}$배 ↔ $\frac{3}{5}\times\frac{1}{3}$

분수의 나눗셈은 (단위분수)÷(자연수)에서 나눗셈의 계산 원리를 발견하고, 이를 (진분수)÷(단위분수), (진분수)÷(진분수) 등에 적용한다. 이를 위하여 수직선이나 색종이를 이용하는 것이 좋다. 학생들에게 문제 상황을 제시하고, 구체물을 사용하여 문제를 해결하게 한다. 이와 같은 원리에 따라 분수의 곱셈과 나눗셈에 관한 몇 가지 주요 계산 원리를 소개하면 다음과 같다.

① (단위분수)×(단위분수)의 곱셈 계산 원리

$\frac{1}{3}\times\frac{1}{2}$의 계산 원리는 다음과 같이 도식화 될 수 있다.

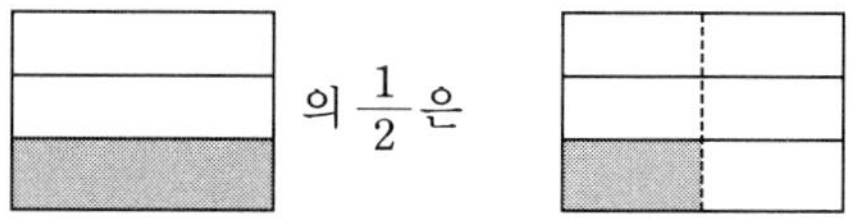

$$\frac{1}{3}\times\frac{1}{2}=\frac{1\times1}{3\times2}=\frac{1}{6}$$

즉, 단위분수끼리의 곱셈은 분모는 분모끼리 분자에는 1을 써준다. 또 이를 수직선상에 표시하면 다음과 같다.

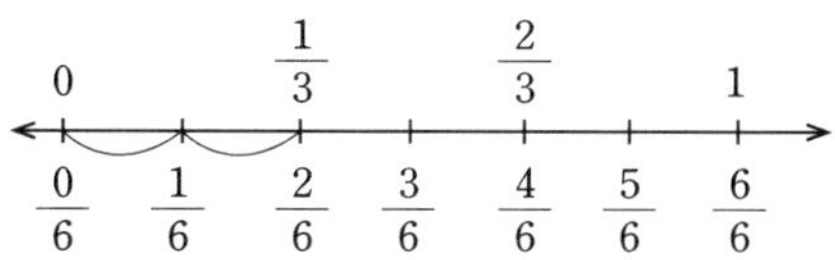

② (진분수)×(진분수)의 계산 원리

$\frac{3}{4}\times\frac{2}{5}$의 계산 원리는 다음과 같이 도식화 될 수 있다.

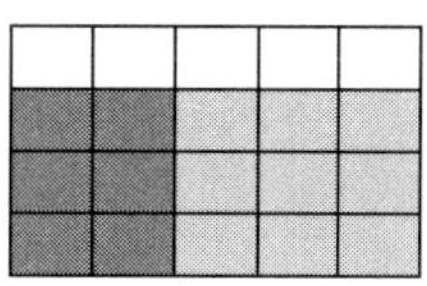

$$\frac{3}{4}\times\frac{2}{5}=\frac{3\times2}{4\times5}=\frac{6}{20}$$

즉, 진분수끼리의 곱셈은

$\frac{b}{a}\times\frac{d}{c}=\frac{b\times d}{a\times c}$와 같이 분모끼리의 곱을 분모에, 분자끼리의 곱을 분자에 써준다.

참고

학생들이 분수의 곱셈을 잘 이해했는지 알아보기 위해서는 학생 스스로 문장제 문제를 만들어 보게 하면 더 정확하게 파악할 수 있다.

이를테면, $12\times\frac{3}{4}$ 에 대한 문장제 문제는 다음과 같이 만들어 볼 수 있다.

원영이는 노끈 12m 중 $\frac{3}{4}$을 사용하였습니다. 원영이가 사용한 노끈은 몇 m일까요?

$$12 \times \frac{3}{4} = 3 \times 3 = 9(\text{m})$$

③ (진분수)÷(자연수)의 계산 원리

$\frac{3}{5}\div4$의 계산 원리는 다음과 같이 도식화 될 수 있다.

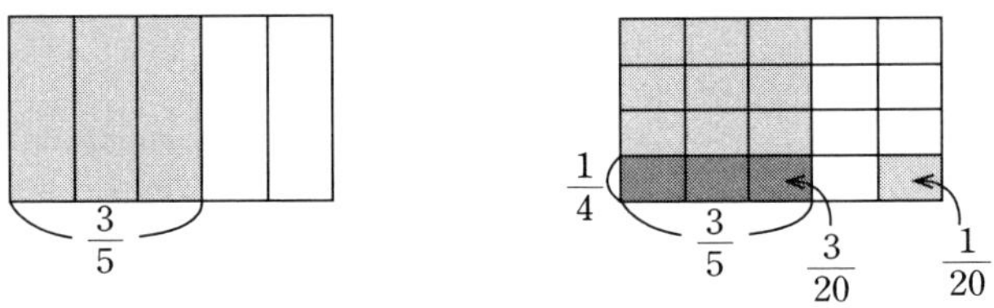

$$\frac{3}{5} \div 4 = \frac{3}{5} \times \frac{1}{4}$$

④ (자연수)÷(진분수)의 계산 원리

$3\div\frac{3}{4}$의 계산원리는 3에 $\frac{3}{4}$이 몇 번 포함되어 있는지를 생각하면 되는데 이것을 그림으로 도식화 하면 다음과 같다.

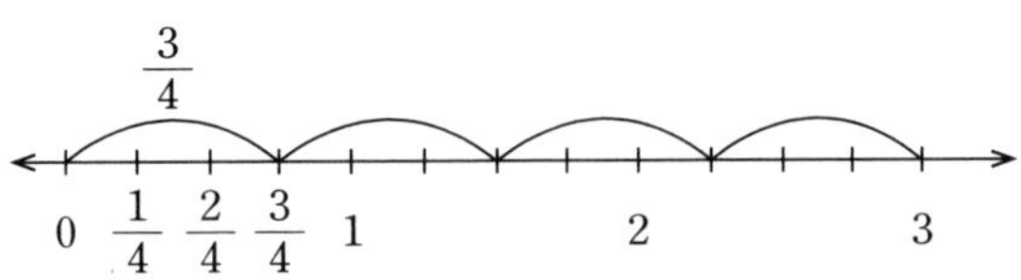

$\frac{3}{4}$이 4번 들어 있다.

$$3 \div \frac{3}{4} = \frac{3}{1} \div \frac{3}{4}$$

$$= \left\{\frac{3\times4}{1\times4}\times(1\times4)\right\}\div\left\{\frac{3\times1}{4\times1}\times(1\times4)\right\}$$ ⇐ 통분하여 약분함

$$= 3 \times 4 \div 3 = 3 \times \frac{4}{3} = 4$$

즉, 피제수 3에 제수 $\frac{3}{4}$의 역수를 곱하면 된다.

⑤ (진분수)÷(단위분수)의 계산 원리

$\frac{2}{3}\div\frac{1}{3}$의 계산과 그 형식화는 다음과 같다.

$$\frac{2}{3}\div\frac{1}{3}=\frac{2}{3}\times\frac{3}{1}=2$$

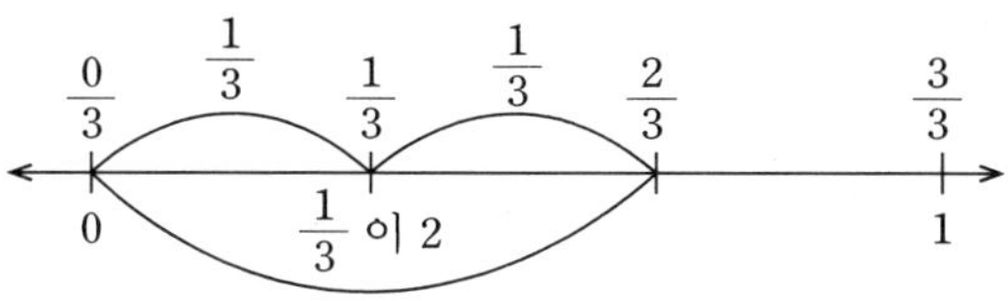

⑥ (진분수)÷(진분수)의 계산 원리

• 분모가 같은 진분수끼리의 계산 원리

활동 1 $\frac{5}{6}\div\frac{1}{6}$을 어떻게 계산하는지 알아보시오.

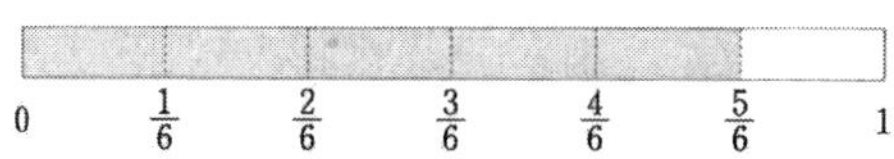

- $\frac{5}{6}$에서 $\frac{1}{6}$을 몇 번 덜어 낼 수 있습니까?
- $\frac{5}{6}\div\frac{1}{6}$은 얼마라고 생각합니까?
- $\frac{5}{6}\div\frac{1}{6}$을 5÷1로 바꾸어 계산해도 좋은지 생각해 보고, 그렇게 생각한 이유를 이야기해 보시오.

$$\frac{5}{6}\div\frac{1}{6}=\square\div\square=\square$$

그림 35

• 분모가 다른 진분수끼리의 계산 원리

일반적으로 진분수끼리의 나눗셈은 $\frac{b}{a} \div \frac{d}{c} = \frac{b}{a} \times \frac{c}{d}$ 와 같이 계산된다.

활동 1 $\frac{4}{5} \div \frac{4}{15}$ 를 어떻게 계산하는지 알아보시오.

- $\frac{4}{5} \div \frac{4}{15}$ 를 그림으로 나타내려면 어떻게 해야 합니까?

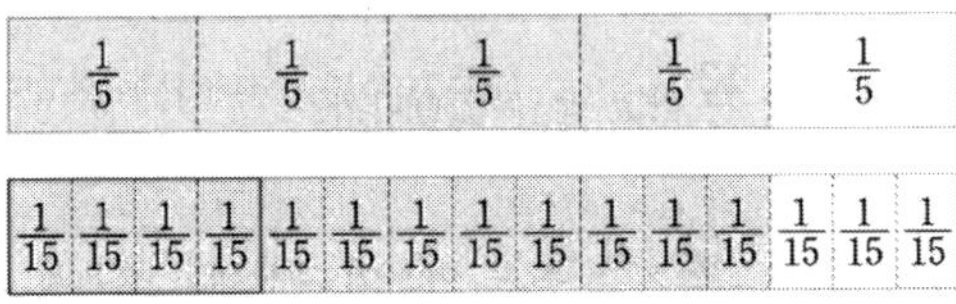

- $\frac{4}{5}$ 는 $\frac{1}{15}$ 이 몇 개입니까?

- $\frac{4}{5}$ 에서 $\frac{4}{15}$ 를 몇 번 덜어 낼 수 있는지 그림에서 $\frac{4}{15}$ 씩 묶어 알아보시오.

- $\frac{4}{5} \div \frac{4}{15}$ 를 $\frac{12}{15} \div \frac{4}{15}$ 로 바꾸어 계산해도 좋은지 생각해 보고, 그렇게 생각한 이유를 이야기해 보시오.

$$\frac{4}{5} \div \frac{4}{15} = \frac{12}{15} \div \frac{4}{15} = \square \div \square = \square$$

활동 2 $\frac{2}{3} \div \frac{5}{7}$ 를 계산하는 방법을 알아보시오.

- $\frac{2}{3} \div \frac{5}{7}$ 를 계산하려면 먼저 무엇을 해야 합니까?

- $\frac{2}{3} \div \frac{5}{7}$ 를 통분하여 계산하시오.

$$\frac{2}{3} = \frac{2 \times \square}{3 \times \square} = \frac{\square}{\square}, \quad \frac{5}{7} = \frac{5 \times \square}{7 \times \square} = \frac{\square}{\square}$$

$$\Rightarrow \frac{2}{3} \div \frac{5}{7} = \frac{\square}{\square} \div \frac{\square}{\square} = \square \div \square = \frac{\square}{\square}$$

그림 36

활동 3 $\frac{2}{3} \div \frac{5}{7}$를 계산하는 다른 방법을 알아보시오.

$\frac{2}{3} \div \frac{5}{7} = \frac{2\times7}{3\times7} \div \frac{5\times3}{7\times3} = (2\times7)\div(5\times3) = \frac{2\times7}{5\times3}$입니다.

$\frac{2\times7}{5\times3} = \frac{2\times7}{3\times5}$이고 $\frac{2\times7}{3\times5}$은 $\frac{2}{3}\times\frac{7}{5}$과 같습니다.

따라서 $\frac{2}{3} \div \frac{5}{7} = \frac{\square}{\square} \times \frac{\square}{\square}$입니다.

- $\frac{2}{3} \div \frac{5}{7} = \frac{\square}{\square} \times \frac{\square}{\square} = \frac{\square}{\square}$

그림 37

⑦ (가분수)÷(자연수)의 계산 원리

$\frac{9}{4}$ ÷ 2와 $\frac{6}{5}$ ÷ 2의 계산 원리를 도식화하면 아래와 같다.

활동 1 $\frac{9}{4}\div2$를 계산하는 방법을 알아보시오.

- $\frac{9}{4}\div2$를 분수의 곱셈으로 나타내어 계산하시오.
- 그림을 보고 □ 안에 알맞은 수를 써넣으시오.

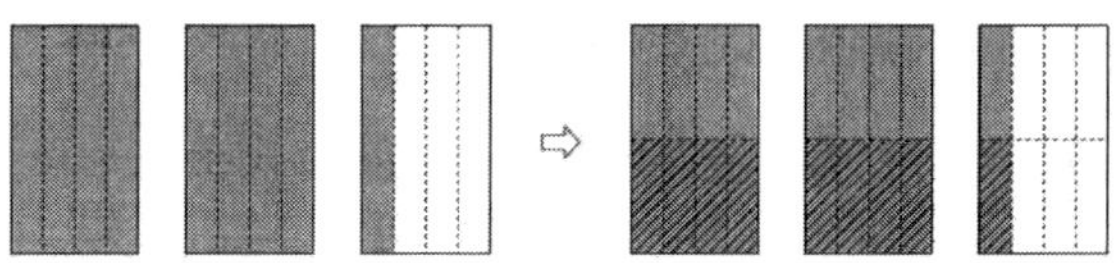

$$\frac{9}{4}\div2=\frac{9}{4}\times\frac{\square}{\square}=\frac{\square}{\square}$$

- $\frac{9}{4}\div2$를 계산하는 방법을 이야기해 보시오.

그림 38

활동 2 $\frac{6}{5} \div 2$를 계산하는 방법을 알아보시오.

- $\frac{6}{5} \div 2$를 분수의 곱셈으로 나타내어 계산하시오.
- 그림을 보고 □ 안에 알맞은 수를 써넣으시오.

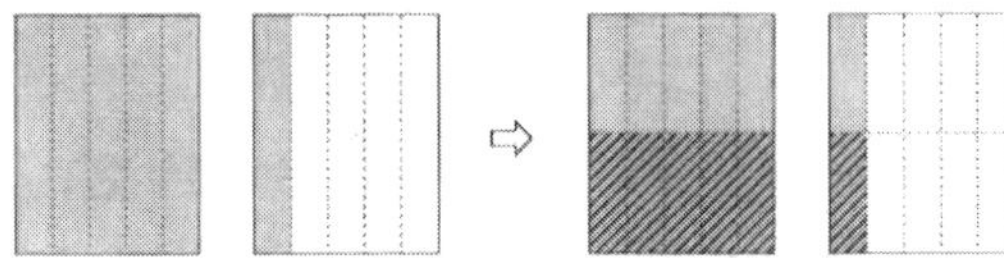

$$\frac{6}{5} \div 2 = \frac{6}{5} \times \frac{\square}{\square} = \frac{\square}{\square}$$

- $\frac{6}{5} \div 2$를 계산하는 방법을 이야기해 보시오.

그림 39

⑧ 대분수의 나눗셈의 계산 원리

- (대분수)÷(자연수)의 계산

활동 1 $1\frac{1}{2} \div 4$를 계산하는 방법을 알아보시오.

- $1\frac{1}{2}$을 가분수로 고쳐 계산하시오.
- 그림을 보고 □ 안에 알맞은 수를 써넣으시오.

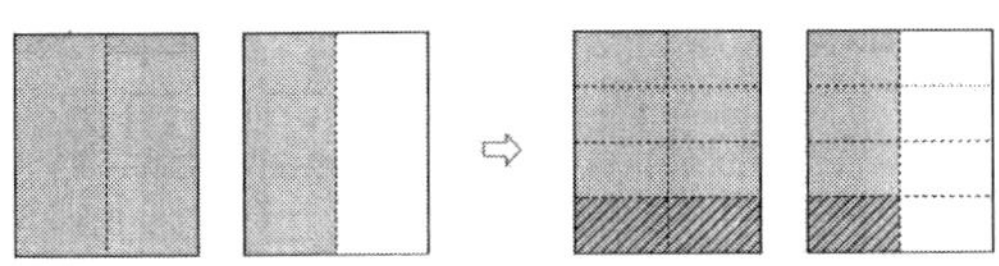

$$1\frac{1}{2} \div 4 = \frac{\square}{\square} \times \frac{\square}{\square} = \frac{\square}{\square}$$

- $1\frac{1}{2} \div 4$를 계산하는 방법을 이야기해 보시오.

그림 40

활동 2 $2\frac{4}{5}\div4$를 계산하는 방법을 알아보시오.

- $2\frac{4}{5}$를 가분수로 고쳐 계산하시오.

- 그림을 보고 □ 안에 알맞은 수를 써넣으시오.

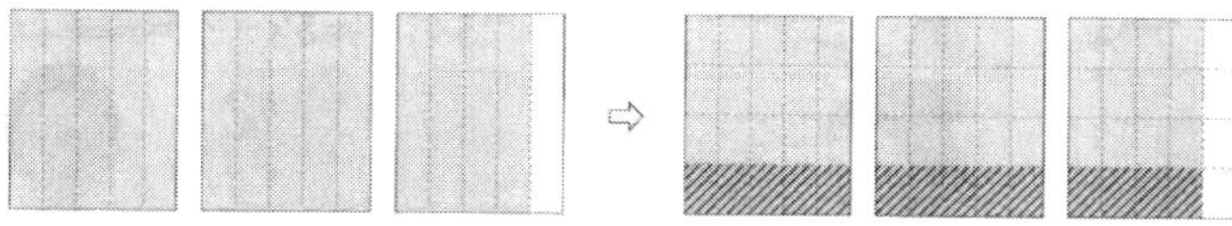

$$2\frac{4}{5}\div4=\frac{\square}{\square}\times\frac{\square}{\square}=\frac{\square}{\square}$$

- (대분수)÷(자연수)를 계산하는 방법을 이야기해 보시오.

그림 41

• (대분수)÷(대분수)의 계산 원리

활동 2 $3\frac{1}{2}\div1\frac{1}{4}$을 계산하는 방법을 알아보시오.

- $3\frac{1}{2}\div1\frac{1}{4}=\frac{7}{2}\div\frac{5}{4}$라고 할 수 있습니까?

- 다음 세 가지 계산 방법의 차이점을 찾아보시오.

방법 ① $3\frac{1}{2}\div1\frac{1}{4}=\frac{7}{2}\div\frac{5}{4}=\frac{7\times2}{2\times2}\div\frac{5}{4}=14\div5=\frac{14}{5}=2\frac{4}{5}$

방법 ② $3\frac{1}{2}\div1\frac{1}{4}=\frac{7}{2}\div\frac{5}{4}=\frac{7}{2}\times\frac{4}{5}=\frac{\overset{14}{\cancel{28}}}{\underset{5}{\cancel{10}}}=\frac{14}{5}=2\frac{4}{5}$

방법 ③ $3\frac{1}{2}\div1\frac{1}{4}=\frac{7}{2}\div\frac{5}{4}=\frac{7}{\underset{1}{\cancel{2}}}\times\frac{\overset{2}{\cancel{4}}}{5}=\frac{14}{5}=2\frac{4}{5}$

- 위의 세 가지 방법 중 가장 편리하다고 생각하는 방법은 어느 것인지 찾아 보고, 그렇게 생각한 이유를 이야기해 보시오.

그림 42

2.4 소수 계산의 지도방법

소수가 분수보다 좋은 점 중의 하나는 계산이 훨씬 더 간편하고 근본적으로 자연수와 똑같은 규칙을 따른다는 것이다. 소수에 대한 연산 알고리듬을 지도할 때, 자릿값의 설명과 자연수의 알고리듬을 대응시키면서 설명할 필요가 있다.

소수는 자연수의 십진 기수법의 확장이므로 소수의 덧셈과 뺄셈은 자연수의 덧셈과 뺄셈에 준한다. 또한 소수는 분수의 다른 표기 방법으로 소수의 덧셈과 뺄셈은 분수의 덧셈과 뺄셈 방법에 의하여 접근할 수 있다. 마찬가지로, 소수의 곱셈과 나눗셈도 분수의 곱셈과 나눗셈을 이용하기 위하여 소수를 분수로 고쳐서 접근할 수도 있고, 자연수의 곱셈과 나눗셈 방법을 이용하여 접근할 수도 있다.

하지만 초등수학에서 학생들이 갖는 어려움은 주로 수가 가로로 쓰이거나, 문장제로 주어지거나, 또는 소수들이 다른 단위와 섞여서, 예를 들어 52.32+0.6+547과 같이 표현될 때 주로 발생한다. 따라서, 학생들이 계산절차에 따라 기계적으로 계산하는 기능숙달에 학습의 초점을 두기보다는 계산하기 전에 결과가 얼마쯤 될 것이라는 어림에 관심을 두어 수 감각을 기르도록 지도하는 것이 바람직하다.

(1) 소수의 덧셈과 뺄셈

1) 분수 접근

① $3.56+7.95=\frac{356}{100}+\frac{795}{100}=\frac{1151}{100}=11.51$

② $0.0082+70.282=\frac{82}{10000}+\frac{70282}{10000}=\frac{82}{10000}+\frac{702820}{10000}$

$=\frac{702902}{10000}=70.2902$

2) 자연수의 덧셈 알고리즘 접근

범자연수의 덧셈과 같이, 소수의 자릿값에 대응하여 소수의 숫자들을 열로 배열하고 각 열에 있는 수를 더한다.

① 3.56+7.95 = 11.51

일의 자리	영점 일의 자리	영점 영일의 자리
3	5	6
7	9	5
11	5	1

② 0.0082+70.282 = 70.2902

십의 자리	일의 자리	영점 일의 자리	영점 영일의 자리	영점 영영일의 자리	영점 영영영일의 자리
	0	0	0	8	2
7	0	2	8	2	
7	0	2	9	0	2

결과적으로 자연수의 덧셈 알고리즘 접근은 소수점을 한 줄로 세우고, 그들이 범자연수인 것처럼 열에 있는 수를 더하고, 더해진 수에서 소수점 아래의 답에 소수점을 찍는다.

소수의 뺄셈도 소수의 덧셈과 마찬가지로 분수 접근을 이용하는 방법과 자연수의 뺄셈 알고리즘 접근을 이용하여 계산할 수 있으며, 일반적으로 분수 접근을 이용하는 것보다 소수의 덧셈이나 뺄셈 알고리즘을 이용하는 것이 더 효과적이다.

(2) 소수의 곱셈

1) 분수 접근

소수를 분수로 고쳐서 계산한 후, 그 결과를 소수로 고친다. 2.5×3.43의 경우를 생각해보자.

$2.5\times3.43 = \frac{25}{10}\times\frac{343}{100} = \frac{25\times343}{1000}$에서 자연수의 곱셈 25×343을 계산한 다

음, 소수점 아래에 3자리가 되는 곳에 소수점을 찍는다. 이를 이해하기 위해서는 소수를 분모가 10의 거듭제곱인 분수로 그리고 분모가 10의 거듭제곱인 분수를 소수로 바꾸는데 능숙해져야 한다.

2) 범자연수의 곱셈을 이용한 접근

① 소수점을 생각하지 않고 자연수의 곱셈으로 생각하여 계산한다.

② 피승수와 승수의 소수점 이하의 자리수의 합만큼 곱의 소수점의 자리를 옮긴다.

2.5 × 3.43의 경우를 생각해보자.

$25 \times 343 = 8575$

$2.5 \times 3.43 = 8.575$

참고

소수의 곱셈에서 학생들에게 나타나는 가장 큰 오류는 소수점 오류, 자연수 곱셈 오류, 알고리즘 오류가 전체 오류의 80%를 차지한다고 한다. 소수가 가진 자릿값의 의미를 명확하게 알고 있다면 자연수에 익숙한 학생들이 소수점 오류를 범할 확률을 줄일 수 있을 것이다. 이를 위해 수의 위치를 명확하게 이해 할 수 있는 수직선을 학생들과 함께 그려보는 것이 좋은 방법이 될 수 있다.

(3) 소수의 나눗셈

소수의 나눗셈은 자연수의 나눗셈과 마찬가지로 똑같이 나누는 상황(등분제)과 측정하는 상황(포함제)에서 일어난다. 소수의 곱셈과 마찬가지로 몫에 소수점의 위치를 결정하는 것이 중요한데 소수는 분수를 위치적 기수법으로 표기한 것이므로 소수의 나눗셈은 소수를 분수로 바꿔서 분수로 접근하여 해결하거나 위치적 기수법의 장점을 활용하기 위해 범자연수에 관한 나눗셈으로 고쳐서 계산할 수 있다.

1) 분수의 나눗셈을 이용한 접근

소수를 분수로 고쳐서 계산한 후 그 결과를 소수로 고친다.

$$88.29 \div 0.81 = \frac{8829}{100} \div \frac{81}{100} = 8829 \div 81 = 109$$

2) 범자연수의 나눗셈을 이용한 접근

소수의 나눗셈은 (소수)÷(자연수)에서 계산 원리를 이해하고, 그 원리를 (소수)÷(소수)로 확장하여 적용한다.

$$4.2 \div 3 = \frac{42}{10} \div \frac{30}{10} = 42 \div 30$$

$$4.97 \div 0.7 = \frac{497}{100} \div \frac{70}{100} = 497 \div 70$$

위에서 497÷70과 49.7÷7은 같지만 자연수 나눗셈에서 사용하였던 알고리즘을 사용하기에는 49.7÷7이 더 편리하다. 따라서 소수의 나눗셈에서는 나누는 수를 자연수로 고쳐서 계산하도록 한다. 이를테면, 88.29÷8.1은 882.9÷81로 고쳐서 계산한다.

참고

소수의 나눗셈에서 몫과 나머지를 구하는 활동은 특별한 주의를 요하기 때문에 몫을 자연수로 나타낼 필요가 있을 때만 국한하여 지도한다. 그 이유는 몫이 유일하지도 않을뿐더러 나머지도 구하기 나름이기 때문이다.

$7.51 = 2.8 \times 2 + 1.91$
$7.51 = 2.8 \times 2.6 + 0.23$
$7.51 = 2.8 \times 2.68 + 0.006$
$\cdots$

1.91, 0.23, 0.006 … 모두는 정수에서의 나머지를 결정하는 조건을 만족하고 있지만 유일하지 않음

소수의 나눗셈에서 몫이 자연수로 나누어떨어지지 않을 경우에는 몫을 분수로 나타내거나 적당한 위치에서 반올림하여 근삿값으로 구하거나 수 감각을 키우기 위해 어림셈을 하도록 교과서는 구성되어 있다(이경희, 2016).

제2부

수와 연산 영역의 용어해설

2부

수와 연산 영역의 용어해설

ㄱ

가법적기수법

기수법 중에서 가장 원시적인 덧셈의 원리에 의한 기수법이다. 이것을 가법적기수법(加法的 記數法, additional numeration system)이라고 한다.

보기 이집트 숫자의 발뒤꿈치 뼈 모양의 ∩이 10을 나타낸다면, 세 개를 더 첨가한 ∩∩∩∩은 40을 나타내는 것이다.

가분성 법칙

어떤 자연수가 다른 자연수에 의해 나누어떨어지는지를 직접 나눗셈을 하지 않고 빨리 알아낼 수 있는 방법을 가분성의 법칙(divisibility rule)이라 한다.

보기

숫자	가분성 테스트
2	마지막 숫자가 짝수(예를 들어 0, 2, 4, 6, 8)
5	마지막 숫자가 0 또는 5
10	마지막 숫자가 0

숫자	가분성 테스트
100	숫자의 마지막 두 자리 수가 모두 0
4	숫자의 마지막 두 자리 수가 4에 의하여 나누어 짐
3	숫자의 총합이 3에 의하여 나누어 짐
9	숫자의 총합이 9에 의하여 나누어 짐
11	홀수 자리의 수의 합과 짝수 자리의 수의 합의 차이가 11에 의하여 나우어 짐

가분수

분자가 분모와 같거나 큰 분수를 가분수(improper fraction)라 한다. 분수는 단위분수, 진분수, 가분수, 대분수로 나누는데, 분자가 1인 분수를 단위분수(unit fraction), 분자가 분모보다 작은 분수를 진분수(proper fraction), 자연수와 진분수의 합으로 된 분수를 대분수(mixed fraction)라 한다.

보기 $\frac{1}{2}, \frac{1}{3}$ → 단위분수, $\frac{2}{5}, \frac{3}{4}$ → 진분수, $\frac{4}{3}, \frac{4}{4}, \frac{8}{6}$ → 가분수, $1\frac{1}{2}, 2\frac{2}{3}$ → 대분수

◐ **참고**

- 분자가 5인 가분수를 쓰면 $\frac{5}{5}, \frac{5}{4}, \frac{5}{3}, \frac{5}{2}, \frac{5}{1}$이다.
- 가분수는 분자가 분모보다 같거나 크기 때문에 1과 같거나 1보다 큰 수이다.

  분자 ≥ 분모

◐ **참고:** 가분수의 집합

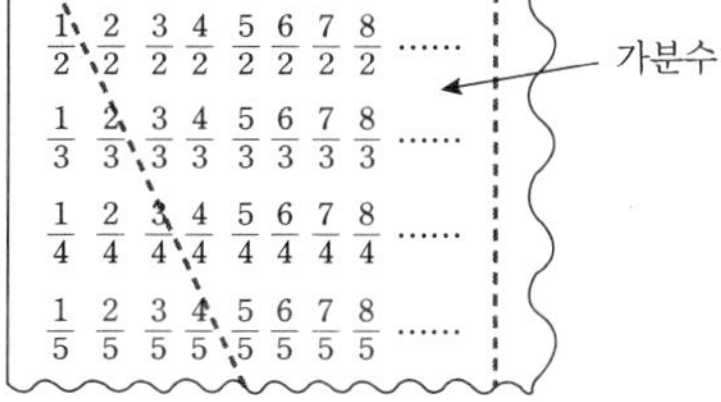

가산집합

유한집합이거나 자연수의 집합과 대등한 집합, 즉 가부번집합을 가산집합(countable set)이라 한다. 일반적으로 가산집합은 원소 하나하나를 빠짐없이 모두 셀 수 있다.

보기 {1, 2, 3}은 가산집합이다. 또한 자연수 전체의 집합은 가부번 집합이므로 가산집합이다.

가수

덧셈식 a+b = c에서 수 a+b를 'a 더하기 b'라 읽고, c를 합(sum)이라고 한다. 또, a를 a+b의 피가수(被加數, addend), b를 a+b의 가수(加數, addend)라고 한다.

보기 덧셈식 7+5 = 12에서 미국에서는 7과 5를 모두 addend라고 하지만, 우리나라에서는 7을 피가수(더해지는 수), 5를 가수(더하는 수)로 구분한다.

가역적사고

가역적인 사고(reversibility)란 피아제의 아동의 인지발달에서 나온 개념으로 사고의 계열을 바꾸어 재배치할 수 있는 사고이다. 다시 말하면, 사고의 순서를 바꾸어 생각할 수 있는 능력이다. 가역적 사고 능력이 있어야 역연산을 이해할 수 있다.

보기 5개에서 2개를 뺐더니 3개가 되었다면 3개에 2개를 넣으면 원래대로 5개가 된다. 또, 어떤 수에 4를 곱하여 20이 되었다면 20을 4로 나누면 원래의 수가 된다.

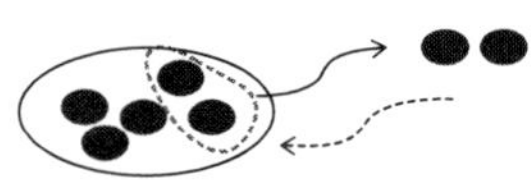

원래의 수 → 작용 → 결과

5 − 2 = 3

원래의 수 ← 역작용 ← 결과

$5-2=3$ $\quad$ $5\times4=20$

$3+2=5$ $\quad$ $20\div4=5$

가정(상)몫

나눗셈에서 몫을 정할 때, 대략 어림해서 정한 몫을 가정몫(assumptive quotient)이라고 한다.

보기 90÷14의 몫을 알아보면, 몫을 5로 하면 나머지가 20으로 나누는 수 14보다 크다. 그래서 몫을 1 크게 하여 6으로 하면 나머지가 나누는 수 14보다 작게 된다. 이때, 몫을 어림해서 5로 했을 경우를 '가정몫'이라 한다.

$$14\,\overline{)\,90} \qquad \begin{array}{r} \boxed{5} \\ 14\,\overline{)\,90} \\ 70 \\ \hline 20 \end{array} \qquad \begin{array}{r} 6 \\ 14\,\overline{)\,90} \\ 84 \\ \hline 6 \end{array}$$

감가법

뺄셈에서 받아내림을 하는 경우의 계산 과정을 설명하는 방법의 하나로서, 피감수(빼지는 수, minuend)를 분해하여 계산하는 방법을 말한다.

보기 $15-7=(10+5)-7=(10-7)+5=3+5=8$와 같이 피감수(빼지는 수) 15를 10과 5로 분해하여 계산하는 방법을 말한다.

감감법

뺄셈에서 감수(빼는 수)를 분해하여 계산하는 방법을 말한다.

보기 $12-5=12-(2+3)=12-2-3=10-3=7$

감수

뺄셈식 $a-b=c$에서 $a-b$를 'a 빼기 b'라고 읽고, c를 차(difference)라고 한다. 또, a를 $a-b$의 피감수(minuend), b를 $a-b$의 감수(減數, subtrahend)라고 한다.

보기 뺄셈식 $12-5=7$에서 5를 감수라고 한다.

거듭 제곱

어떤 한 수를 되풀이해서 곱하는 것을 거듭 제곱(raising to a higher power)이라 한다.

- 거듭 제곱은 밑과 지수로 나타낸다. 가령, 10^2에서 10은 밑이고, 2는 지수이다.

보기 10의 거듭 제곱

$10 = 10 \times 1 = 10^1$ → 10의 1제곱

$100 = 10 \times 10 = 10^2$ → 10의 2제곱

$1000 = 10 \times 10 \times 10 = 10^3$ →10의 3제곱

⋮

32500을 10의 거듭 제곱으로 나타내면

$32500 = 30000 + 2000 + 500 + 0 + 0$

$= 3 \times 10000 + 2 \times 1000 + 5 \times 100 + 0 \times 10 + 0 \times 1$

$= 3 \times 10^4 + 2 \times 10^3 + 5 \times 10^2 + 0 \times 10^1 + 0 \times 10^0$ 으로 나타낸다.

6의 거듭 제곱

$6 = 6 \times 1 = 6^1$

$36 = 6 \times 6 = 6^2$

$216 = 6 \times 6 \times 6 = 6^3$

⋮

이 때, 6^3에서 3은 지수(인수의 개수), 6은 밑(묶음의 크기)이라고 한다. 수를 밑과 지수로 나타낸 것을 '거듭 제곱으로 나타내었다.'고 한다.

거의 두 배

어떤 수의 두 배에 가까운 경우를 거의 두 배(near double)라 한다.

보기 7+8은 7+7 즉 7의 두 배 보다 1 큰 수이다. 또한 8+9는 8+8 보다 1 큰 수이다.

검산

검산이란 계산이 맞는지 맞지 않는지를 확인하는 계산을 검산(prove)이라고 한다.

보기 검산은 나눗셈에서 많이 쓰이고 있다.

85 ÷ 20 =

```
       4
20 ) 85
     80
     ---
      5  ← 나머지
```

85 ÷ 20 = 4 ··· 5
(검산)
4 × 20 + 5 = 85
(몫+제수)+(나머지)=(피제수)

◐ **참고:** 검산은 덧셈, 뺄셈, 곱셈에서도 마찬가지로 할 수 있다.

- 덧셈 $7 + 6 = 13 \rightarrow 13 - 7 = 6,\quad 13 - 6 = 7$
- 뺄셈 $10 - 2 = 8 \rightarrow 2 + 8 = 10,\quad 8 + 2 = 10\qquad 9 \times 8 = 72 \rightarrow 72 \div 8 = 9$
- 곱셈 $9 \times 8 = 72 \rightarrow 72 \div 8 = 9,\quad 72 \div 9 = 8$

계산을 한 다음에는 언제나 검산하는 습관을 가져야 한다.

격자 곱셈법

곱셈을 하는 한 가지 방법 중에 하나로 아래와 같이 곱셈을 한 후 자리 수를 맞추어 각 자리 수들을 더하고 10이 넘으면 한 자리 올리는 계산방법을 격자법(lattice method 또는 napier method for multiplication)라 한다.

보기 $67 \times 8 = 536$ $46 \times 23 = 1058$ $213 \times 58 = 12354$

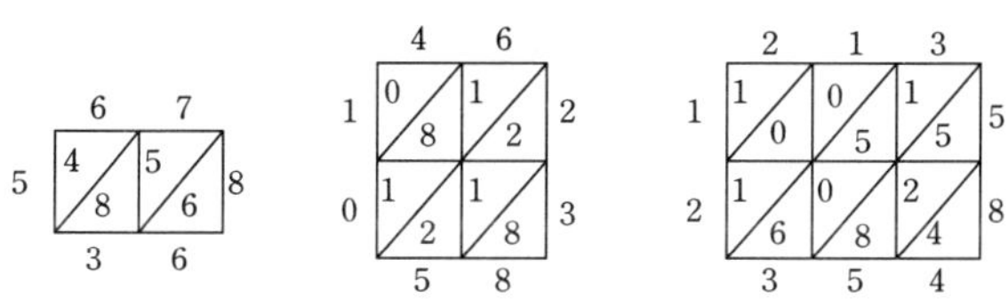

◐ **참고:** 격자 곱셈법을 활용하려면 적어도 곱셈구구단의 학습이 선행되어야 한다.

결합법칙

셋 이상의 수를 더하거나 곱할 때 더하거나 곱하는 순서를 바꾸어도 결과는 같다. 이를 결합법칙(associative law)이라 한다.

보기 34+8+2를 계산하기위하여 차례대로 계산하는 것 보다 34+(8+2)와 같이 뒤에 괄호부분을 먼저 계산하여 앞의 수에 더해주는 것이 편리하다.

계산

계산(calculation, computation)은 연산의 한 부분으로 일정한 알고리즘에 따라 어떤 값이나 결과를 구하는 것을 의미한다.

계산기

계산을 빠르고 정확하게 하기 위하여 사용하는 도구를 계산기(calculator)라 한다.

고쳐 묶기

수를 일, 십, 백, 천, … 등의 묶음으로 볼 때, 원래 묶음을 풀어서 묶음의 방법을 달리해 보는 것을 고쳐 묶기(regrouping)라 한다.

보기 32는 십이 3개 일이 2개인 수이지만, 고쳐 묶기를 하면 십이 2개, 일이 12개인 수가 된다. 뺄셈에서 '받아 내림(borrowing)'도 일종의 고쳐 묶기이다. 이를테면, 32−8에서 일의 자리 2에서 8을 빼지 못하므로, 32를 십이 3개 일이 2개인 수로 보지 않고, 십을 받아 내려서 십이 2개, 일이 12개인 수로 생각하는 것과 같다.

곱

곱(product)이란 한 쌍의 수를 곱한 연산의 결과를 말한다. 곱의 연산 부호는 '×'이고, '곱하기'라고 읽는다.

보기 곱셈식 '4×3 = 12'에서 12를 '4와 3의 곱'이라고 한다.

• 곱을 그림으로 알아보자.

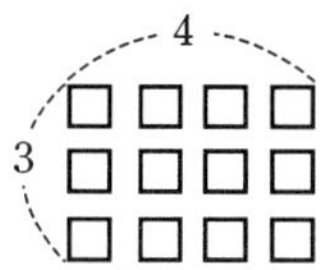

$4\times3=12$

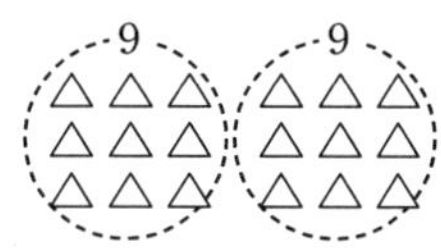

$9\times2=18$

위의 그림에서 곱을 알아보면, '4와 3의 곱은 12이다.', '9와 2의 곱은 18이다.'

곱셈

곱셈(multiplication)은 어떤 수의 몇 배의 수를 구하는 연산 방법이며 자연수의 곱셈은 본질적으로 배의 개념이다. 곱셈의 기호는 '×'를 쓰며, 숫자와 문자, 문자와 문자를 곱할 때는 ×를 생략하는 경우도 있다.

보기 6의 2배 → 6×2, 4개씩 6묶음 → 4×6, 6×a = 6a, a×b = ab

① 두 수의 곱셈

$$\begin{aligned}132\times40&=132\times4\times10\\&=528\times10\\&=5280\end{aligned}$$

$$\begin{array}{r}132\\\times\quad40\\\hline5280\end{array}$$

② 세 수의 곱셈

$$14\times5\times6=420$$

$$\begin{array}{r}14\\\times\;\;5\\\hline70\\\times\;\;6\\\hline420\end{array}$$

③ (세 자리 수)×(두 자리 수)

124×80= 321×45=

```
  124       124        124          321      321        321
×  80  ⇒ ×  80  ⇒  ×  80        ×  45  ⇒ ×  45  ⇒  ×  45
-----    -----     -----        -----    -----     -----
             0      9920                  1605       1605 ------ 321×5
                                                    12840 ------ 321×40
                                                    -----
                                                    14445
```

④ (세 자리 수)×(세 자리 수)

$$326\times437=326\times(400+30+7)=(326\times400)+(326+30)+(326\times7)$$
$$=130400+9780+2282$$
$$=142462$$

```
  326        326          326              326
× 437  ⇒  × 437  ⇒    × 437     ⇒       × 437
-----     -----       ------            ------
 2282      2282         2282              2282 ........ 326×  7
           9780         9780              9780 ........ 326× 30
                      130400            130400 ........ 326×400
                                        ------
                                        142462
```

◐ **참고:** 우리나라에서 사용되고 있는 수학용어의 상당부분은 서양에서 만들어져 중국이나 일본을 거쳐 들어온 것이 많다. 따라서 본래의 뜻이 왜곡되거나 조금씩 변형된 것이 더러 있다. 이를테면, 곱셈의 4×5의 경우, 서양권에서는 5의 4배(4 times of 5)를, 5+5+5+5로 해석하는데 반해, 우리나라를 비롯한 동양권에서는 4의 5배, 즉 4+4+4+4+4로 받아들인다. 그러나 결과는 20으로 같다.

곱셈 구구

구구는 수와 수의 결합을 말한다. 덧셈기호로 연결되어 있으면 덧셈구구, 곱셈기호로 연결되어 있으면 곱셈구구 등으로 부르며 곱셈구구는 보통 2단 구구에서 9단 구구를 곱셈 구구(multiplication fact)라고 한다.

- 곱셈구구는 1단 '1×1'에서 9단 '9×9'까지 모두 81개이다.
- 2단 구구 – 9단 구구

2단 구구	3단 구구	4단 구구	5단 구구	6단 구구
2 × 1 = 2	3 × 1 = 3	4 × 1 = 4	5 × 1 = 5	6 × 1 = 6
2 × 2 = 4	3 × 2 = 6	4 × 2 = 8	5 × 2 = 10	6 × 2 = 12
2 × 3 = 6	3 × 3 = 9	4 × 3 = 12	5 × 3 = 15	6 × 3 = 18
2 × 4 = 8	3 × 4 = 12	4 × 4 = 16	5 × 4 = 20	6 × 4 = 24
2 × 5 = 10	3 × 5 = 15	4 × 5 = 20	5 × 5 = 25	6 × 5 = 30
2 × 6 = 12	3 × 6 = 18	4 × 6 = 24	5 × 6 = 30	6 × 6 = 36
2 × 7 = 14	3 × 7 = 21	4 × 7 = 28	5 × 7 = 35	6 × 7 = 42
2 × 8 = 16	3 × 8 = 24	4 × 8 = 32	5 × 8 = 40	6 × 8 = 48
2 × 9 = 18	3 × 9 = 27	4 × 9 = 36	5 × 9 = 45	6 × 9 = 54

7단 구구	8단 구구	9단 구구	참고) 1단 구구
7 × 1 = 7	8 × 1 = 8	9 × 1 = 9	1 × 1 = 1
7 × 2 = 14	8 × 2 = 16	9 × 2 = 18	1 × 2 = 2
7 × 3 = 21	8 × 3 = 24	9 × 3 = 27	1 × 3 = 3
7 × 4 = 28	8 × 4 = 32	9 × 4 = 36	1 × 4 = 4
7 × 5 = 35	8 × 5 = 40	9 × 5 = 45	1 × 5 = 5
7 × 6 = 42	8 × 6 = 48	9 × 6 = 54	1 × 6 = 6
7 × 7 = 49	8 × 7 = 56	9 × 7 = 63	1 × 7 = 7
7 × 8 = 56	8 × 8 = 64	9 × 8 = 72	1 × 8 = 8
7 × 9 = 63	8 × 9 = 72	9 × 9 = 81	1 × 9 = 9

곱셈식

두 개 이상의 수를 곱으로 나타낸 식을 곱셈식(multiplication sentence)이라 한다.

보기 4의 5배는 20입니다. 이것을 '4×5 = 20'라 쓰고, '4 곱하기 5는 20과 같습니다.'라고 읽는다. 여기서 '4×5 = '을 '곱셈식'이라 한다. 이때 4와 5는 인수(factor), 20을 곱(product)이라 한다.

◐ **참고:** 곱셈식을 '4×5 = 20' 또는 '4×5 = '의 둘 중 어느 것으로 해도 무방하다.

• 곱셈의 교환 법칙: 곱셈은 곱하는 수를 서로 바꾸어 곱해도 답은 같다.

① 곱셈식으로 나타내기

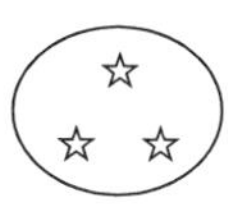
의 4배는? ⇒ 3 × 4 = 12

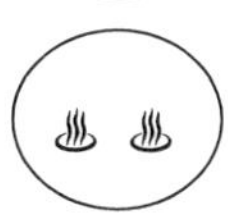
의 6배는? ⇒ 2 × 6 = 12

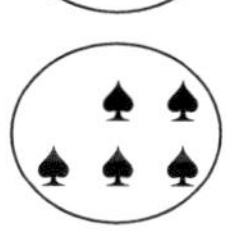
의 4배는? ⇒ 5 × 4 = 20

② 덧셈 식을 곱셈식으로 나타내기

$6 + 6 + 6 + 6 = 6 \times 4$

③ 곱셈식을 덧셈 식으로 나타내기

$4 \times 3 = 4 + 4 + 4$

④ 3의 5배는 15

$3 \times 5 = 15$

⑤ 3씩 8줄은 24 → $3 \times 8 = 24$

3곱하기 7은 21 → $3 \times 7 = 21$

9와 7의 곱은 63 → $9 \times 7 = 63$

곱셈에 대한 닫힘 성질

두 범자연수를 곱하면 그 결과는 언제나 범자연수가 된다. 이러한 성질을 자연수는 곱셈에 대하여 닫혀있다(closed under multiplication)고 한다.

보기 자연수의 집합은 덧셈과 곱셈에 관해 닫혀있다.

곱셈의 분배법칙

a와 b, c를 임의의 범자연수라고 하자, 그러면 $a(b+c) = ab+ac$가 성립한다. 이러한 성질을 덧셈위에서 곱셈의 분배법칙(distributive law)이라 한다.

◐ **참고:** 범자연수의 곱셈에서는 교환법칙이 성립하기 때문에 $(b+c)a = ba+ca$와 같이 쓸 수도 있다.

곱셈의 항등원

수 1은 모든 범자연수 a에 대하여 $a\times1 = a = 1\times a$가 성립한다. 이 때, 수 1을 곱셈의 항등원(multiplicative identity)라 한다.

곱셈표

곱셈표(multiplication table)는 곱셈을 표로 만든 것이다.

보기 4의 구구단과 7의 구구단을 곱셈표로 나타내 보자.

×	1	2	3	4	5	6	7	8	9
4	4	8	12	16	20	24	28	32	36
7	7	14	21	28	35	42	49	56	63

• 표는 여러 가지로 만들 수 있다. 한 표에 곱셈 구구를 모두 만들 수도 있다.

공배수

두 개 이상의 수에서 공통된 배수를 공배수(common multiple)라고 한다.

보기 3과 4의 공배수 찾기

• 3의 배수: 3, 6, 9, (12), 15, 18, 21, (24), 27, 30, 33, (36), 39, …

• 4의 배수: 4, 8, (12), 16, 20, (24), 28, 32, (36), 40, …

이와 같이, 3과 4의 공통인 배수 12, 24, 36 …을 3과 4의 '공배수'라고 한다.

◐ **참고:** 3과 4의 최소 공배수는 위에서 보는 것처럼 12이다.

공약수

두 개 이상의 수에서 공통된 약수를 공약수(common divisor)라고 한다.

보기 8과 12의 공약수를 구하여 보시오.

8의 약수 : 1, 2, 4, 8

12의 약수 : 1, 2, 3, 4, 6, 12

8과 12의 공약수는 1, 2, 4가 된다.

◐ **참고:** 최대 공약수는 공약수들 중에서 가장 큰 공약수를 말한다. 8과 12의 최대 공약수는 4이다.

공집합

어떤 집합을 이루고 있는 원소의 개수가 하나도 없는 집합을 공집합(empty set)이라 하고 기호 ϕ나 { }를 써서 나타낸다.

보기 집합 A가 짝수이면서 21의 약수인 정수의 집합이라 하면 A는 공집합이다.

공통분모(동분모)

분모가 서로 다른 분수의 분모를 같게 하는 것을 '통분한다.'고 하고, 통분한 분모를 공통분모(common denominator)라고 한다.

보기 $\frac{3}{3}$와 $\frac{1}{4}$의 공통분모를 구하여 보시오.

$$\frac{2}{3}=\frac{4}{6}=\frac{6}{9}=\frac{8}{12}=\frac{10}{15}=\cdots$$

$$\frac{1}{4}=\frac{2}{8}=\frac{3}{12}=\frac{4}{16}=\cdots$$

여기에서 두 분수의 분모가 같은 공통분모는 12, 24, 36, …이다. 즉, 공통분모는 통분하고자하는 분모들의 공배수이다. 이들 중에 어느 것으로 통분해도 상관없지만 통상적으로 최소공배수인 12로 통분하는 것이 가장 간편하다.

즉, $\frac{2}{3}=\frac{8}{12}$, $\frac{1}{4}=\frac{3}{12}$

이와 같이 서로 분모가 다른 분수의 분모를, 크기는 바꾸지 않고 같은 분모로 만들었을 때, 그 같은 분모를 '공통분모'라고 한다.

과잉수

한 자연수의 자기 자신을 제외한 약수들의 합이 자신보다 더 큰 수를 과잉수(abundant number)라 한다.

보기 과잉수는 무수히 많이 있으며 가장 작은 과잉수는 12이다. 과잉수를 작은 순서대로 나열하면 12, 18, 20, 24, 30, 36, 40, 42, 48, 54, 56, 60, 66, 70, 72, 78, 80, 84, 88, 90, 96, 100, … 등이 있다.

교집합

교집합이란 두 집합에 공통으로 들어 있는 원소의 집합을 그 두 집합의 교집합(intersection of sets)이라 한다. 집합 A와 집합 B의 교집합은 'A∩B'로 나타낸다. A∩B는 '집합 A와 집합 B의 교집합'이라고 읽는다.

보기 교집합의 여러 가지 예

① 농구 선수의 집합 = {원영, 현우, 치현}, 야구 선수의 집합 = {지훈, 원영, 현우}일 때 농구선수와 야구선수의 교집합은 (농구 선수의 집합) ∩ (야구 선수의 집합) = {원영, 현우} 가 된다.

② A = {1, 2, 3, 4} B = {3, 4, 5, 6, 7}일 때,

A∩B = {3, 4}

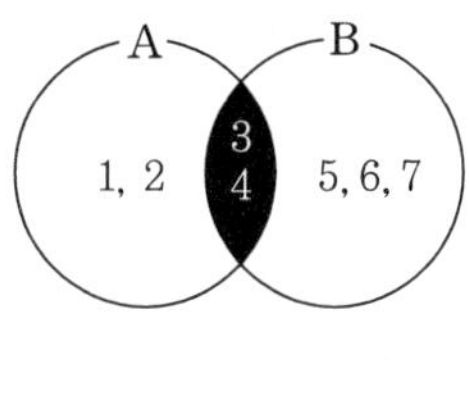

③ A = {1, 2, 3, 4, 5} B = {2, 3, 4}일 때,

A∩B = {2, 3, 4}

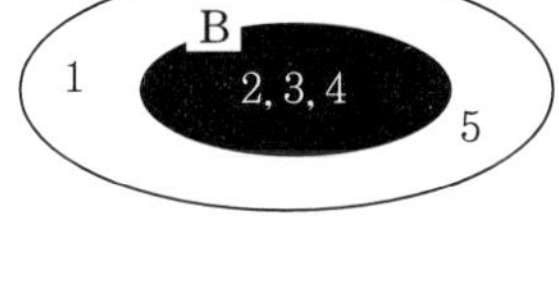

④ A = {1, 2, 3} B = {4, 5, 6}일 때,

A∩B = { } 또는 ϕ로 나타내고 집합 A와 집합 B는 '서로 소(素)인 집합'이라고 한다.

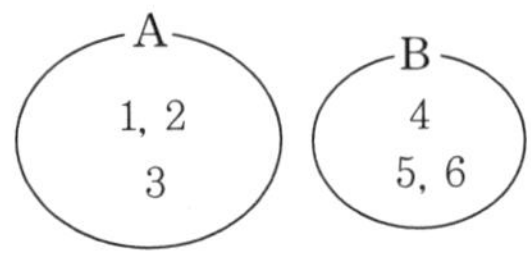

⑤ A = {1, 2, 3, 4} B = {1, 2, 3, 4}일 때,

A∩B = {1, 2, 3, 4}

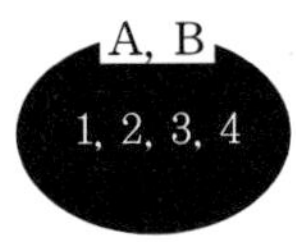

교환법칙

덧셈과 곱셈에서 계산의 순서를 바꾸어도 결과는 같다는 것을 교환법칙(commutative law or turn-around rule)이라고 한다. 초등수학의 덧셈에서는 '두수를 바꾸어 더할 수 있어요'라고 교과서에서 소개하고 있다.

보기 a, b가 자연수이면 $a+b = b+a$

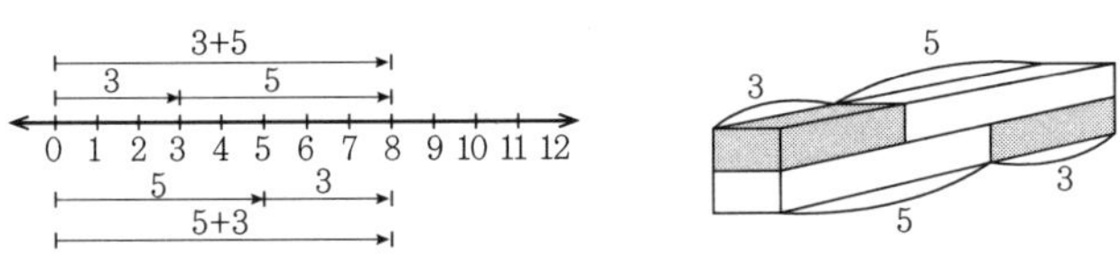

위의 그림에서와 같이 3+5 = 5+3과 같다.

[주의] 뺄셈과 나눗셈에서는 계산의 순서를 바꾸면 계산의 결과가 달라진다.

구구

일반적으로 수와 수의 결합을 구구(fact)라고 한다. 덧셈으로 결합되어 있으면 덧셈구구, 곱셈으로 결합되어 있으면 곱셈구구 등으로 부른다.

보기 $2+5$, 3×4 등은 각각 덧셈구구, 곱셈구구이다.

구구족

역연산 관계로 결합된 수 구구들의 모임을 구구족(fact family)이라 한다.

보기 $2+5=7$, $7-5=2$, $7-2=5$ 등은 덧셈과 뺄셈에 관한 구구족이다.

구잔

뺄셈의 한 유형으로 어떤 양에서 특정한 양만큼을 떼어 낸 다음에 남은 양이 얼마인지를 알아보는 것을 분리(seperation) 또는 구잔(求殘, take away) 또는 제거형이라 한다.

보기 전깃줄에 참새가 5마리 앉아있습니다. 잠시 후에 2마리가 날아갔습니다. 전깃줄에 남아있는 참새는 모두 몇 마리일까요?

구차

뺄셈의 한 유형으로 두 양을 서로 일대일 대응시킨 다음에 그 차이를 구하는 상황을 비교(comparison) 또는 구차(求差, finding the difference)라 한다.

보기 흰 강아지 3마리와 검은 강아지 5마리가 있습니다. 검은 강아지는 흰 강아지보다 몇 마리 더 많은지 알아보시오.

기수

유한집합의 원소의 개수 즉, 유한집합의 집합수를 다른 말로 기수(cardinal numbers)라 한다.

보기 집합 A = {1, 2, 3, 4, 5}일 때, A의 기수(집합수)는 5가 된다.

기수법

수를 기호로 나타내는 것을 기수법(numeration system)이라하고 수를 말로 나타내는 즉, 수를 읽는 방법을 명수법이라한다. 우리가 현재 사용하고 있는 기수법은 10진 기수법으로 왼쪽으로 한자리씩 올라갈 때 마다 수의 값이 10배씩 커진다. 이처럼 자리 즉, 위치에 따라 수의 값이 달라지는 수의 표기방식을 위치적 기수법이라고 하며, 2진법, 5진법, 60진법 등 여러 가지 표기 방법이 있다. 2진법에서의 2, 5진법에서의 5, 60진법에서의 60을 기수(基數)라고하며, 현재 우리가 사용하고 있는 10진법에서의 기수는 10이 된다.

- 수사의 발생 근원은 양손의 손가락을 대상으로 1대 1로 대응시키는 조작과 손가락을 반복 사용하는 것을 기본으로 10씩 묶어 가면서 세는 십진 기수법과 명수법이 생기게 되었다.

보기 이집트의 기수법

 $\rightarrow 1(10^4)+3(10^3)+1(10)+5=13015$

◐ **참고:** 십진 기수법의 전개식

(기본 숫자)

$$634=(6\times100)+(3\times10)+(4\times1)$$
$$=(6\times10^2)+(3\times10^1)+(4\times10^0)$$

(자리 값)

◐ **참고:** 2진법은 0, 1로써 모든 수를 나타낸다. 2는 10, 3은 11, 4는 100, 10은 1010으로 나타내고, 5진법은 0, 1, 2, 3, 4로써 7진법은 0, 1, 2, 3, 4, 5, 6으로 나타내는데, 시간은 60진법, 1주일의 7일은 7진법으로 이해할 수 있다.

기약 분수

$\frac{5}{7}$의 분모 7과 분자 5의 공약수는 1뿐이다. $\frac{5}{7}$와 같이 분수의 분모와 분자의 공약수가 1뿐인 분수를 기약 분수(irreducible fraction or simplest form of a fraction)라고 한다.

보기 다음 분수를 기약분수로 나타내보시오.

$$\frac{18}{24}=\frac{18\div2}{24\div2}=\frac{9\div3}{12\div3}=\frac{3}{4} \quad (\div 6)$$

$$\begin{array}{r|rr} 2 & 18 & 24 \\ \hline 3 & 9 & 12 \\ \hline & 3 & 4 \end{array}$$

최대공약수 $2\times3=6$

$$\frac{12}{20}=\frac{12\div2}{20\div2}=\frac{6\div2}{10\div2}=\frac{3}{5}$$

$$\frac{12}{20}=\frac{12\div4}{20\div4}=\frac{3}{5}$$

$$\begin{array}{r|rr} 2 & 12 & 20 \\ \hline 2 & 6 & 10 \\ \hline & 3 & 5 \end{array}$$

최대공약수 $2\times2=4$

◐ **참고:** 기약 분수로 나타낼 때에는 주어진 분수의 분모와 분자를 그들의 최대공약수로 나누어주면 된다.

ㄴ

나누어떨어지는

어떤 수를 다른 수로 나누었을 때, 나머지가 0일 경우에 나누어떨어지는(divisible)이라고 말한다.

보기 42÷6을 예로 들어 보자.

$$\begin{array}{r@{\;}l} 7 & \leftarrow \text{몫} \\ 6\,\big)\,\overline{42} & \\ 42 & \\ \hline 0 & \leftarrow \text{나머지} \end{array}$$

42를 6으로 나누었을 때 나머지는 0이다. 그러므로 '나누어떨어진다.'고 한다.

나눗셈

어떤 수를 똑같이 나누거나 균등하게 배분하는 계산법을 나눗셈(division)이라 한다. 나눗셈의 기호는 '÷' 이고, 교재에 따라서는 '제법(除法)'이라고 표현하기도하며 승법(乘法)과 역연산 관계이다.

◐ 참고

① 초등수학에서 나눗셈의 유형은 등분제와 포함제 두 가지가 있다(등분제와 포함제 참고)

② 나눗셈연산의 지도에서 등분제냐 포함제냐 하는 것을 지도할 것이 아니라, 구체적인 조작에서 나눗셈의 개념을 바르게 형성시키는 것이 중요하다.

③ 나눗셈을 처음 배우는 어린이에게는 포함제가 등분제 보다 쉽게 받아들여지기 때문에 포함제를 먼저 지도하고 다음에 등분제를 지도하지만, 나눗셈의 학습이 누적됨에 따라 등분제의 생각으로 학습지도가 이루어지도록 한다.

나눗셈 식

$24 \div 6 = 4$와 같이 '÷'의 연산 기호가 쓰인 식을 나눗셈 식(expression of division)이라고 한다.

보기 과자 30개를 6사람에게 똑같이 나누어 주려고 한다. 한 사람에게 몇 개씩 주면 될까?

(과자 수)		(사람 수)		(한사람의 몫)
30	÷	6	=	5

$30 \div 6 = 5$를 '30 나누기 6은 5와 같다'라고 읽고, '5는 30을 6으로 나눈 몫'이라고 한다. 이 때, $30 \div 6 = 5$와 같은 식을 '나눗셈 식'이라고 한다.

◐ **참고:** 나눗셈의 기호를 쓰는 순서는 다음과 같다.

(1) $-$ (2) $\dot{-}$ (3) $\div$

나눗셈 정리

a, b는 정수이고, $a \neq 0$일 때, $b = aq + r$, $0 \leq r < |a|$인 정수 q, r이 유일하게 존재한다. 이를 나눗셈 정리(division algorithm)라 한다.

◐ **참고:** 위의 정리를 살펴보면 모든 정수는 반드시 $2q$ 또는 $2q+1$의 꼴로 표현됨을 알 수 있고, $2q$꼴인 정수를 짝수, $2q+1$ 꼴인 정수를 홀수로 정의함이 본래의 짝수 홀수의 정의이다. 다만, 초등수학에서는 음수를 다루지 않으므로 수의 범위를 자연수 범위에서만 생각한다는데 근본적인 차이점이 있다. 즉, 자연수에서 $2q$ 형태인 자연수는 2, 4, 6, 8, 10, ⋯ 이고 짝수가 되며, $2q+1$ 형태의 자연수는 1, 3, 5, 7, 9, ⋯이며 홀수가 된다.

나머지

나머지(remainder)란 일정한 수량을 채우고 남는 수량 즉, 여분을 의미한다. 즉, 나눗셈에서 나누어떨어지지 않고 남는 수를 말한다.

보기 37÷5 = 7⋯2 에서 7은 37÷5의 몫이고, 2를 '나머지'라고 한다.

$$\begin{array}{r l} 7 & \leftarrow \text{몫} \\ 5\,\overline{)\,37} & \\ 35 & \\ \hline 2 & \leftarrow \text{나머지} \end{array}$$

낱개

여럿 가운데 한 개 한 개를 낱개(piece)라 한다. 물체의 수를 묶음으로 나타낼 때, 한 묶음에 모자라는 물체 낱낱을 의미한다.

• 가령, 주어진 구체물을 10개씩 묶었을 때, 남은 개수를 '낱개'라고 한다.

보기 10개씩 묶음 수와 낱개를 알아보자.

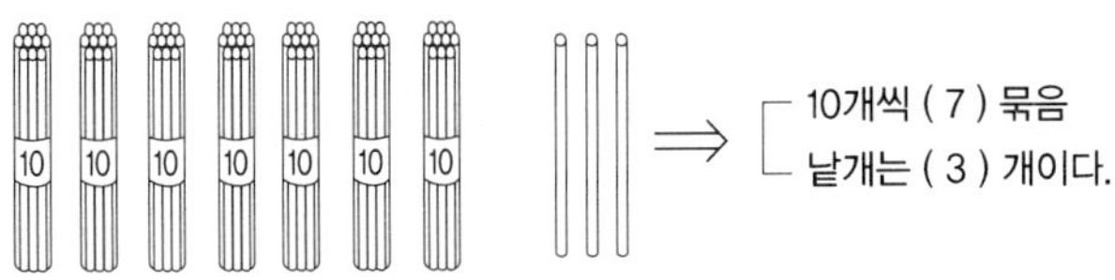

넓이 모델

분수를 지도하는 모델은 영역 모델, 길이 모델, 집합 모델, 넓이 모델이 있는데, 넓이 모델(a model of area)은 영역 모델을 포함하는 보다 더 일반적인 모델이다. 즉, 영역 모델에서는 등분할 된 각 부분의 크기와 모양이 같아야 하지만, 넓이 모델에서는 각 부분의 모양과 크기는 상관없이 단지 넓이만 같으면 된다. 이 모델은 넓이에 대한 학습이 이루어진 후에 활용할 수 있다.

보기 넓이 모델의 예

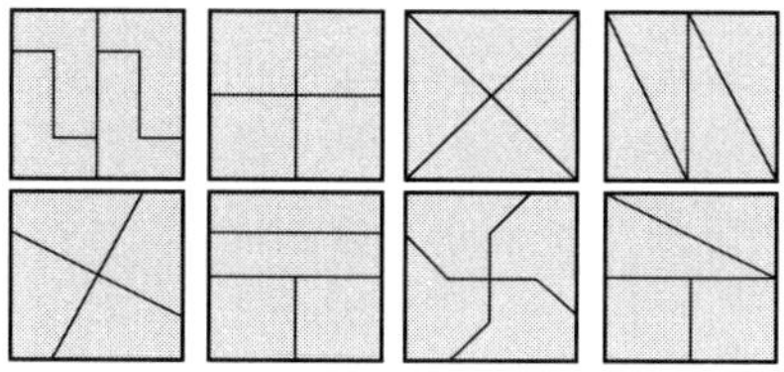

네 자리 수의 덧셈

네 자리 수끼리 즉, 천 단위까지의 수로된 합을 의미한다. 네 자리의 수는 1000~9999까지의 수이다.

보기 받아올림이 네 번 있는 (네 자리 수)+(네 자리 수)

$$\begin{array}{r} 8275 \\ +7856 \\ \hline \end{array} \Rightarrow \begin{array}{r} 8275 = 8000+200+70+5 \\ +7856 = 7000+800+50+6 \\ \hline 15000+1000+120+11 \end{array} \qquad \begin{array}{r} 8275 \\ +7856 \\ \hline 11 \\ 120 \\ 1000 \\ 15000 \\ \hline 16131 \end{array}$$

$$\begin{array}{rl} 8275 & \\ +7856 & \\ \hline ①1 & =(5+6) \\ ①20 & =(70+50) \\ ①000 & =(200+800) \\ ①5000 & =(8000+7000) \\ \hline 16131 & \end{array} \qquad \begin{array}{r} 8275 \\ +7856 \\ \hline 16131 \end{array}$$

• 네 자리 수의 덧셈은 '(네 자리 수)+(한 자리 수)' 부터 '(네 자리 수)+(네 자리 수)'까지의 덧셈으로 생각 할 수 있다.

ㄷ

다스

12개를 묶어 세는 단위를 다스(dozen)라 한다.

보기 연필 12자루를 우리는 1 다스라 한다.

다진수(여러 자리의 수)

두 자리 이상의 수를 다진 수(multidigit number)라 한다.

보기 54, 345, 6874, 23567 등은 두 자리 이상의 수로서 다진 수이다.

단위 분수

단위 분수(unit fraction)는 1을 몇 등분하였을 때, 한 등분의 크기를 나타내므로 분자가 1인 분수를 의미한다. 즉, 분자가 1인 분수를 단위 분수라 한다.

보기 $\frac{1}{2}, \frac{1}{3}, \frac{1}{4}, \frac{1}{5}, \frac{1}{6}, \frac{1}{7}$ …… 등이 단위 분수이다.

보기 다음에서 색칠한 부분을 분수로 나타내어 보자.

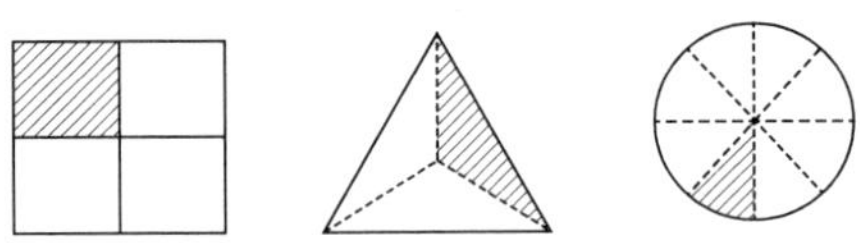

($\frac{1}{4}$) ($\frac{1}{3}$) ($\frac{1}{8}$)

◐ **참고:** 단위분수는 분모가 클수록 분수의 크기는 작아지고, 분모가 작을수록 분수의 크기는 크다.

단위 분수의 대소비교

단위분수에서는 분모가 클수록 그 크기는 더 작아진다. 아래 그림처럼 분수 띠를 이용하여 단위분수의 크기를 비교할 수 있는데, 이 경우 분모가 큰 분수가 더 작다는 사실을 학습자들이 쉽게 이해할 수 있다.

보기 분수 띠를 활용한 단위분수의 대소 비교

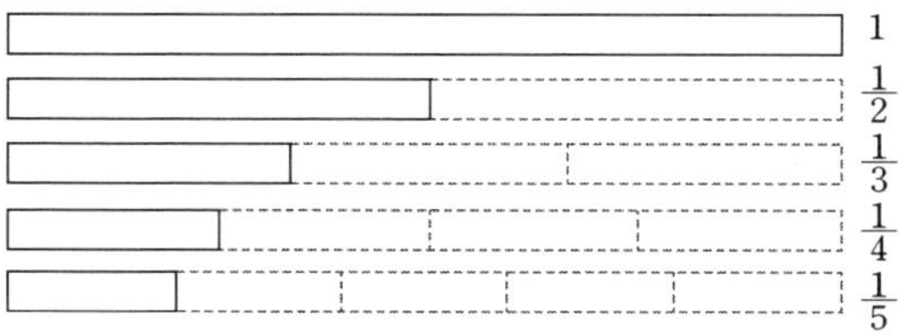

$$\frac{1}{2} > \frac{1}{3} > \frac{1}{4} > \frac{1}{5} > \cdots$$

대분수

자연수와 진분수의 합으로 나타낸 분수를 대분수(mixed fraction)라 한다.

보기 1, 2, 3, 4, 5, 6, …… 등은 자연수이고 $\frac{1}{2}$, $\frac{2}{3}$, $\frac{3}{4}$, $\frac{4}{5}$ …… 등은 진분수이다. 여기서, 자연수와 진분수의 합으로 나타낸 분수 $1\frac{1}{2}$, $2\frac{2}{3}$, $3\frac{3}{4}$, $2\frac{4}{5}$…… 등이 대분수이다.

◐ **참고:** $\frac{7}{4}$은 $1 + \frac{3}{4}$과 같다.

$1 + \frac{3}{4}$을 '$1\frac{3}{4}$' 이라 쓰고, '1과 4분의 3' 이라고 읽는다.

대분수의 뺄셈

분수 중에서 자연수와 진분수의 합으로 된, 둘 이상의 대분수끼리의 차를 의미한다.

- 대분수의 뺄셈은 분모가 같은 동분모 분수와 분모가 다른 이분모 분수의 뺄셈으

로 나눈다.

① 받아 내림이 없는 동분모 분수의 뺄셈

$$4\frac{5}{7} - 2\frac{2}{7} = (4-2) + \frac{5-2}{7} = 2 + \frac{3}{7} = 2\frac{3}{7}$$

$$4\frac{6}{7} - 3\frac{3}{7} = 1\frac{3}{7}$$

② 받아 내림이 있는 동분모 대분수의 뺄셈

$$9\frac{2}{5} - 6\frac{3}{5} = 8\frac{7}{5} - 6\frac{3}{5} = (8-6) + \frac{7-3}{5} = 2 + \frac{4}{5} = 2\frac{4}{5}$$

- 받아 내림이 있는 같은 분모의 대분수의 뺄셈은 피감수의 자연수 부분을 1만큼 받아내려 가분수로 고쳐서 뺄셈을 한다.

③ 받아 내림이 있고 분모가 다른 대분수의 뺄셈하기

$$5\frac{1}{4} - 2\frac{2}{5}$$

[방법 1] 피감수 자연수 부분을 1 받아 내려서

$$5\frac{1}{4} - 2\frac{2}{5} = 5\frac{5}{20} - 2\frac{8}{20}$$ --------------- 대분수를 통분

$$= 4\frac{25}{20} - 2\frac{8}{20}$$ --------------- 1을 받아 내림

$$= (4-2) + \left(\frac{25}{20} - \frac{8}{20}\right)$$ ------ 자연수끼리, 분수끼리 뺄셈

$$= 2 + \frac{17}{20} = 2\frac{17}{20}$$ ----------- 자연수와 진분수의 합

[방법 2] 가분수로 고쳐서

$$5\frac{1}{4}-2\frac{2}{5}=\frac{21}{4}-\frac{12}{5}\text{ ---------------- 가분수로 고침}$$

$$=\frac{105}{20}-\frac{48}{20}\text{ --------------- 통분}$$

$$=\frac{57}{20}\text{ ---------------------- 가분수}$$

$$=2\frac{17}{20}\text{ -------------------- 가분수를 대분수로}$$

덧셈

둘 이상의 수나 식을 합하는 계산 즉, 더하기로 하는 셈을 덧셈(addition, 加法)이라고 한다. 덧셈의 기호로는 '+'를 쓰며, 덧셈의 방법은 첨가, 합병 등의 방법이 있다. 즉, 덧셈은 주어진 것에 더 보태는 경우(첨가)와 동시에 주어진 두 양을 한데 합칠 때(합병)의 덧셈이 있다.

보기 덧셈의 두 가지 유형

① 더 보태는 경우(첨가)

나뭇가지에 참새가 5마리 앉아 있습니다. 2마리가 또 날아 왔습니다. 참새는 모두 몇 마리 일까요?

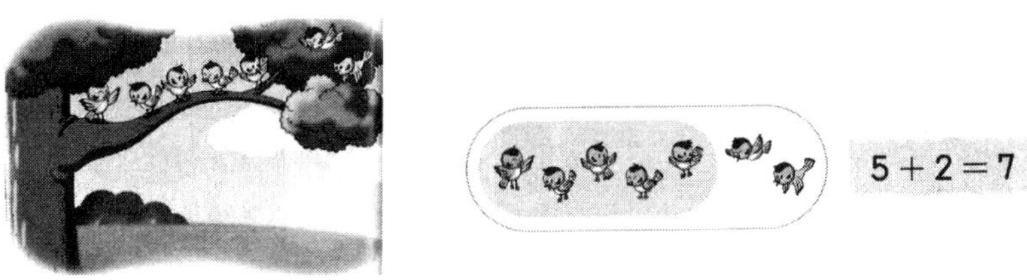

② 한데 합치는 경우(합병)

흰 강아지 3마리와 검은 강아지 5마리가 있습니다. 강아지는 모두 몇 마리인지 알아보시오. 아래와 같이 동시에 동적인 상태로 합병시키는 문제유형을 합병형의 문제라고 한다.

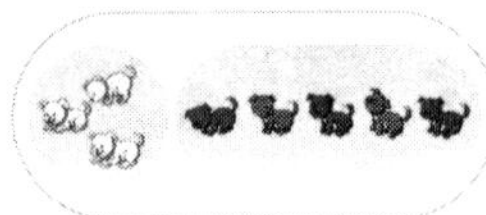

3 + 5 = 8

덧셈구구

한자리 수끼리의 간단한 덧셈으로

$$0+0=0,\quad 0+1=1,\quad \cdots,\quad 9+9=18 \text{ 등}$$

총 100개가 여기에 해당하며 이것 모두를 덧셈구구(addition fact)라 한다.

덧셈과 뺄셈의 관계

덧셈과 뺄셈의 관계는 서로 역연산의 관계이다. 즉, '4+2 = 6 ↔ 6−4 = 2'인 경우이다.

보기 그림으로 덧셈과 뺄셈의 관계를 알아보자.

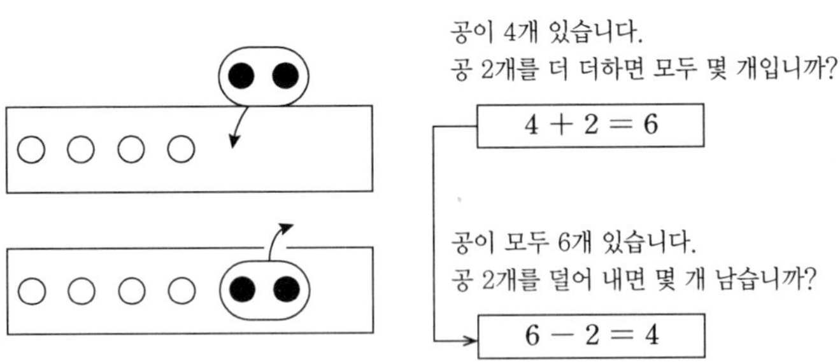

여기서 덧셈과 뺄셈의 관계는?

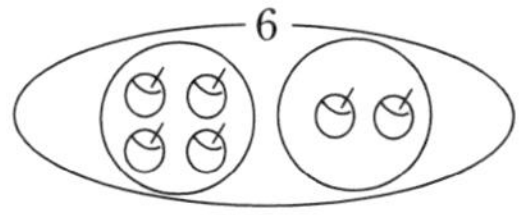

$4+2=6 \longleftrightarrow 6-2=4$

$2+4=6 \longleftrightarrow 6-4=2$

◐ **참고:** 뺄셈은 덧셈의 역연산의 관계에 있고, 덧셈은 뺄셈의 역연산의 관계에 있다.

도형수

삼각수, 사각수, 오각수, 육각수 등과 같이 배열하였을 때 다각형 모양으로 표현되는 수들을 도형수(figurate number)라 한다.

보기

① 삼각수

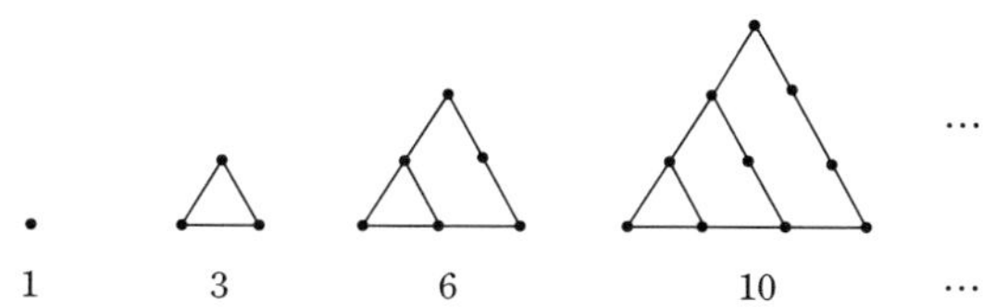

② 사각수

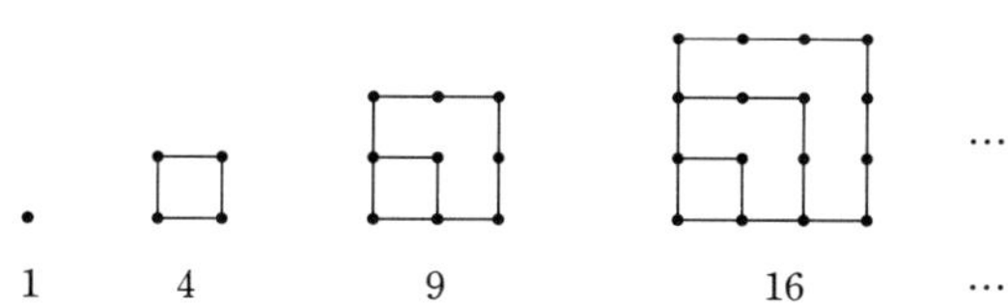

동분모 분수

둘 이상의 분수에서 분모가 서로 같은 분수이다. 동분모 분수(like fraction)[1]의

1 영어의 'like'는 본래 사전적으로 '좋아하다'의 의미로 사용되지만 분수에서는 '같다'의 의미로 사용된다.

분모를 '공통분모(common denominator)'라고도 한다.

보기 $\frac{1}{5}, \frac{2}{5}, \frac{3}{5}, \frac{4}{5}, \frac{5}{5}$ ……와 같은 분수는 분모가 모두 5로써 동분모 분수이다.

◐ **참고:** 분수의 덧셈, 뺄셈은 동분모 분수 일 때, 분자끼리의 합과 차로 한다.

- 분모의 크기가 다른 분수를 '이분모 분수(unlike fraction)'라고 한다.
- 한 개를 똑 같은 크기로 4등분하여 보자.

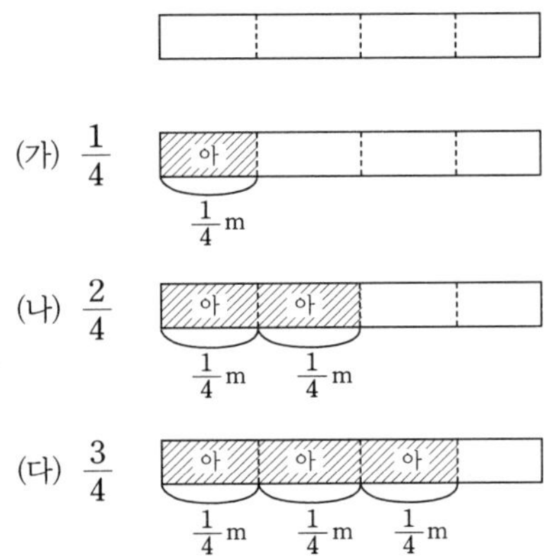

◐ **참고:** $\frac{2}{5}$와 $\frac{4}{10}$는 분모 크기가 다르지만 $\frac{2}{5}$의 분자, 분모에 각각 2배하면 $\frac{4}{10}$가 되므로 같은 분수이다.

즉, $\frac{2}{5} = \frac{4}{10}$

동분모 분수의 대소 비교

분모의 크기가 같은 분수끼리의 크기(大小)를 비교하는 것을 말한다. 동분모 분수는 분모의 크기가 같으므로 단위 분수의 크기가 같다. 그러므로, 대소 비교는 단위의 개수를 나타내는 분자의 크기를 비교하면 된다.

보기 다음 분수의 크기를 비교해 보자.

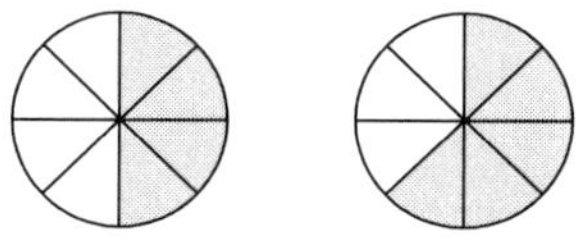

$\frac{4}{8}$ 는 $\frac{1}{8}$ 이 4
$\frac{5}{8}$ 는 $\frac{1}{8}$ 이 5

$\frac{4}{8} < \frac{5}{8} \rightarrow \frac{4}{8}$ 는 $\frac{5}{8}$ 보다 작습니다.

◐ **참고:** 분수의 대소를 나타내는 기호는 < (~보다 작습니다), > (~보다 큽니다), = (~와 같습니다), ≤ (~보다 작거나 같습니다), ≥ (~보다 크거나 같습니다), ≠ (~와 같지 않습니다) 등을 쓴다.

동수누가

같은 수를 반복해서 더하는 것을 동수누가(同數累加, repeated addition)라 한다.

보기 $3+3+3+3 = 3\times4$로 나타낸다.

동수누감

같은 수를 거듭해서 빼는 것을 동수누감(同數累減, repeated subtraction)이라 한다.

보기 $15-5-5-5 = 0$

동치 분수

크기가 같은 분수를 동치 분수(equivalent fraction)라 한다.

보기 $\frac{1}{3}, \frac{2}{6}, \frac{3}{9}, \frac{4}{12}$ …… 등은 모두 동치분수이다.

동치비

비의 값이 같은 둘 이상의 비를 동치비(equal ratio)라 한다.

보기 1 : 2, 2 : 4, 3 : 6, 4 : 8 등은 비의 값이 $\frac{1}{2}$로 모두 같은 동치비이다.

뒤의 수

뒤의 수(next number)는 수 계열에서 어떤 수의 바로 다음 수이다. 즉, 어떤 수보다 큰 수이다. 자연수에서는 1씩 커가는 계열이므로, 주어진 수의 바로 뒤의 수는 1큰 수이다.

◐ **참고:** 자연수에서 앞의 수는 어떤 수보다 1 작은 수이다.

보기 어떤 수의 앞의 수와 뒤의 수 알아보기

(64) ----------- (65) ----------- (66)

앞의 수 (어떤 수) 뒤의 수

↓ ↓

(어떤 수보다 1 작은 수) (어떤 수보다 1 큰 수)

◐ **참고:** 바로 앞의 수, 뒤의 수읽기

- 64는 65의 바로 앞의 수이다.
- 66은 65의 바로 뒤의 수이다.

등분제

등분제(partitive division problem)는 a를 b등분하면 그 하나치는 얼마인가를 알아보는 것으로, 주어진 것을 등분한다는 의미의 나눗셈을 말한다. 이러한 등분제 상황은 분배하고, 시행착오를 통하여 해결한다.

활동2 바둑돌 8개를 두 접시에 똑같이 나누어 보시오.

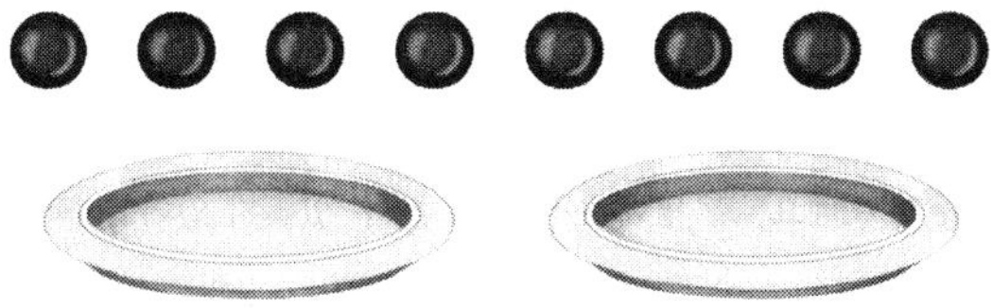

- 한 접시에 바둑돌을 몇 개씩 놓았습니까?
- 어떤 방법으로 나누었습니까? 다른 방법도 생각해 보시오.

이 문제는 $8 = x \times 2$인 형태로 기준량, 즉 한 접시에 담는 양 그 자체가 미지수로 되어 있는 경우로 등분제이다.

등분할

똑같이 나누는 것을 등분할(equal partition)이라하며 주로 분수지도시에 많이 사용되는 용어이다.

등호

등호는 한자 等號의 음역으로 기호 '='로 표현하고 있다. 등(等)은 '같음'을 호(號)는 '기호'를 의미하므로, 등호(equality sign)는 '같음을 나타내는 기호'라는 뜻이다.

◐ **참고:** 등호 '='를 처음으로 사용한 사람은 영국의 수학자이자 의사인 레코드(Robert Recorde, 1510?~1558)이다. 그는 1557년 영국 최초의 대수학책인 「지혜의 숫돌(Whetstone of Witte)」이라는 책에서 길이가 같은 평행한 두 선분을 나타내기 위하여 '='를 등호로 사용하였다(출처, 네이버 지식백과 등호[等號] (학습용어 개념사전, 2010. 8. 5., (주)북이십일 아울북).

등호는 '과정으로서의 같다'가 아니라 '결과로서 같다'로 생각하여야 한다. 이를테면 $3+4 = 10-3$에서 왼쪽의 식 $3+4$는 덧셈 상황이고 오른쪽 식의 $10-3$은 뺄셈 상황이기 때문에 두 상황은 같을 수 없다. 단지 같다는 것은 덧셈의 상황이나 뺄셈의 상황에서 계산된 결과가 7로서 서로 같다는 것이다. 따라서 등호란 연산의 과정으로서의 기호가 아니라 결과로서 등호(=)를 기준으로 양쪽이 '같다'를 의미하는 것이다.

Freudenthal(1983)은 같다는 기호 '='는 본래 모호해서 맥락에 따라 여러 가지 의미를 가질 수 있다고 하였다. Smith(2006)는 맥락에 따라 등호의 의미가 달라진 이유를 시대를 흘러오면서 수학적 기호가 다소 무질서하게 발달한 것에 기인한 것이라고 설명하면서 등호를 정의하는 기호(defining symbol), 연산하는 기호(operation symbol), 관계를 나타내는 기호(relational symbol)로 나누었다. 그러나 '같다'는 뜻의 등호는 그 해석이 미묘할 때가 있다. 예를 들어 항등식의 등호는 좌변과 우변이 항상 같음을 보이기 위해 사용될 수 있으나 기하 영역에서는 $\triangle ABC = \triangle DEF$의 등호의 의미는 두 삼각형의 모양(길이, 높이, 각의 크기 등)이 아니라 넓이가 같음을 의미한다. 이와 같이 학교수학에서는 수학 개념마다 등호의 의미가 약간씩 다르고 미묘하게 해석되며, 이것은 학생들이 등호 개념을 잘못 이해하게 할 수 있다. 즉 등호의 개념은 단순히 '같다'의 의미로만 파악될 수 없으며, 등호가 어떤 상황에서 사용되고 학생들이 그 상황에서 어떤 개념을 적절하게 선택하고 올바 르게 사용하는지가 함께 고려되어야 한다.

등화 유형

뺄셈의 한 유형으로 두 양 사이의 차를 없애려는 상황을 등화 유형(equalization)이라한다. 즉, 더 많은 양과 같게 만들기 위해서 적은 양에 얼마를 더해주어야 하는지(또는 적은 양과 같게 만들기 위해서 많은 양에서 얼마를 빼야 하는지)를 결정하는 것이다.

보기 원영이는 사탕 8개를 가지고 있다. 지희는 사탕 5개를 가지고 있다. 지희가 사탕 몇 개를 더 사면 원영이와 같아지겠는가?

뛰어 세기

뛰어 세기(skip counting)란 수를 차례대로 하나씩 헤아리지 않고, 두 수씩 혹은 세 수씩 등으로 건너 뛰어 세는 것을 의미한다.

◐ **참고:** 뛰어 세기는 다음 그림처럼 수직선에서 하는 것이 쉽다.

보기 수직선에서 뛰어 세기

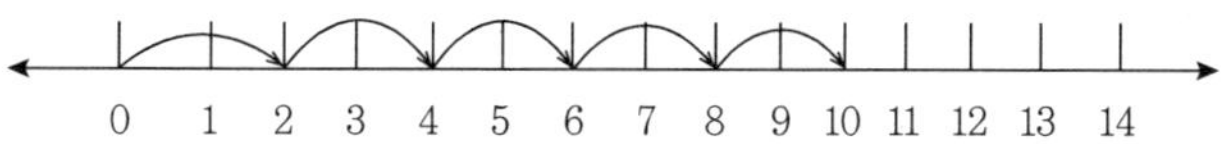

- 몇 번 뛰었는가? (5)번
- 몇 씩 뛰었는가? (2)씩
- 2씩 5번 뛰어서 세어 보자. 2, 4, 6, 8, 10
- 모두 얼마입니까? (10)
- 2씩 5번: 덧셈식으로 → $2+2+2+2+2=10$

  곱셈식으로 → $2 \times 5 = 10$

ㄹ

러시아 농부의 계산법

격자법 또는 Napier의 방법이라고도 한다. 이 방법은 아래와 같이 피승수(곱하여지는 수)와 곱하는 수(승수)의 자리 수만큼 격자를 만들어 빈 곳에 각각의 곱을 쓴 다음, 오른쪽 위에서 왼쪽 아래로 대각선 방향에 있는 수를 더한다. 10이 되면 받아 올림을 한다.

보기 74×538을 격자법으로 계산해보시오.

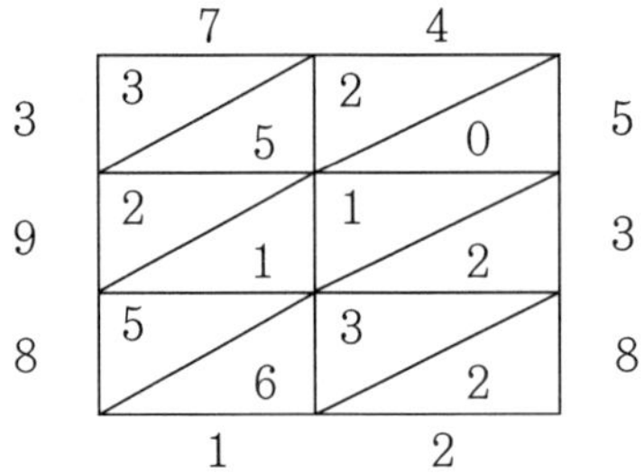

74×538 = 39812

로마기수법

아래와 같이 기본 숫자를 더하는 방식으로 다른 수를 나타내는 방법이다.

Ⅰ	Ⅱ	Ⅲ	ⅢⅠ 또는 Ⅳ	Ⅴ	…	Ⅹ	ⅩⅠ	ⅩⅡ	ⅩⅢ	…
1	2	3	4	5	…	10	11	12	13	…
ⅩⅩ	ⅩⅩⅠ	ⅩⅩⅡ	…	ⅩⅩⅩ	ⅩⅩⅩⅩ	L	LⅠ	LⅡ	…	
20	21	22	…	30	40	50	51	52	…	
C	CC	CCC	CCCC	D	D					
100	200	300	400	500						

보기 347을 로마 기수법으로 나타내면 CCCXXXXVII이 됨을 알 수 있다.

ㅁ

마이너스

뺄셈기호, 음수를 나타내는 기호(minus, −)이다.

머리셈

머리셈(mental math)은 외부적으로 기억하는 장치(이를테면, 종이와 연필 등)가

없이 머리로만 계산하는 셈을 말한다.

멱, 거듭 제곱

같은 수 또는 같은 문자를 여러 번 곱한 것을 지수를 이용해 표현하는 방법을 멱 또는 거듭 제곱(exponential notation)이라 한다.

보기 2^5, n^4, 5^m

명목수

사물의 이름 대신에 쓰이는 수이다.

보기 전화번호, 아파트의 동·호수, 차량번호 등에 사용되는 자연수를 명목수(nominal number)라고하며, 교재에 따라서는 이름수, 명칭수, 명명수 등 여러 가지 용어를 사용하기도 한다.

명수법

수를 읽는 방법을 명수법(numeration system)이라 한다. 나라마다 자연수를 읽는 방법은 각각 다르다.

보기 1, 2, 3, 4, 5, …를 우리나라에서는 일(하나), 이(둘), 삼(셋), …과 같이 읽는다.

몫

어떤 양을 여럿으로 분배하여 가지는 각 부분의 분량을 몫(quotient)이라고 한다. 몫은 나눗셈에서 피제수(나누어지는 수)를 제수(나누는 수)로 나누어 얻은 수이다.

보기

(나누어지는 수) (나누는 수) (몫)

$$20 \div 5 = 4 \Rightarrow 5\overline{)20}$$

(몫 4, 20 − 20 = 0)

*읽기 → 20을 5로 나눈 몫은 4이다.

*몫을 쓰는 위치를 주의하여야 한다.

◐ **참고:** 나눗셈에서 '몫'이라는 용어는 나눈 결과의 정수 부분만을 의미한다.

무리수

무리수(irrational number)는 실수 가운데 두 정수의 비, 즉 분수로 표현할 수 없는 수로서 소수로 바꾸었을 때 비 순환 무한소수가 되는 수를 말한다.

보기 초등수학에서 원주율을 나타내는 $\pi = 3.1415926\cdots$가 대표적인 예이다.

◐ **참고:** 모든 분수는 소수로 나타낼 수 있지만, 반대로 소수 중에서 비 순환 무한소수(무리수)는 분수로 나타낼 수 없다.

무한

끝이 없는 상태를 무한(infinite)이라 한다.

보기 자연수 집합은 1, 2, 3, ⋯ 등과 같이 원소의 개수가 무한인 집합이다.

◐ **참고:** 무한을 나타내는 수학기호는 '∞' 이다.

무한소수

소수점 아래의 숫자가 끝없이 계속되는 소수를 무한소수(nonterminating decimal)

라 한다.

보기 $\frac{1}{3} = 0.333333\cdots, \quad \pi = 3.141592\cdots$

ㅂ

받아 내림

뺄셈을 할 때 윗자리의 한 묶음의 수를 아랫자리의 수로 내려 나타내는 것을 받아 내림(borrowing)이라 한다. 받아 내림은 뺄셈에서 같은 자리의 수로 뺄 수 없을 때, 윗자리에서 빌려와서 빼는 방법이다. 십진수에서 빌려온 수는 아랫자리에서 10단위의 수가 된다.

보기 41−16과 763−482를 계산하여 보시오.

① $\begin{array}{r} 41 \\ -\ 16 \\ \hline 25 \end{array} \qquad \begin{array}{r} (30+11) \\ -\ (10+\ 6) \\ \hline (20+\ 5)=25 \end{array}$

② $\begin{array}{r} 763 \\ -\ 482 \\ \hline 281 \end{array} \qquad \begin{array}{r} (600+160+3) \\ -\ (400+\ 80+2) \\ \hline (200+\ 80+1)=281 \end{array}$

받아 올림

덧셈을 하는 과정에서 같은 열의 수끼리의 합이 10이거나 10보다 크면 바로 윗 열로 10을 올려주는 것을 받아 올림(carrying)이라 한다.

- 받아 올림은 덧셈에서 같은 자리의 수가 10단위가 넘을 때, 아랫자리에서 올려 주는 방법이다. 십진수에서 아랫자리의 10단위의 묶음 수는 윗자리의 수로 올라간다.

보기 47+25와 461+373을 계산하여 보시오.

① $\begin{array}{r} 47 \\ +\ 25 \\ \hline 72 \end{array} \qquad \begin{array}{r} (40+\ 7) \\ (20+\ 5) \\ \hline (60+12)=72 \end{array}$

② $\begin{array}{r} 461 \\ +\ 373 \\ \hline 834 \end{array} \qquad \begin{array}{r} (400+\ 60+1) \\ (300+\ 70+3) \\ \hline (700+130+4)=834 \end{array}$

배(몇)

배(times)는 갑절 혹은 곱절을 의미한다. 즉, (○ ○)의 2배는 (○ ○) (○ ○)로 써 'ㅇ'가 2개에서 4개가 되는 것을 의미한다. 여기서, 주어진 구체물을 몇 번 나타내게 되는 것을 '몇 배'라고 한다.

보기 4의 3배를 알아보자.

(♤♤♤♤)의 3배는 (♤♤♤♤) (♤♤♤♤) (♤♤♤♤)이다. 즉, 4의 3배는 12이다.

◐ **참고:** 분리량을 이용해 ' ~의 ~배는 몇이다'를 학습할 때 구체물을 이용하는 것이 효과적이다.

배수

어떤 수의 갑절이나 곱절수를 배수(multiple)라 한다. 2의 배수는 1배, 2배, 3배, 4배, 5배 등에 따라 2, 4, 6, 8, 10, ⋯ 등이 된다.

보기 3의 배수를 구하여보시오.

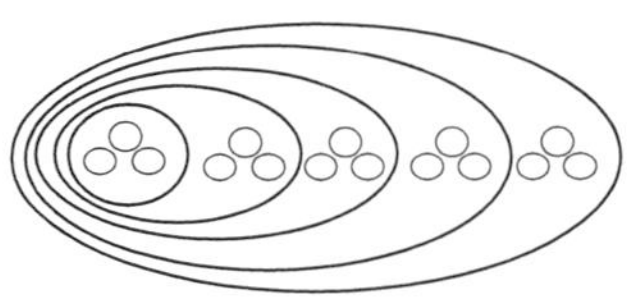

3의 1배는 3 × 1 = 3
3의 2배는 3 × 2 = 3
3의 3배는 3 × 3 = 9
3의 4배는 3 × 4 = 12
3의 5배는 3 × 5 = 15
⋮ ⋮

이와 같이 3을 1배, 2배, 3배, ⋯ 한수 3, 6, 9, ⋯를 '3의 배수'라고 한다. 초등수학에서 배수는 곱셈식을 써서 지도하며 어떤 수의 배수는 무한히 많다.

배수판정법

어떤 수가 다른 수로 나누어떨어진다는 것을 알면 편리할 때가 많다. 다시 말해 어떤 수가 주어진 수의 배수가 되는지 아닌지를 판별하는 방법을 배수판정법이라 한다. 아래 표의 배수 판정법을 알고 있으면 실제로 계산하지 않고 나누어떨어지는지를 쉽게 알 수 있다.

숫자	배수판정법
2의 배수	마지막 숫자가 짝수(이를테면 0, 2, 4, 6, 8)
3의 배수	숫자의 총합이 3의 배수
4의 배수	마지막 두 자리 숫자가 00이거나 4의 배수
5의 배수	마지막 숫자가 0 또는 5
6의 배수	2의 배수이고 3의 배수
7의 배수	abcde에서 abcd−2e가 7의 배수
8의 배수	마지막 세 자리 숫자가 000이거나 8의 배수
9의 배수	숫자의 총합이 9의 배수
10의 배수	마지막 숫자가 0
11의배수	홀수 자리 숫자들의 합과 짝수 자리 숫자들의 합의 차이가 11의 배수
100의배수	마지막 두 자리 숫자가 모두 0

배열

학교 운동장의 어린이들이 줄을 맞추어 서있거나, 자동차 주차와 같이 어떤 사물을 순서대로 늘어놓은 모양을 배열(array)이라 한다.

보기 3행 5열을 3×5와 같은 식으로 나타낸다.

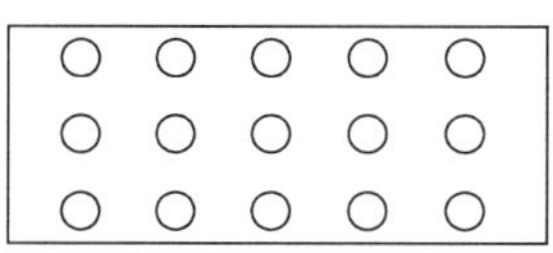

백 모형

십진법 체계모형에서 열 개의 십 모형으로 이루어지는 것이 백 모형(hundred flats)이다.

백만

천의 1,000배, 즉 10^6을 백만(million)이라 한다.

범자연수

자연수의 집합에 0을 추가해 놓은 집합을 범자연수(whole number)의 집합이라 한다.

보기 A = {0, 1, 2, 3, 4, ⋯} = {0} ∪ N, 여기서 N은 자연수전체의 집합

보수

보수(補數, complement)는 보충을 해주는 수를 의미한다.

보기 10에 대한 1의 보수는 9, 15에 대한 5의 보수는 10, 3에 대한 1의 보수는 2이다.

보기 초등 수학교과서 수와연산 영역에는 네 자릿수의 뺄셈 문제를 다루고 있다. 이를테면, 6235−2976의 계산 방법을 알아봅시다. 교과서에 제시한 해결방법은 아래와 같다.

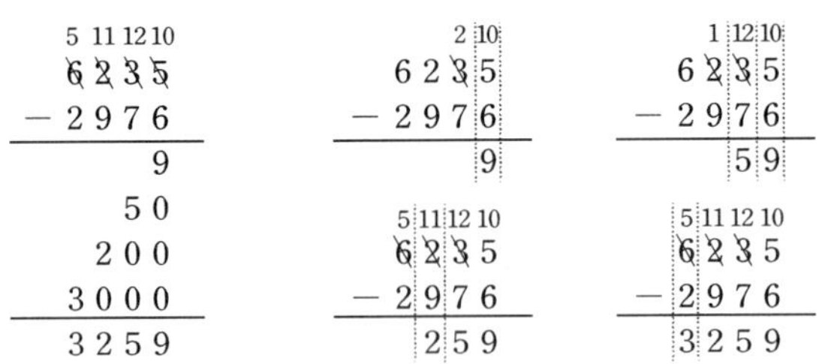

그러나 저학년에서 배운 보수(여기서는 9의 보수) 관계를 이용한 뺄셈의 알고리즘도 나름대로의 사고를 아이들에게 요구하면서 흥미로운 개인 또는

소그룹 활동이 될 수 있다. 위의 문제를 해결하기위하여 아래와 같은 알고리즘을 사용할 수 있다(초등수학교육 이론과 실제, 전평국, p. 329 참고)

이 방법은 감수를 감수의 보수로 대치하고 피 감수에 더하는 방법이다. 두 개의 한 자릿수끼리의 합이 9일 때, 이 두 수는 9에 대하여 서로 보수 관계이다. 이를테면

- 기본숫자: 0 1 2 3 4 5 6 7 8 9
- 보　　수: 9 8 7 6 5 4 3 2 1 0

위의 뺄셈 문제를 9의 보수 관계를 이용하여 한번 생각해 보자.

6235	수들을 자리에 맞추어 쓴다.
−~~2976~~	감수를 선으로 지운 다음 각 자리의 수의
7023	9에 대한 보수를 그 밑에 쓴다.
⇓	
6235	새로이 만든 수를 피 감수에 더한다.
+7023	
13258	
⇓	
~~1~~3258	합의 가장 왼쪽에 있는 숫자(이것은 1일 것이다)를
+ 1	지우고, 답을 구하기 위해 1을 더한다.
3259	

보통분수

오늘날 분수에서 사용되고 있는 용어 진분수를 보통분수(common fraction)라 한다. 주로 무역에서 많이 사용하였다.

부분집합

두 집합 A, B에 대하여 A의 모든 원소가 B에 속할 때, A를 B의 부분집합(subset)이라 하고 $A \subseteq B$ 또는 $B \supseteq A$로 나타낸다.

부분집합의 기호는 '⊆ 또는 ⊇'를 쓰며, 읽기는 '포함된다.' 혹은 '포함한다.'로 읽는다. $A \subseteq B \rightarrow$ 집합 A는 집합 B에 포함된다. ⇒ 집합 A는 집합 B의 부분집합이다.

보기 10 미만의 자연수의 집합을 'A', 10 미만의 홀수의 집합을 'B'라 하면,

A={1, 2, 3, 4, 5, 6, 7, 8, 9}
B={1, 3, 5, 7, 9}이다.

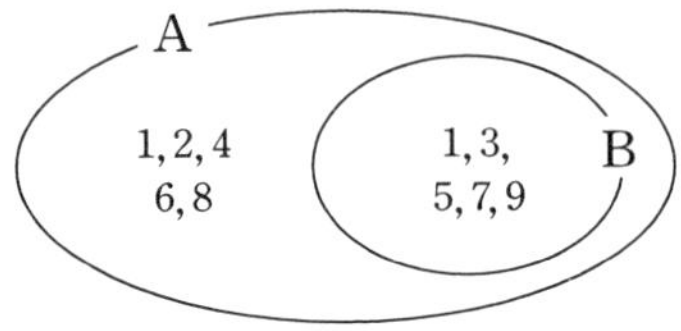

이 때, 'B'의 모든 원소는 'A'의 원소이다. 따라서 집합 'B'는 집합 'A'의 '부분집합'이다.

부부수

한 쌍의 자연수가 있을 때 어느 한 자연수의 1과 자기 자신을 제외한 약수들의 총합이 나머지 자연수와 같은 경우를 부부수(betrothed number)라 한다.

보기 48과 75는 부부수이다.

부분차를 이용한 뺄셈법

뺄셈에서 아래와 같이 부분차를 구하여 계산하는 방법을 부분차를 이용한 뺄셈(partial differences method)이라 한다.

보기

	628	
	−352	
백의 자리 수끼리 빼기	+300	600−300
십의 자리 수끼리 빼기	−30	20−50
일의 자리 수끼리 빼기	+6	8−2
부분차를 더하기	276	

부분 곱을 이용한 곱셈

곱셈에서 아래와 같이 부분 곱(partial product method)을 이용하여 계산하는 방법을 말한다.

보기

$$\begin{array}{rl} 43 & \\ \times\ 54 & \\ \hline 2000 & 40\times50 \\ 160 & 40\times4 \\ 150 & 3\times50 \\ 12 & 3\times4 \\ \hline 2322 & \end{array}$$

부분 합을 이용한 덧셈

덧셈에서 부분 합(partial sum)을 더하여 답을 얻는 방법이다.

보기 37+56을 계산할 때, 아래와 같이 30+50, 7+6을 먼저 구하고, 그 부분 합을 더하여 답을 얻는다.

$$\begin{array}{rl} 37 & \\ +56 & \\ \hline 80 & 30+50 \\ +13 & 7+6 \\ \hline 93 & \end{array}$$

부신 숫자 체계

세어질 각 물건 하나에 대응하여 한 번 줄을 긋는 형식으로 물건의 개수를 세거나 수를 인지하는 방법을 부신 숫자 체계(tally numeration system)라 한다.

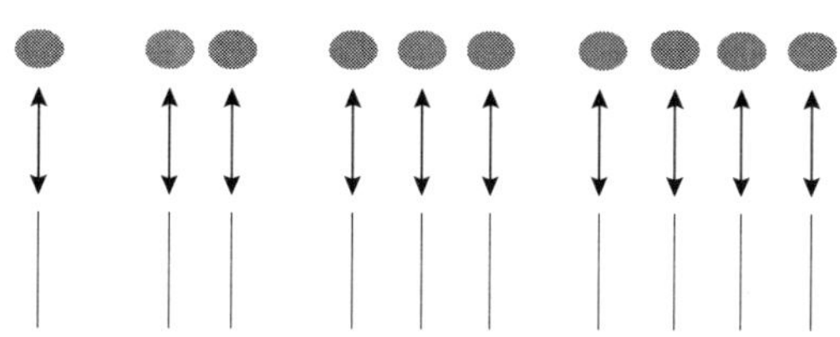

보기 아래 부신으로 된 수는 어떤 수인가?

위의 부신은 5개의 부신을 묶음으로 아래와 같이 나타낼 수 있다.

이와 같이 부신을 몇 개씩 묶음으로 나타내면 구하고자하는 수를 훨씬 더 쉽게 구할 수 있다.

◐ **참고:** 부신 숫자 체계는 단순하다는 장점은 있지만 큰 수를 나타내는 데 많은 개별적인 기호들이 요구되고, 각수를 읽는데 어렵다는 것이 단점이다.

부족수

한 자연수의 모든 약수의 합계(단, 자신은 포함하지 않는다)가 그 자신보다 작을 때 부족수(deficient number)라고 한다.

보기 모든 소수(prime number)는 부족수이다.

분모

분수 또는 분수식에서 가로 선분의 아래에 적는 수를 분모(denominator)라 한다.

◐ **참고:** 가로 선분의 위쪽 수를 '분자'라 한다.

보기 분수: $\frac{2}{7}$ (2 ← 분자, 7 ← 분모)

• 7등분 된 일곱 양 중의 두 양을 취하여 $\frac{2}{7}$으로 나타낸 분수에서 등분할 된 일곱

양 7은 분수의 가로 선분 아래쪽의 자리에 있는 수로서 분모를 나타낸다.

▪ 분수

어떤 수를 다른 수로 나누는 것을 분자와 분모로 나타낸 것이다. 분수(fraction)는 그 어원이 fractus, 즉 쪼개다 의뜻을 지닌 것처럼 분수는 분할하는 과정에서 발생하였다. 전체보다 작은 양을 나타내는 것으로 쪼개진 일부를 나타내기 위해 만들어 진 용어이다. 그러므로 처음에는 분자가 분모보다 작은 양을 나타내는 수, 진분수(진짜분수, proper fraction)로 사용되다가 나중에 분자가 분모보다 큰 분수, 가분수(가짜분수, improper fraction)를 만들게 되었다.

보기 분수를 알아보자.

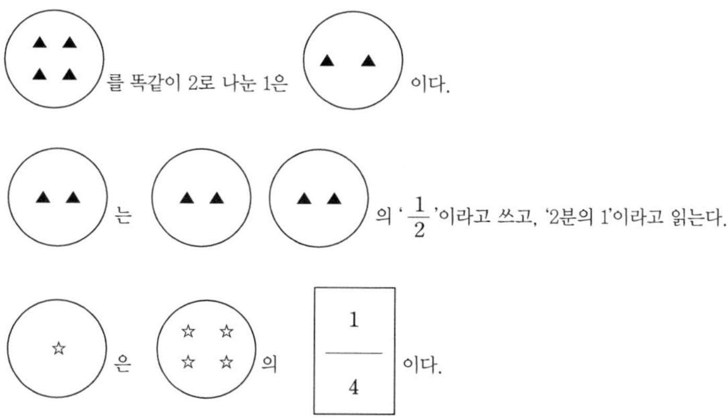

• 9의 $\frac{1}{3}$ ⇒ 9개는 3개씩 3묶음으로 나누어진다.

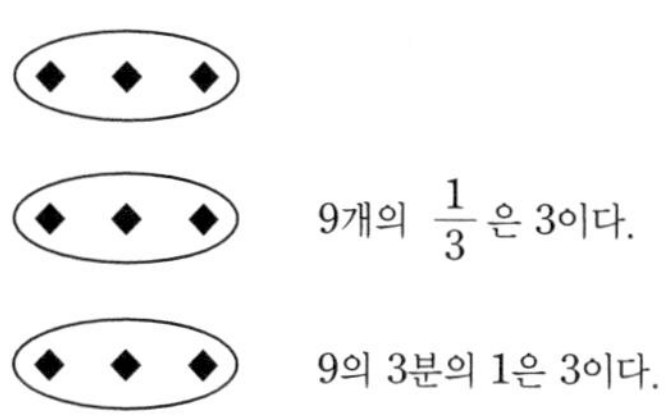

• 9의 $\frac{2}{3}$

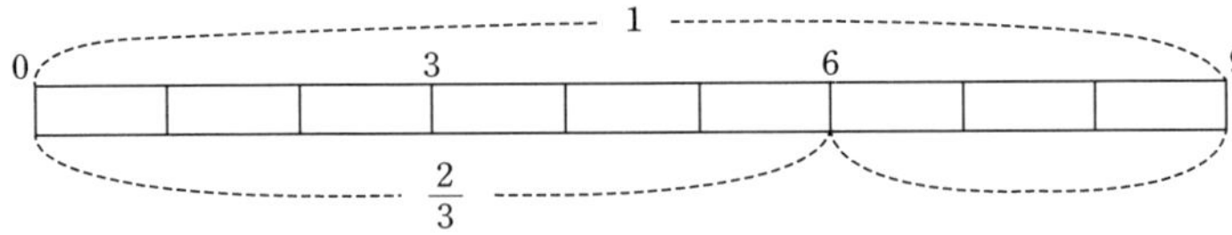

⇒ 9의 $\frac{2}{3}$는 6이다.

◐ **참고:** • 분수는 유리수를 나타내는 한 표현 기호이다.

• 분수는 양으로서의 분수, 몫으로서의 분수, 측정으로서의 분수, 비율로서의 분수, 연산자의 의미로서의 분수 등으로 생각할 수 있다.

• $\frac{1}{3}$은 ($\overline{\quad}$ → $\frac{\quad}{3}$ → $\frac{1}{3}$) 의 순서로 쓴다.

분수막대

분수 $\frac{b}{a}$에서 가운데 있는 a와 b사이의 막대를 분수막대(fraction bar)라 한다.

보기 분수: $\frac{2}{7}$ 2 ← 분자, — ← 분수막대, 7 ← 분모

분수모델

분수 모델(fractional model)은 분수의 덧셈과 뺄셈을 쉽게 학습 할 수 있는 교구이다.

보기 막대를 이용한 분수모델

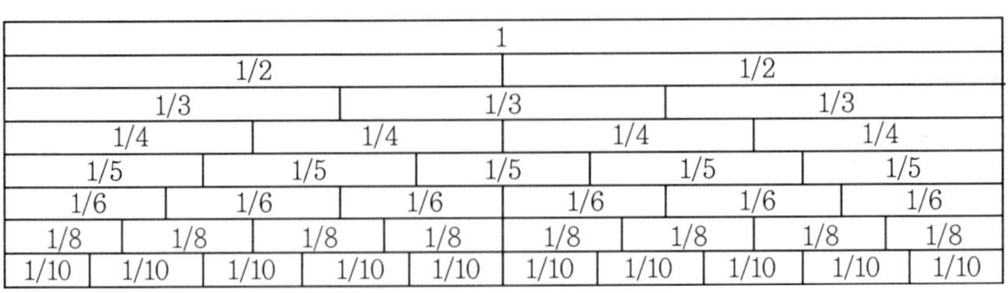

분수와 소수의 대소비교

분수와 소수의 크기를 견주어 보는 것이다.

• 분수와 소수의 크기를 비교하는데 사용하는 기호는 〉 (큽니다), = (같습니다), 〈 (작습니다)를 쓴다.

보기 $\frac{2}{3} > 0.33$, $1.683 < 1\frac{8}{10}$ 등이다.

◐ 참고

① 분수와 소수의 대소를 비교할 때에는 분수 혹은 소수의 어느 한 가지로 통일하여 비교하면 쉽게 비교할 수 있다.

② 분수를 소수로 바꾸기가 어려울 때는 소수를 10, 100, 1000, 10000 등의 단위로 하여 분수로 바꾼 다음, 비교하는 분수와 통분하여 크기를 비교한다.

분수의 곱셈

분수끼리의 곱이다. 둘 이상의 분수와의 곱은 (진분수)×(자연수), (대분수)×(자연수), (자연수)×(진분수), 단위분수끼리의 곱셈, 진분수끼리의 곱셈, 대분수끼리의 곱셈으로 나눌 수 있다.

① (진분수)×(자연수)

$$\frac{2}{5} \times 4 = \frac{2}{5} + \frac{2}{5} + \frac{2}{5} + \frac{2}{5} = \frac{2+2+2+2}{5} = \frac{2\times4}{5} = \frac{8}{5}$$

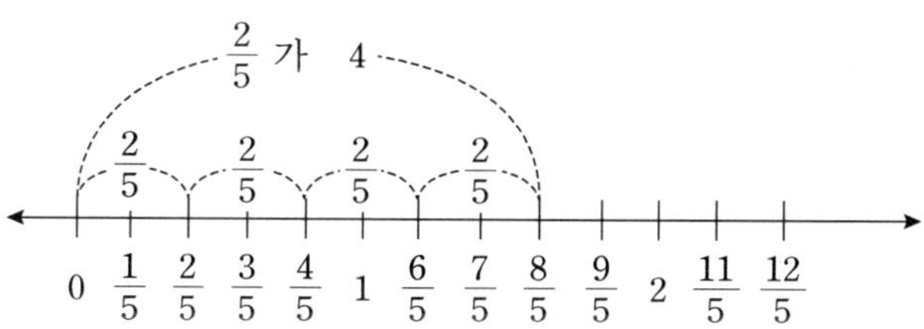

② (대분수)×(자연수)

$$1\frac{2}{3} \times 2 = \left(1 + \frac{2}{3}\right) \times 2 = (1 \times 2) + \left(\frac{2}{3} \times 2\right)$$
$$= 2 + \frac{4}{3} = 2 + 1\frac{1}{3} = 3\frac{1}{3}$$

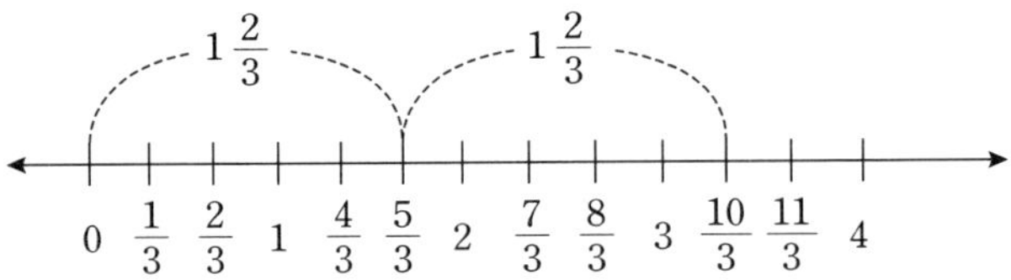

$$1\frac{2}{3} \times 2 = \frac{5}{3} \times 2 = \frac{10}{3} = 3\frac{1}{3}$$

③ (자연수)×(진분수)

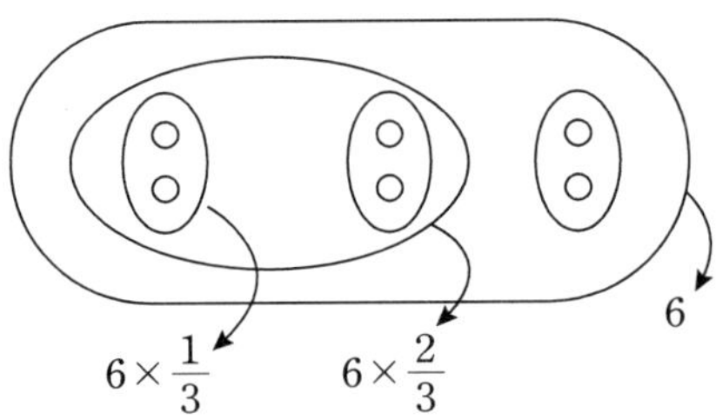

6의 $\frac{2}{3}$는 $6 \times \frac{2}{3}$이며, $6 \times \frac{2}{3}$는 4임을 알 수 있다.

$$6 \times \frac{2}{3} = \frac{6 \times 2}{3} \qquad ○ \times \frac{△}{□} = \frac{○ \times △}{□}$$

④ (단위 분수)×(단위 분수)

• $\frac{1}{3} \times \frac{1}{2}$

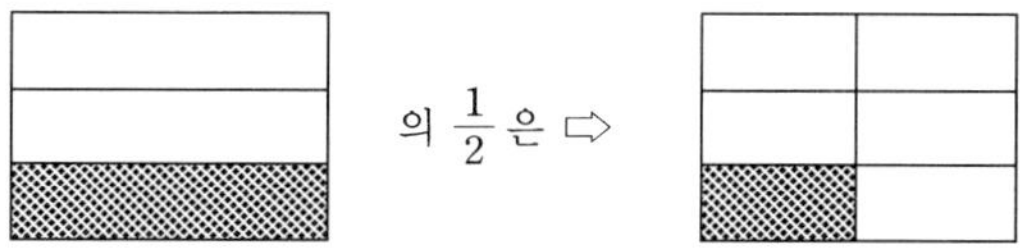

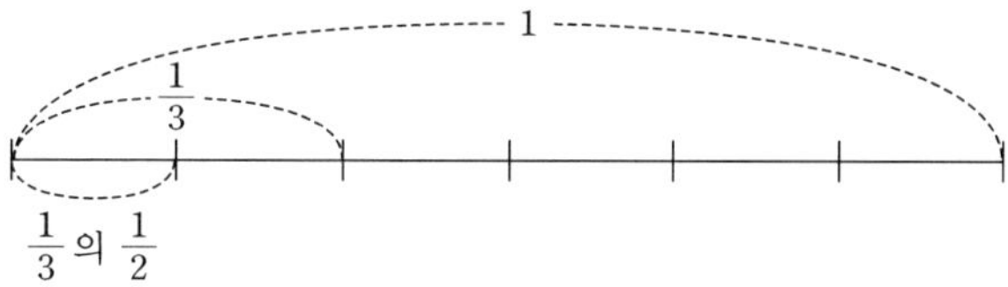

⑤ (진분수)×(진분수)

• $\frac{4}{5} \times \frac{2}{3}$

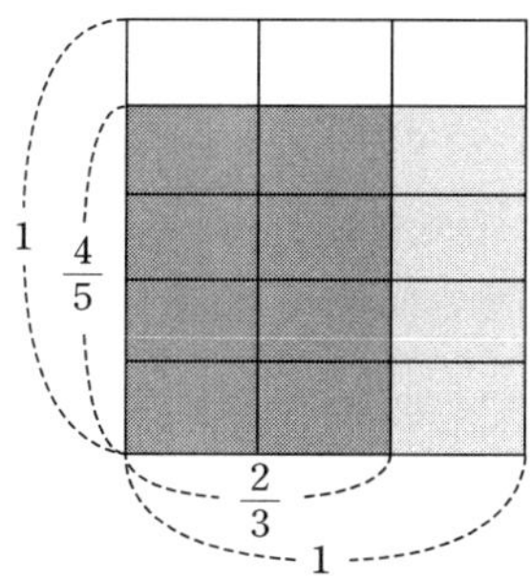

$\frac{8}{15}$ 이다.

$\frac{4}{5}$ 의 $\frac{2}{3}$ 는 $\frac{4}{5} \times \frac{2}{3}$ 이다.

$\frac{4}{5} \times \frac{2}{3} = \frac{8}{15}$

전체 조각의 개수는 5×3 = 15이고, 알아보려는 조각의 개수는 4×2 = 8이므로,

$$\frac{4}{5} \times \frac{2}{3} = \frac{4 \times 2}{5 \times 3} = \frac{8}{15}$$

$$\frac{\blacktriangle}{\square} \times \frac{\blacktriangledown}{\bigcirc} = \frac{\blacktriangle \times \blacktriangledown}{\square \times \bigcirc}$$

⑥ (대분수) × (대분수)

- $1\frac{4}{5} \times 2\frac{1}{3}$

$$1\frac{4}{5} \times 2\frac{1}{3} = \frac{9}{5} \times \frac{7}{3} = \frac{9\times7}{5\times3} = \frac{63}{15} = 4\frac{1}{5}$$

※ 대분수는 가분수로 고쳐서 계산한다.

분수의 나눗셈

둘 이상의 분수끼리 나누어 몫을 구하는 것을 분수의 나눗셈(division of fraction)이라 한다.

- 분수의 나눗셈은 나누는 수의 역수의 곱으로 한다.

$\frac{2}{3} \div \frac{3}{5} = \frac{2}{3} \times \frac{5}{3} = \frac{10}{9} = 1\frac{1}{9}$ 과 같은 경우이다.

- 분수의 나눗셈도 분수의 종류에 따라 여러 가지로 구별할 수 있다.

① (진분수)÷(자연수)

- $\frac{3}{5} \div 4$

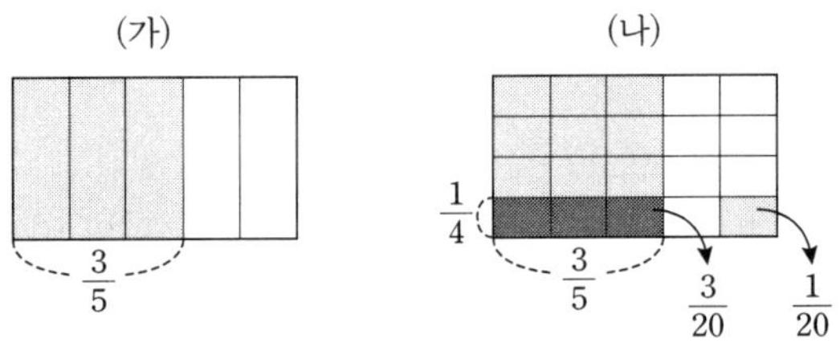

(가)는 $\frac{3}{5}$을 나타낸 것이다. 이것을 4등분 한 $\frac{3}{5}\div4$는 (나)에서 볼 수 있는 것과 같이 $\frac{3}{5}$의 $\frac{1}{4}$, 즉 $\frac{3}{5}\times\frac{1}{4}$이 된다.

$$\frac{3}{5} \div 4 = \frac{3}{5} \times \frac{1}{4} = \frac{3\times1}{5\times4} = \frac{3}{20}$$

$$\frac{●}{□} \div ▲ = \frac{●}{□} \times \frac{1}{▲}$$

② (대분수)÷(자연수)

- $2\frac{3}{4} \div 6$

$$2\frac{3}{4} \div 6 = \frac{11}{4} \div 6 = \frac{11}{4} \times \frac{1}{6} = \frac{11}{24}$$

③ (자연수)÷(진분수)

2L의 우유를 $\frac{1}{3}$L들이의 병에 나누어 담으면 몇 병에 넣을 수 있는지 알아보자.

$2 \div \frac{1}{3} = 6$

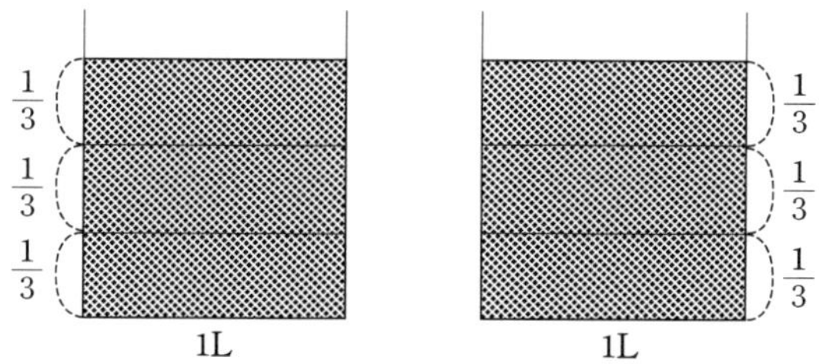

2L는 $\frac{1}{3}$L가 6이다.

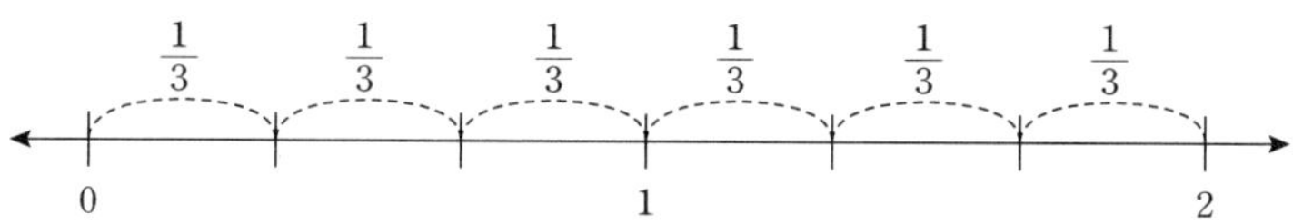

$$2 \div \frac{1}{3} = 6$$

④ (진분수)÷(진분수)

- $\frac{2}{3} \div \frac{1}{3}$

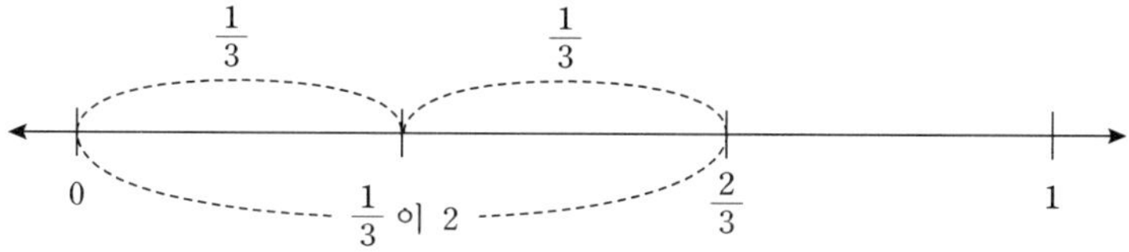

$$\frac{2}{3} \div \frac{1}{3} = 2 \qquad \frac{2}{3} \times \frac{3}{1} = 2$$

$$\frac{2}{3} \div \frac{1}{3} = \frac{2}{3} \times \frac{3}{1}$$

$$\frac{\triangle}{\bigcirc} \div \frac{☆}{\square} = \frac{\triangle}{\bigcirc} \times \frac{\square}{☆}$$

분수의 뺄셈

둘 이상의 분수끼리의 뺄셈을 의미한다.

- 분수끼리의 뺄셈은 분수의 종류에 따라 여러 가지 형태가 있다.

① 분모가 같을 때(동분모 분수일 때)

분모는 그대로 두고 분자 끼리 뺄셈을 하여 그 차를 분자로 한다.

- $\frac{4}{5} - \frac{1}{5} = \frac{4-1}{5} = \frac{3}{5}$

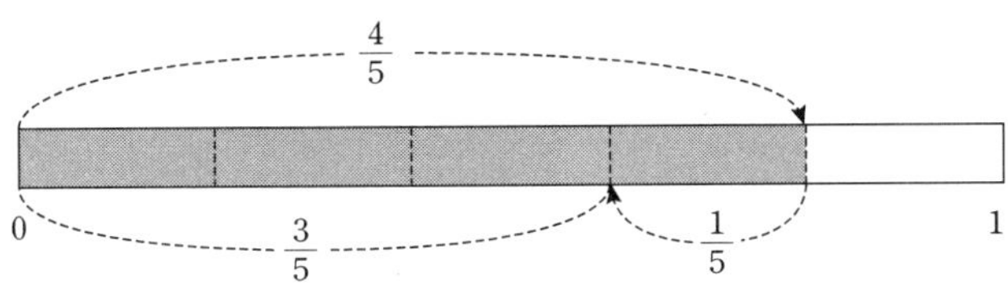

② 분모가 다른 단위 분수의 뺄셈

분수의 분모가 다를 때에는 통분하여 분모를 같게 한 다음 뺄셈을 한다.

- $\frac{1}{3} - \frac{1}{4}$

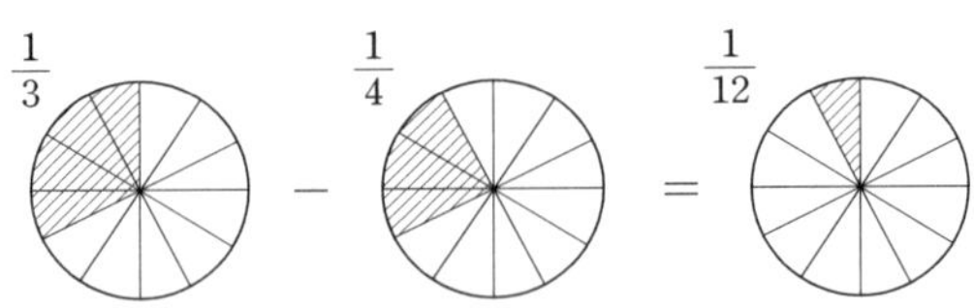

$$\frac{4}{12}-\frac{3}{12}=\frac{1}{12}$$

$$\frac{1}{3}\rightarrow\left\{\frac{1}{3},\ \frac{2}{6},\ \frac{3}{9},\ \boxed{\frac{4}{12}},\ \frac{5}{15},\ \frac{6}{18},\ \cdots\cdots\right\}$$

$$\frac{1}{4}\rightarrow\left\{\frac{1}{4},\ \frac{2}{8},\ \boxed{\frac{3}{12}},\ \frac{4}{16},\ \frac{5}{20},\ \frac{6}{24},\ \cdots\cdots\right\}$$

$$\frac{1}{3}-\frac{1}{4}=\frac{4}{12}-\frac{3}{12}=\frac{1}{12}$$

③ 분모가 다른 진분수의 뺄셈

- $\frac{3}{4}-\frac{2}{5}$

$$\frac{3}{4}\rightarrow\left\{\frac{3}{4},\ \frac{6}{8},\ \frac{9}{12},\ \frac{12}{16},\ \boxed{\frac{15}{20}},\ \frac{18}{24},\ \cdots\cdots\right\}$$

$$\frac{2}{5}\rightarrow\left\{\frac{2}{5},\ \frac{4}{10},\ \frac{6}{15},\ \boxed{\frac{8}{20}},\ \frac{10}{25},\ \frac{12}{30},\ \cdots\cdots\right\}$$

$$\frac{3}{4}-\frac{2}{5}=\frac{15}{20}-\frac{8}{20}=\boxed{\frac{7}{20}}$$

④ 받아 내림이 있는 동분모 분수의 뺄셈

- $1\frac{1}{4}-\frac{3}{4}$

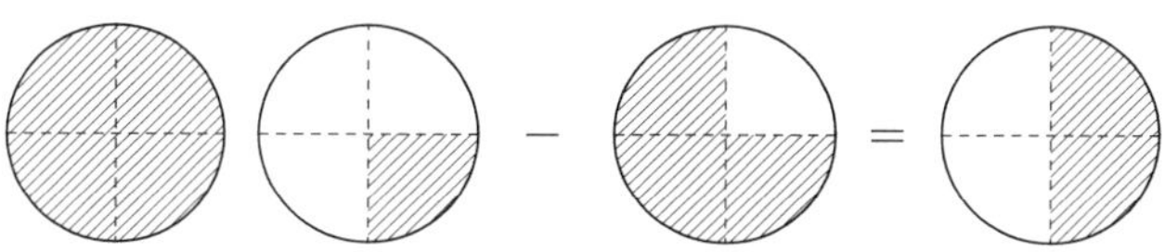

⑤ 받아 내림이 없는 동분모 대분수의 뺄셈

- $2\frac{5}{8}-1\frac{3}{8}$

$$2\frac{5}{8}-1\frac{3}{8}=\left(2+\frac{5}{8}\right)-\left(1+\frac{3}{8}\right)=(2-1)+\left(\frac{5}{8}-\frac{3}{8}\right)$$

$$= 1 + \frac{2}{8} = 1\frac{1}{4}$$

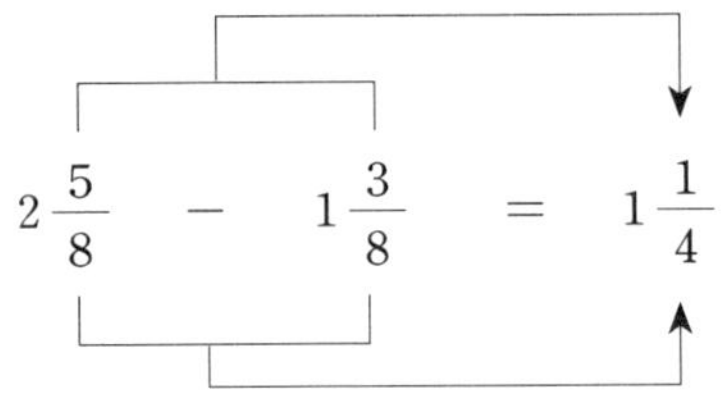

⑥ 받아 내림이 있는 동분모 대분수의 뺄셈

• $4\frac{1}{6} - 2\frac{3}{6}$

$$4\frac{1}{6} - 2\frac{3}{6} = 3\frac{7}{6} - 2\frac{3}{6} = \left(3 + \frac{7}{6}\right) - \left(2 + \frac{3}{6}\right)$$

$$= (3 - 2) + \left(\frac{7}{6} - \frac{3}{6}\right) = 1 + \frac{4}{6} = 1\frac{4}{6}$$

⑦ 분모가 다른 진분수의 뺄셈

분모가 다른 분수의 뺄셈을 할 때에도 두 분수를 통분하여 계산한다.

• $\frac{4}{5} - \frac{1}{3}$

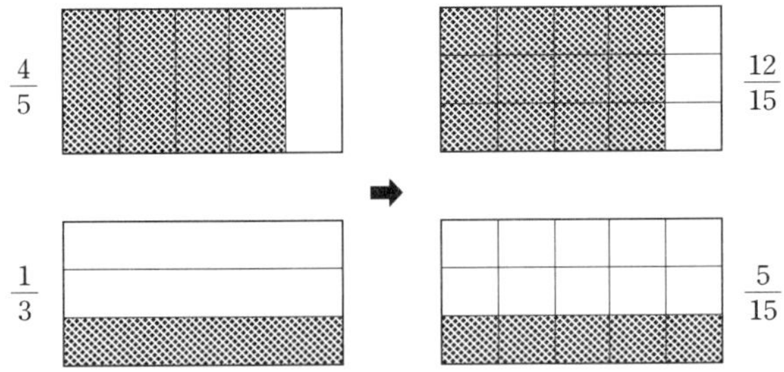

$$\frac{4}{5} - \frac{1}{3} = \frac{12}{15} - \frac{5}{15} = \frac{7}{15}$$

⑧ 분모가 다른 단위 분수의 뺄셈

공통분모는 분모들의 최소공배수로 하는 것이 단순하다. 또, 여러 가지로 뺄셈한 차는 기약 분수로 나타내면 같아진다.

• $\frac{1}{4}-\frac{1}{6}$

$\frac{1}{4}-\frac{1}{6}=\frac{6}{24}-\frac{4}{24}=\frac{2}{24}=\frac{1}{12}$

$\frac{1}{4}-\frac{1}{6}=\frac{3}{12}-\frac{2}{12}=\frac{1}{12}$ (분모 4와 6의 최소공배수인 12로 통분)

⑨ 받아 내림이 있는 분모가 다른 대분수의 뺄셈

분모를 통분한 후 자연수는 자연수 끼리, 분수는 분수 끼리 계산한다. 분수끼리 계산할 수 없을 때는 대분수를 가분수로 고쳐서 계산한다.

$$\begin{aligned}4\frac{1}{8}-2\frac{1}{4}=4\frac{1}{8}-2\frac{2}{8}&=3\frac{9}{8}-2\frac{2}{8}\\&=(3-2)+\left(\frac{9}{8}-\frac{2}{8}\right)\\&=1+\frac{7}{8}=1\frac{7}{8}\end{aligned}$$

분수의 덧셈

둘 이상 분수 끼리를 한데 모으는 것을 의미한다.

• 분수의 덧셈은 분수의 종류에 따라 여러 가지 형태가 있다.

① 분모가 같은 대분수의 덧셈

• $2\frac{1}{5}+1\frac{3}{5}$

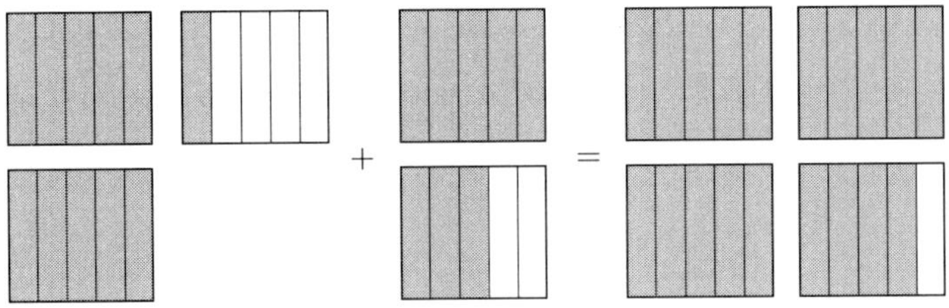

$$2\frac{1}{5} + 1\frac{3}{5} = \left(2 + \frac{1}{5}\right) + \left(1 + \frac{3}{5}\right) = (2+1) + \left(\frac{1}{5} + \frac{3}{5}\right)$$

$$= 3 + \frac{4}{5} = 3\frac{4}{5}$$

$$2\frac{1}{5} \quad + \quad 1\frac{3}{5} \quad = \quad 3\frac{4}{5}$$

② 분모가 다른 대분수의 덧셈

- $2\frac{3}{4} + 3\frac{2}{5}$

$$2\frac{3}{4} + 3\frac{2}{5} = \left(2 + \frac{3}{4}\right) + \left(3 + \frac{2}{5}\right) = (2+3) + \left(\frac{3}{4} + \frac{2}{5}\right)$$

$$= (2+3) + \left(\frac{15}{20} + \frac{8}{20}\right) = 5 + \frac{23}{20} = 5 + \frac{20}{20} + \frac{3}{20}$$

$$= 6 + \frac{3}{20} = 6\frac{3}{20}$$

③ 분모가 같은 진분수의 덧셈

- $\frac{2}{6} + \frac{3}{6}$의 계산

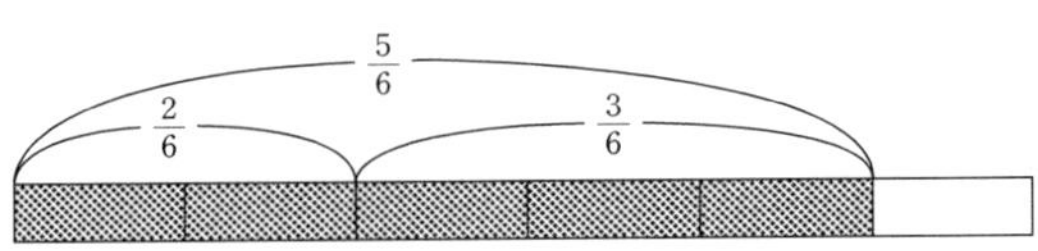

$$\frac{2}{6} + \frac{3}{6} = \boxed{\frac{5}{6}}$$

④ 분모가 다른 진분수의 덧셈

- $\frac{1}{2}$과 $\frac{1}{3}$의 합

$\frac{1}{2}$ $\frac{1}{3}$ $\frac{5}{6}$

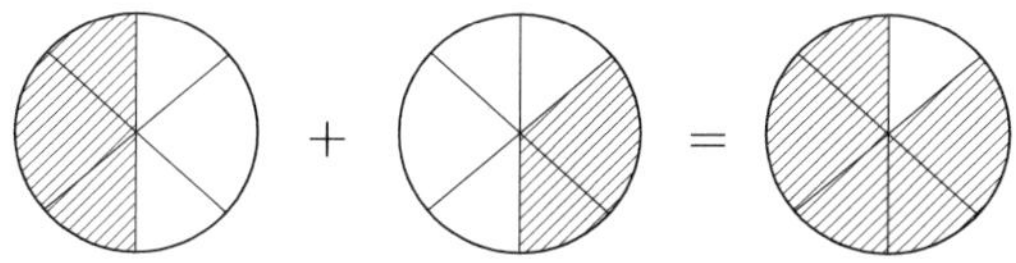

$$\frac{3}{6}+\frac{2}{6}=\frac{5}{6}$$

$$\frac{1}{2}\rightarrow\left\{\frac{1}{2}, \frac{2}{4}, \boxed{\frac{3}{6}}, \frac{4}{8}, \frac{5}{10}, \boxed{\frac{6}{12}}, \frac{7}{14} \cdots\cdots\right\}$$

$$\frac{1}{3}\rightarrow\left\{\frac{1}{3}, \boxed{\frac{2}{6}}, \frac{3}{9}, \boxed{\frac{4}{12}}, \frac{5}{15}, \frac{6}{18}, \frac{7}{21} \cdots\cdots\right\}$$

$$\frac{1}{2}+\frac{1}{3}=\frac{3}{6}+\frac{2}{6}=\frac{5}{6}$$

◐ **참고:** 분모가 다른 분수의 덧셈을 할 때에는 두 분수를 통분하여 계산한다.

- $\frac{1}{4}$과 $\frac{1}{6}$의 합

$$\frac{1}{4}+\frac{1}{6}=\frac{6}{24}+\frac{4}{24}=\frac{\cancel{10}^{5}}{\cancel{24}_{12}}=\frac{5}{12}$$

$$\frac{1}{4}+\frac{1}{6}=\frac{3}{12}+\frac{2}{12}=\frac{5}{12}$$ (4와 6의 최소공배수로 통분)

◐ **참고:** 분모가 서로 다른 분수를 통분하는 방법은 분모의 공배수로 통분할 수 있지만, 분모들의 최소공배수로 통분하는 것이 가장 간단하다. 또, 여러 가지로 덧셈한 합은 기약분수로 나타내면 같아진다.

⑤ 받아 올림이 없는 이분모 분수의 덧셈

$$2\frac{3}{4}+1\frac{1}{6}=2\frac{9}{12}+1\frac{2}{12}=\left(2+\frac{9}{12}\right)+\left(1+\frac{2}{12}\right)$$

$$=(2+1)+\left(\frac{9}{12}+\frac{2}{12}\right)=3+\frac{11}{12}=3\frac{11}{12}$$

◐ **참고:** 분모가 다른 대분수의 덧셈은 분모를 통분한 후에 자연수는 자연수끼리, 분수는 분수끼리 더해주면 간편하게 계산할 수 있다.

분수의 여러 가지 의미

분수 개념은 초등학교 학생들이 어려워하는 개념 중의 하나인 이유는 분수 자체가 가지고 있는 여러 가지 의미 때문이다. 분수의 의미는 대체적으로 전체-부분, 몫, 비, 측정(양), 연산자의 의미 등으로 소개되고 있다.

① 전체-부분[2)]

전체-부분의 의미는 분수 개념에서 가장 기초적이고 중요한 개념이며, 분수 개념을 도입할 때 가장 자연스러운 방법이다. 전체에 대한 부분을 분수 기호로 나타내는 능력은 연속량이나 이산량을 같은 크기를 갖는 부분이나 집합으로 분할하는 능력과 관련되고, 이것은 나중에 분수를 읽는데 중요한 역할을 한다. 또한, 전체-부분 관계가 중요한 것은 무엇보다, 전체에 대한 부분의 관계를 양화함으로써 분수 개념을 기를 수 있으며, 분수의 양적인 개념은 크기 비교, 동치분수, 연산 학습을 의미 있게 하는 데 중요한 역할을 하기 때문이다.

---

2 분수를 읽을 때 미국에서는 관습상 분자부터 말하고 분모를 나중에 읽어주므로 부분-전체(part-whole)라는 표현을 사용하지만, 우리나라에서는 반대로 분모를 먼저 읽고 분자를 나중에 읽기 때문에 우리나라의 관습을 고려하여 전체-부분이라고 하였다.

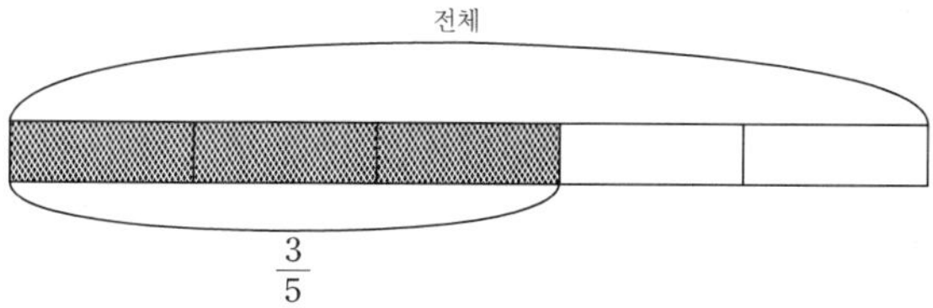

전체를 5등분하고 그 중 3개를 고려하여 $\frac{3}{5}$ 이라고 한다.

② 몫

정수에서의 나눗셈은 피제수가 제수보다 작거나 둘 사이의 공배수가 없을 때는 나머지 없이 그 결과를 나타낼 수 없다. 이런 경우에 그 결과를 몫으로 나타낼 수 있도록 확장시킨 것이 분수의 몫의 의미이다. 즉, 분수 $\frac{a}{b}$는 $a \div b$의 의미로 쓰인다.

3÷5를 분수로 나타내어라.

- 수 막대 3개를 각각 똑같이 5로 나누어라.
- 그 중 한 개는 분수로 얼마인가?
- 3÷5는 분수로 얼마라고 생각하는가?
- 왜 그렇게 생각하는가?

③ 비

두 양의 크기를 비교하는 방법에는 두 가지가 있다. 하나는 덧셈적인 구조로 비교하는 것이고, 다른 하나는 곱셈적인 구조로 비교하는 것이다. 예를 들어, 교실에 남학생 5명과 여학생 10명이 있을 때 남학생과 여학생의 수를 비교해 보자. 먼저, 덧셈적인 구조로 비교하면 '남학생은 여학생보다 5명이 적다' 또는 '여학생은 남학생보다 5명이 많다' 등 두 양의 차로써 그 크기를 비교할 수 있다. 두 양의 크기를 곱셈적인 구조로 비교하는 방법으로 두 가지 경우가 있다. 하나는 포함(inclusive)의 경우이고, 다른 하나는 분리(exclusive)의 경우이다(Vergnaud, 1983).

포함의 경우, 남학생은 전체의 $\frac{5}{15}$이고, 여학생은 전체의 $\frac{10}{15}$이다. 분리의 경우, 남학생을 기준으로 하면 여학생은 2이고, 여학생을 기준으로 하면 남학생은 $\frac{5}{10}$이다.

곱셈적인 구조로 비교하는 방법에서 포함의 경우, 전체와 부분이 같을 경우에는 약분하여 1이 되지만, 그렇지 않을 경우 항상 1보다 작다. 따라서 전체와 부분의 관계를 나타낼 때, 진분수 형태로만 나타낼 수 있으므로 분수 학습에서 제한적이다.

④ 측정(양)

분수의 역사를 살펴보면, 분수는 배분 상황과 측정 상황에서 도입되었다. 단위로 주어진 양을 측정하였을 때, 단위로 측정하고 남은 부분을 나타내기 위해서 새로운 단위를 도입하여 원래의 단위와 나머지를 새로운 단위로 나타내면서 분수가 발생되었다. 어떤 막대의 길이를 재기 위해서는 적절한 단위가 필요하고, 그 단위를 반복적으로 사용하여 측정 결과를 단위의 자연수 배로 나타낼 수 있을 때 그 양을 그 단위에 의한 측도라고 한다.

예를 들어, 다음 그림에서 막대의 길이는 단위의 3배이다.

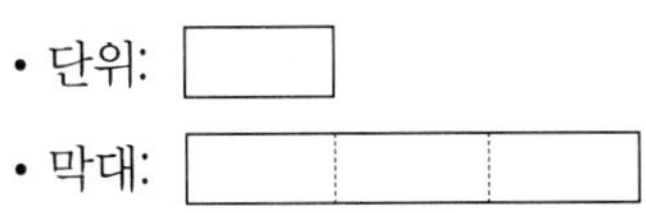

그러나 단위를 반복적으로 사용하여 측정 결과가 자연수 배인 경우는 드물다. 예를 들면, 주어진 단위의 정확한 자연수 배가 아닌 어떤 길이를 재는 경우, 학생들은 '3번하고 조금 더 된다' 또는 '약 3번'이라고 어림할 것이다.

단위의 자연수 배만큼 재고, 남는 부분을 재기 위해서는 처음에 재었던 단위보다 더 작은 단위가 있어야 할 것이다.

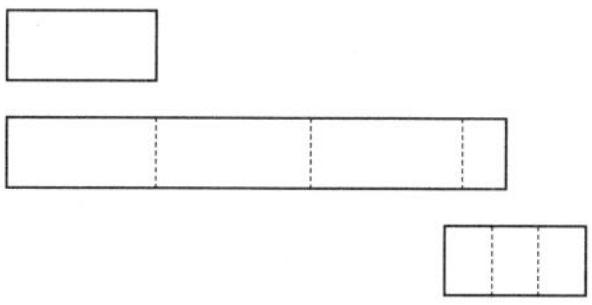

단위

단위의 3배와 남는 부분

단위를 3등분하였더니 남는 부분은 단위의 $\frac{1}{3}$

더 작은 단위로 재어야 한다는 생각은 단위가 나누어질 수 있는 것이라고 생각할 수 있어야 한다. 등분할에 대한 인식이 여기에서 필요하다. 남는 부분의 길이를 재기 위해서는 단위 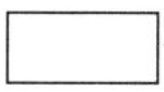를 2등분한 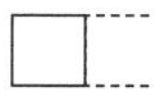 단위로 재어보고 잴 수 없으면 3등분한 의 단위로 잰다. 따라서 위의 재고자 하는 길이는 단위 길이의 $3\frac{1}{3}$이다. 이와 같이 단위분수는 단위보다 작은 부분을 측정하는데 가장 기본적이다.

⑤ 연산자

연산자의 의미로서 분수는 유한 집합에서 유한 집합으로의 사상이나 유클리드 평면에서 유클리드 평면으로의 사상이라고 할 수 있다. 도형을 $\frac{p}{q}$만큼 축소, 확대시키거나, 한 집합을 그 집합의 원소의 개수의 $\frac{p}{q}$배한 다른 집합으로 줄이거나 늘이는 함수로서 $\frac{p}{q}$를 생각할 수 있다.

연산자의 의미를 이산량에 대해서 알아보자. 다음 그림에서 '18의 $\frac{2}{3}$는 얼마인가?'의 문제에서 $\frac{2}{3}$라고 하는 것은 '셋마다 둘' 또는 '셋에 대해 둘'을 의미한다. 따라서 원래 집합의 원소의 수 3에 대하여 새로운 집합의 원소의 수 2를 만든다. 새로운 집합의 원소는 12개가 되므로 18의 $\frac{2}{3}$는 12가 된다. 새로운 집합의 크기는 원래 집합 크기의 $\frac{2}{3}$로 축소된다.

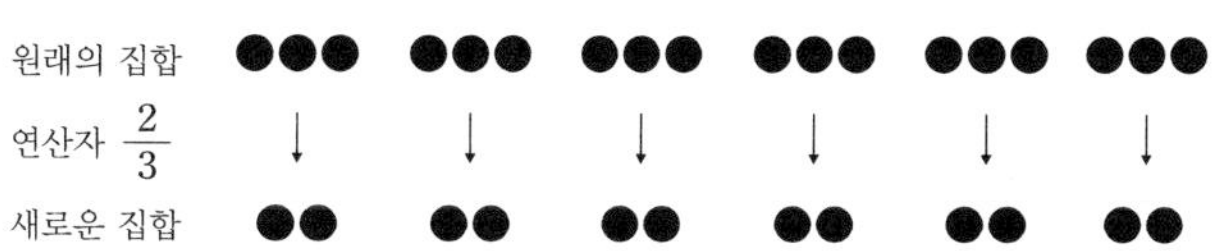

초등수학에서 연산자의 의미로서 분수 개념은 학생들이 이후에 학습할 도형의 합동, 또한 확대, 축소 등의 개념과 연관되는 닮음을 이해하는데 필수적이다. 8 cm의 $\frac{3}{4}$을 그리는 것은 4 cm에 대하여 3 cm만큼 그리는 것을 의미한다. 이 결과는 원래의 길이보다 줄어드는 축소의 의미를 담고 있다. 또 9 cm의 $\frac{4}{3}$를 그리는 것은 3 cm에 대하여 4 cm를 그리는 것을 의미하므로 12 cm가 되어 원래보다 늘어난 확대이다.

분수의 종류

• 분수의 종류는 다음과 같다.

① 진분수(proper fraction): 분자가 분모보다 작은 분수

보기 $\frac{1}{2}, \frac{2}{5}, \frac{7}{10}, \cdots$

② 가분수(improper fraction): 분자가 분모와 같거나 또는 분자가 분모보다 큰 분수

보기 $\frac{3}{3}, \frac{8}{7}, \frac{3}{2}, \cdots$

③ 대분수(mixed fraction): 자연수와 진분수의 합으로 된 분수

보기 $1\frac{1}{2}, 2\frac{3}{4}, 1\frac{2}{5}, \cdots$

④ 단위 분수(unit fraction): 분자가 1인 분수

보기 $\frac{1}{6}, \frac{1}{4}, \frac{1}{12}, \cdots$

⑤ 동치 분수(equivalent fraction): 크기가 같은 분수

보기 $\frac{1}{2}, \frac{2}{4}, \frac{3}{6}, \cdots$

⑥ 여분수(complementary fraction): 어떤 분수와 더했을 때 1이 되는 분수를 그

분수의 여분수라 한다.

보기 $\frac{1}{4}$은 $\frac{3}{4}$의 여분수이다.

⑦ 동분모 분수(like fraction): 분모가 서로 같은 분수를 말한다.

보기 $\frac{1}{4}, \frac{3}{4}, \frac{7}{4}, \cdots$

⑧ 이분모 분수(unlike fraction): 분모가 서로 다른 분수를 말한다.

보기 $\frac{1}{4}, \frac{2}{5}, \frac{3}{8}, \cdots$

⑨ 역수(reciprocal): 어떤수와 곱해서 1이 되게 하는 수를 그 수의 역수라고 한다.

보기 자연수 2의 역수는 $\frac{1}{2}$이고, $\frac{2}{5}$의 역수는 $\frac{5}{2}$가 된다. 0의 역수는 없다.

분수의 혼합 계산

분수의 연산에 있어서 덧셈, 뺄셈, 곱셈, 나눗셈이 하나의 식에 두 가지 또는 그 이상이 섞여 있는 식의 계산을 말한다.

- 분수의 혼합 계산에는 일정한 규칙이 있다. 가령, 덧셈과 곱셈이 함께 들어 있다면, 곱셈을 하고 난 후에 덧셈을 해야 한다.

① 세 분수의 혼합 계산 방법(×, ÷의 순)

$$\frac{4}{5} \times \frac{1}{3} \div \frac{2}{15} = \left(\frac{4}{5} \times \frac{1}{3}\right) \div \frac{2}{15} = \frac{4}{15} \times \frac{15}{2} = \frac{{}^{2}4 \times 15^{1}}{{}_{1}15 \times 2_{1}} = \frac{2}{1} = 2$$

$$\frac{4}{5} \times \frac{1}{3} \div \frac{2}{15} = \frac{4}{5} \times \frac{1}{3} \times \frac{15}{2_{1}} = \frac{{}^{2}4 \times 1 \times 15^{3}}{{}_{1}5 \times 3 \times 2_{1}} = \frac{2}{1} = 2$$

◐ **참고:** $\frac{1}{5} \times \frac{1}{3} \div \frac{2}{15}$와 같은 계산에서는 ×, ÷ 순서대로, 즉 ×, ÷의 순으로 교과서와 같이 두 수씩 계산하는 것이 원칙이지만, 만약 순서를 바꾸어서 ÷, × 순

으로 계산하여도 결과는 같아진다는 것을 알 수 있다.

그러나, 끝에 있는 분수의 나눗셈은 곱셈으로 고쳐서 세 분수를 $\frac{4\times1\times15}{5\times3\times2}$와 같이 하나의 분수로 고친다음 약분되는 수가 있으면 약분한 다음에 곱하는 계산 방법이 간편하다.

② 네 분수의 혼합 계산 방법(×, ÷, ×의 순)

$$4\frac{1}{2}\times\frac{5}{8}\div3\frac{3}{4}\times1\frac{1}{4}=\frac{9}{2}\times\frac{5}{8}\div\frac{15}{4}\times\frac{\square}{4}=\frac{9\times5\times4\times\square}{2\times8\times15\times4}=\frac{\square}{\square}$$

$4\frac{1}{2}\times\frac{5}{8}\div3\frac{3}{4}\times1\frac{1}{4}$와 같은 계산에서는 순서대로 두 수씩 계산한다면 계산하는 횟수가 많아져서 번거로워지므로 분수의 나눗셈을 곱셈으로 고쳐서 네 분수를 $\frac{9\times5\times4\times5}{2\times8\times15\times4}$와 같이 하나의 분수로 나다내어 약분할 수가 있으면 약분한 다음에 곱하는 계산 방법으로 할 수 있다.

③ 세 분수의 혼합 계산 방법(÷, × 의 순)

- $\frac{5}{7}\div\frac{5}{13}\times\frac{7}{9}=\frac{5}{7}\times\frac{13}{5}\times\frac{7}{9}=\frac{{}^{1}5\times13\times7^{1}}{{}_{1}7\times5_{1}\times9}=\frac{13}{9}=1\frac{4}{9}$
- $\frac{5}{7}\div\frac{5}{13}\times\frac{7}{9}$와 같은 계산에서는 순서대로 세 분수를 한 분수에 나타내어 계산한다.

◐ **참고:** 이 때, 분수의 나눗셈은 곱셈으로 바꾸어야 하고, 약분할 수가 있으면 약분한 다음에 계산하는 것을 잊지 않도록 특히 유의해야 한다.

만약 ÷, ×순으로 계산하지 않고 바꾸어서 ×, ÷순으로 계산한다면 결과가 달라지므로 나눗셈, 곱셈의 순일 때에는 괄호가 있는 경우를 제외하고는 반드시 주어진 순서대로 계산한다.

④ 네 분수의 혼합 계산 방법(÷, ×, ÷의 순)

• $1\frac{2}{3} \div 2\frac{1}{4} \times \frac{3}{5} \div 2\frac{1}{3} = \frac{5}{3} \div \frac{9}{4} \times \frac{3}{5} \div \frac{7}{3}$

$= \frac{\cancel{5}^{1} \times 4 \times \cancel{3}^{1} \times \cancel{3}^{1}}{\cancel{3}_{1} \times \cancel{9}_{3} \times \cancel{5}_{1} \times 7} = \frac{4}{21}$

◐ **참고:** $1\frac{2}{3} \div 2\frac{1}{4} \times \frac{3}{5} \div 2\frac{1}{3}$와 같은 계산에서도 두 수씩 순서대로 계산한다면 훨씬 복잡하다. 따라서, 분수의 나눗셈만 역수의 곱으로 고쳐서 계산한다. 이 때, 약분이 되면 더욱 간편해진다. 계산을 다하고 난 후에는 반드시 가분수는 대분수로 고치고 약분이 되는지 확인한다.

⑤ 세 분수의 나눗셈 계산 방법

• $\frac{3}{2} \div \frac{3}{10} \div \frac{1}{2} = \frac{\cancel{3}^{1}}{\cancel{2}^{1}} \times \frac{10}{\cancel{3}^{1}} \times \frac{\cancel{2}^{1}}{1} = \frac{10}{1} = 10$

• $\frac{3}{2} \div \frac{3}{10} \div \frac{1}{2}$과 같은 계산에서는 순서대로 나누는 수를 역수의 곱으로 모두 고친 후 계산을 한다. 그리고, 결과는 반드시 대분수로 나타내고 약분이 되는지 확인한다.

분자

분수에서 가로 선분의 위쪽의 수를 분자(numerator)라 한다.

보기 분수: $\frac{3}{4}$ ← 분자: 나누어지는 수 / ← 분모: 나누는 수

• 똑같이 5등분된 다섯 양 중의 두 양을 취하여 $\frac{2}{5}$로 나타낸 분수에서 다섯 양 중의 두 양을 나타내는 수 2는 가로 선분의 위쪽의 자리에 있는 수로써 분자를 나타낸다.

뺄셈

수량과 수량을 비교하여 그 차를 구하는 방법을 뺄셈(subtraction)이라 한다. 즉, 몇 개의 수나 식에서 빼는 셈을 말한다.

• 뺄셈의 기호는 '−'로 쓰고, '빼기'라고 읽는다.

① (두 자리 수)−(한 자리 수)

$17-3=(10+7)-3=10+(7-3)=10+4=14$

② 받아내림이 한 번 있는 (두 자리 수)−(한 자리 수)

$37-8=(20+17)-8=20+(17-8)=20+9=29$

③ 받아내림이 한 번 있는 (두 자리 수)−(두 자리 수)

$$\begin{aligned}65-36&=(60+5)-(30+6)\\&=(50+15)-(30+6)\\&=(50-30)+(15-6)\\&=20+9=29\end{aligned}$$

④ 받아내림이 없는 (세 자리 수)−(세 자리 수)

$357-243=114$

$$\begin{array}{r}357\\-\ 243\\\hline 114\end{array}$$

$$\begin{aligned}357-243&=(300+50+7)-(200+40+3)\\&=(300-200)+(50-40)+(7-3)\\&=100+10+4=114\end{aligned}$$

⑤ 받아내림이 한 번 있는 (세 자리 수)-(두 자리 수)

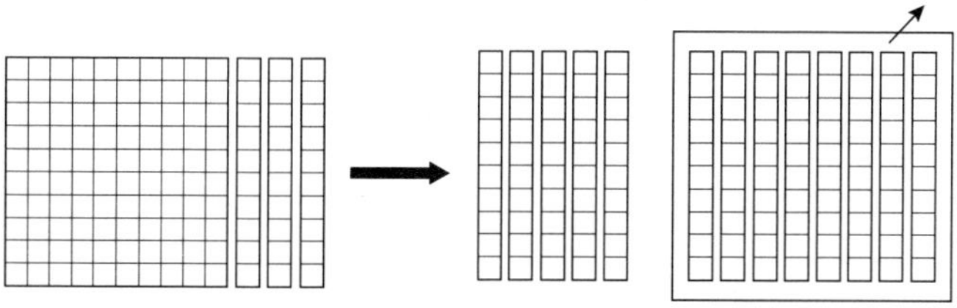

130－80 ＝ 50

130－80 ＝ 50

13－8 ＝ 5

$$\begin{array}{r} 130 \\ -\ \ 80 \\ \hline 50 \end{array}$$

⑥ 받아내림이 두 번 있는 (세 자리 수)-(두 자리 수)

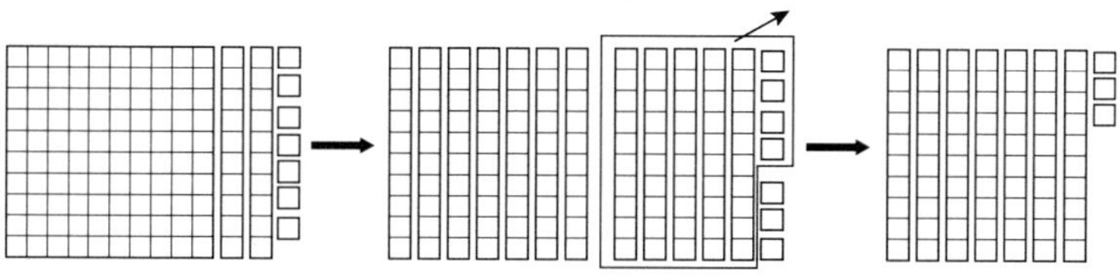

127－54 ＝ 73

127－54 ＝ (120＋7)－(50＋4)
＝ (120－50)＋(7－4)
＝ 70＋3
＝ 73

$$\begin{array}{r} 127 \\ -\ \ 54 \\ \hline 73 \end{array}$$

⑦ 받아내림이 한 번 있는 (세 자리 수)-(한 자리 수)

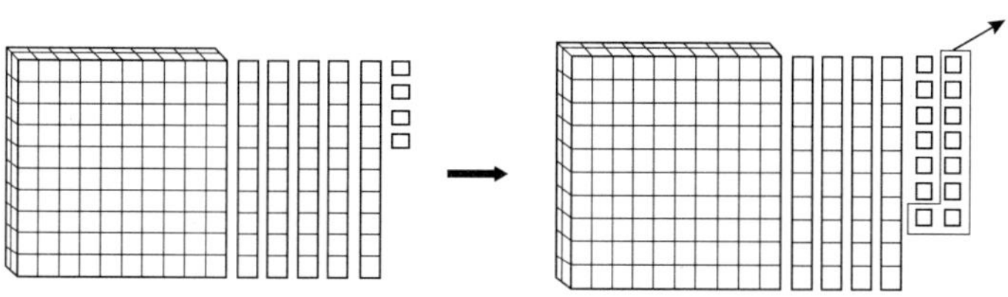

254－8 ＝ 246

254－8 ＝ (200＋5＋4)－8
＝ 200＋40＋(14－8)
＝ 200＋40＋6
＝ 246

$$\begin{array}{r} 254 \\ -\ \ 8 \\ \hline 246 \end{array}$$

⑧ 받아내림이 두 번 있는 (세 자리 수)−(두 자리 수)

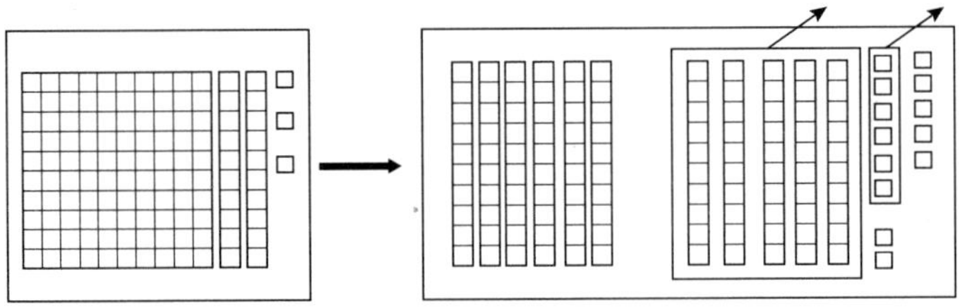

$$123-56=67$$

$$\begin{aligned}123-56&=(110+13)-(50+6)\\&=(110-50)+(13-6)\\&=60+7\\&=67\end{aligned}$$

$$\begin{array}{r}123\\-\ \ 56\\\hline\end{array}\qquad\begin{array}{r}100+20+3\\-\ \ \ 50+6\\\hline ?\end{array}\qquad\begin{array}{r}123\\-\ \ 56\\\hline 67\end{array}$$

$$\begin{array}{r}100+20+3\\-\ \ \ 50+6\\\hline ?+\square\end{array}\ \Rightarrow\ \begin{array}{r}110+13\\-\ \ 50+\ 6\\\hline 60+\square\end{array}$$

$$\begin{array}{r}123\\-\ \ 56\\\hline\end{array}\qquad\begin{array}{r}123\\-\ \ 56\\\hline 7\\60\\\hline 67\end{array}\quad\Bigg|\quad\begin{array}{r}123\\-\ \ 56\\\hline 67\end{array}$$

$$\begin{array}{r}123\\-\ \ 56\\\hdashline\end{array}\ \Rightarrow\ \begin{array}{r}123\\-\ \ 56\\\hdashline 7\end{array}\ \Rightarrow\ \begin{array}{r}123\\-\ \ 56\\\hdashline 67\end{array}$$

⑨ 받아내림이 세 번 있는 (네 자리 수)−(세 자리 수)

• 1324−748

$$\Rightarrow\ \begin{array}{r}1000+300+20+4\\-\ \ \ \ \ \ \ 700+40+8\\\hline ?\end{array}$$

$$\Rightarrow \begin{array}{r} 1000+300+20+4 \\ -)\quad 700+40+8 \\ \hline ?\quad ?+\square \end{array}$$

$$\Rightarrow \begin{array}{r} 1200+110+14 \\ -)\quad 700+\ 40+\ 8 \\ \hline \square+\square+\square \end{array}$$

$$\begin{array}{r} {\scriptstyle 1\,10} \\ 1324 \\ -\ 748 \\ \hline 6 \end{array} \Rightarrow \begin{array}{r} {\scriptstyle 2\,11\,10} \\ 1324 \\ -\ 748 \\ \hline 6 \\ 70 \end{array} \Rightarrow \begin{array}{r} {\scriptstyle 10\,11\,12} \\ 1324 \\ -\ 748 \\ \hline 6 \\ 70 \\ 500 \\ \hline 576 \end{array} \quad\Bigg|\quad \begin{array}{r} {\scriptstyle 12\,11\,10} \\ 1324 \\ -\ 748 \\ \hline 576 \end{array}$$

$$\begin{array}{r} 1324 \\ -\ 748 \\ \hline \end{array} \Rightarrow \begin{array}{r} {\scriptstyle 1\,10} \\ 1324 \\ -\ 748 \\ \hline \end{array} \Rightarrow \begin{array}{r} {\scriptstyle 2\,11\,10} \\ 1324 \\ -\ 748 \\ \hline \end{array} \Rightarrow \begin{array}{r} {\scriptstyle 12\,11\,10} \\ 1324 \\ -\ 748 \\ \hline 576 \end{array}$$

⑩ 받아내림이 세 번 있는 (네 자리 수)−(네 자리 수)

- 5267−2689

$$\begin{array}{r} {\scriptstyle 5\,10} \\ 5267 \\ -\ 2689 \\ \hline 8 \end{array} \Rightarrow \begin{array}{r} {\scriptstyle 1\,15\,10} \\ 5267 \\ -\ 2689 \\ \hline 78 \end{array} \Rightarrow \begin{array}{r} {\scriptstyle 4\,11\,15\,10} \\ 5267 \\ -\ 2689 \\ \hline 578 \end{array} \Rightarrow \begin{array}{r} {\scriptstyle 4\,11\,15\,10} \\ 5267 \\ -\ 2689 \\ \hline 2578 \end{array}$$

⑪ 받아내림이 네 번 있는 (다섯 자리 수)−(네 자리 수)

- 13261과 8574의 차

$$\begin{array}{r} {\scriptstyle 5\,10} \\ 13261 \\ -\ 8574 \\ \hline 7 \end{array} \Rightarrow \begin{array}{r} {\scriptstyle 1\,15\,10} \\ 13261 \\ -\ 8574 \\ \hline 87 \end{array} \Rightarrow \begin{array}{r} {\scriptstyle 2\,11\,15\,10} \\ 13261 \\ -\ 8574 \\ \hline 687 \end{array} \Rightarrow \begin{array}{r} {\scriptstyle 12\,11\,15\,10} \\ 13261 \\ -\ 8574 \\ \hline 4687 \end{array}$$

◐ **참고:** 뺄셈의 성질

- 모든 자연수의 집합은 뺄셈에 관하여 닫혀있지 않다.
- 뺄셈은 교환 법칙이 성립하지 않는다.

• 뺄셈은 결합 법칙이 성립하지 않는다.

• 뺄셈과 덧셈은 서로 역연산 관계에 있다.

ㅅ

사각수

정사각형 모양으로 배열해서 나타낼 수 있는 수를 사각수(square number) 또는 제곱수라 한다.

보기 1, 4, 9, 16, 25, … 와 같은 수가 사각수이다. 이와 같은 사각수는 연이은 홀수들의 합으로 표시할 수 있다.

사이의 수

순서상 두 수의 벌어진 사이에 들어 있는 수(a number between two number)이다.

보기 아래의 경우 8과 10의 사이의 수는 9이다.

[8] — [9] — [10]

• 9는 8과 10의 사이에 있다.

• 이때, 9를 '8과 10의 사이의 수'라 한다.

사칙계산

사칙계산(four fundamental rules of arithmetics)이란 더하기(+), 빼기(−), 곱하기(×), 나누기(÷)의 4가지 셈을 말한다.

• 사칙이란 수 연산에서 가, 감, 승, 제를 말하며, 가, 감, 승, 제의 뜻은 두 수의 순서쌍에 대하여 하나의 수를 대응시키는 관계이다.

① 덧셈(가)의 경우: (3, 5) → (8)

3	+	5	=	8
피가수		가수		합

② 뺄셈(감)의 경우: (6, 4) → (2)

6	−	4	=	2
피감수		감수		차

③ 곱셈(승)의 경우: (4, 5) → (20)

4	×	5	=	20
피승수		승수		곱

④ 나눗셈(제)의 경우: (12, 4) → (3)

12	÷	4	=	3
피제수		제수		몫

◐ **참고**

① 초등학교의 사칙계산은 4학년까지 조 단위까지의 범위에서 자연수의 사칙계산을 완성하고 소수, 분수, 정수의 사칙계산으로 나아간다.

② 사칙계산은 덧셈, 뺄셈, 곱셈, 나눗셈의 계산과 이들의 둘 이상의 혼합계산을 포함하고 있다.

사칙 혼합 계산

덧셈(+), 뺄셈(−), 곱셈(×), 나눗셈(÷)이 일정한 순서 없이 하나의 식에 섞여 있는 식을 뜻한다.

보기 사칙 혼합 계산식은 $200-\{6\times(3+4)\div3\}$ 과 같은 것이다.

• 자연수의 사칙 혼합계산은 다음과 같이 계산하는 순서가 있다.

① 덧셈과 뺄셈이 섞여 있는 경우는 왼쪽부터 차례로 계산한다.

$78+17-16 = 95-16 = 79$

단, ( )가 있으면 ( )부터 먼저 계산한다.

$57+(34-16) = 57+18 = 75$

② 곱셈과 나눗셈이 섞여 있는 경우는 순서대로 차례로 계산한다.

$25\times8\div4 = 200\div4 = 50$

단, ( )가 있으면 ( )부터 먼저 계산한다.

$5\times(30\div3) = 5\times10 = 50$

③ 덧셈, 뺄셈, 곱셈이 섞여 있는 경우는 곱셈을 먼저 하고 덧셈, 뺄셈은 순서대로 한다.

$3000-400\times2+500 = 3000-800+500 = 2200+500 = 2700$

④ 덧셈, 뺄셈, 나눗셈이 섞여 있는 경우는 나눗셈을 먼저 하고 덧셈, 뺄셈은 순서대로 한다.

$700+800\div5-600 = 700+160-600 = 860-600 = 260$

⑤ ( )가 없고 덧셈, 뺄셈, 곱셈, 나눗셈이 섞여 있는 경우는 곱셈, 나눗셈을 덧셈, 뺄셈보다 먼저 한다.

$90\times3-72\div6+35 = 270-12+35 = 258+35 = 293$

⑥ ( )와 { }가 있는 식의 계산은 ( )안을 먼저 계산하고 { } 안을 그 다음

에 계산한다.

$200-\{6\times(4+5)\div3\} = 200-(6\times9\div3) = 200-54\div3 = 200-18 = 182$

◐ **참고:** 자연수뿐만 아니라 분수, 소수, 정수 또는 이들의 혼합계산에 있어서도 계산의 순서는 동일하다.

산술

자연수, 정수, 분수, 소수 등과 같은 수와 이 수들의 덧셈, 뺄셈, 곱셈, 나눗셈과 같은 기본적인 계산을 다루는 수학을 산술(arithmetic)이라 한다.

삼각수

피타고라스의 수에 대한 발견 중 아주 흥미 있는 내용이 바로 도형수에 관한 것이다. 피타고라스는 수는 일정한 모양을 갖는다고 생각하였으며 그래서 삼각수(triangular number), 사각수, 오각수 등의 도형수를 생각하였다. 이를테면, 삼각수는 점을 배열해서 정삼각형 모양으로 나타냈을 때의 점의 수를 말한다.

보기 아래 그림과 같이 1, 3, 6, 10, 15, 21, … 등이 삼각수이다.

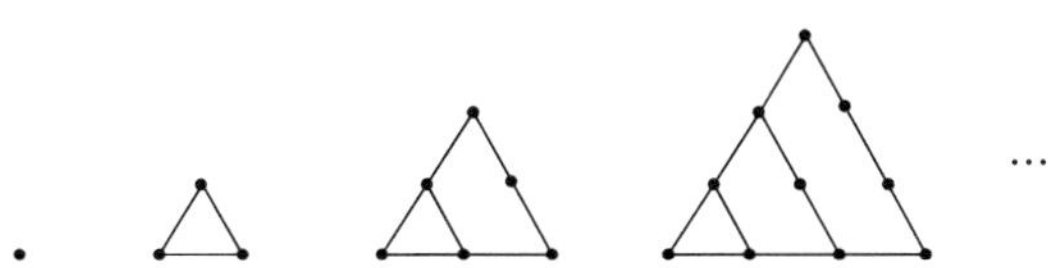

1　　3　　6　　10　　…

세로덧셈법

덧셈을 할 때 수를 세로로 나열한 후, 자릿값이 같은 수끼리 더하는 계산방식을 세로 덧셈법(column addition method)이라 한다.

보기

$$\begin{array}{r} 3\ \ 7 \\ +5\ \ 6 \\ \hline 8\ 13 \\ \hline 9\ \ 3 \end{array}$$

셈수

사물을 셀 때 사용하는 수를 셈수(counting numbers)라 하는데, 일반적으로 {1, 2, 3, …}과 같이 자연수를 의미하지만, 때로는 0을 포함시키는 경우도 있다.

세제곱(삼승)

같은 수를 세 번 연달아 곱하는 것을 세제곱(cube)이라 말한다.

보기 $5\times5\times5 = 5^3$

소수

일의 자리보다 작은 자릿값을 가진 수 0.1, 0.2, 0.3, 0.4, 0.5, 0.6, 0.7 ……등을 소수(小數, decimal number)라 한다. 소수에 관한 개념은 네덜란드의 수학자 스테빈(Simmon Stevin, 1548~1620)에 의하여 확립되었다. 영어의 의미 즉, 십진 분수에서도 알 수 있듯이, 서양의 소수는 분수의 특별한 형태인 분모가 10씩 커지는 분수 즉, 십진 분수에서 비롯된 것으로 볼 수 있다.

□ 소수 0.1을 '영점 일'로 읽으며, '.'을 '소수점'이라 한다.

□ 0.6에서 6은 소수 첫째자리 또는 0.1의 자리이다.

□ $\frac{6}{10}$은 '0.6' 과 같은 수이다.

□ 0.6은 '영점 육'이라고 읽는다.

• 분모가 10인 분수와 소수와의 관계

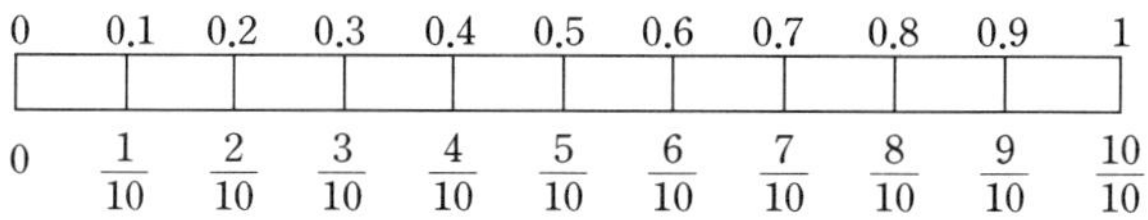

□ $\frac{3}{10}$ 은 0.3이고, $\frac{3}{10}$ 은 $\frac{1}{10}$ 이 3개 모인 수이므로, 0.3은 0.1이 3개 모인 수이다.

• 분모가 100인 분수와 크기가 같은 소수를 알아보자.

□ $\frac{1}{100}$ 은 소수 0.01로 나타내고, '영점 영일'이라고 읽는다.

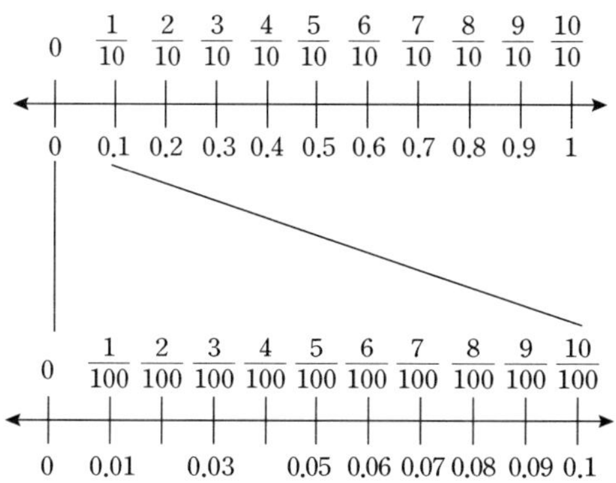

$\frac{7}{100}$ 은 $\frac{1}{100}$ 이 7 ⇒ 0.07은 0.01이 7

• 소수로 47.23은 '사십 칠점 이삼'이라고 읽는다.

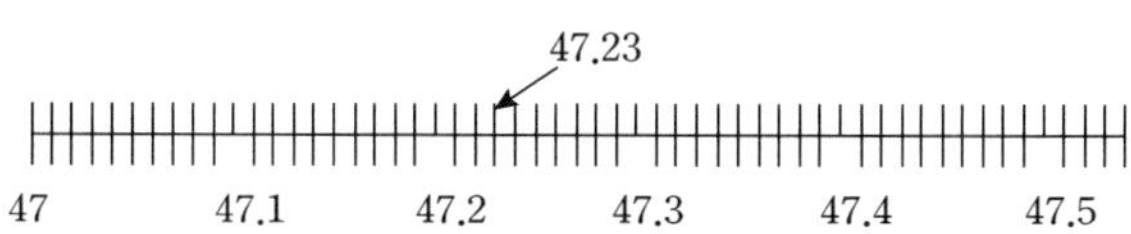

$$47.23 = 40+7+0.2+0.03$$

0.01의 자리 (0.03)

0.1의 자리 (0.2)

• 분모가 1000인 분수를 소수로 나타내기

□ $\frac{65}{1000}$ 은 0.065로 쓰고, '영점 영육오'로 읽는다.

ㅁ 소수로 5.264는 '오점 이육사'라고 읽는다.

$5.264 = 5+0.2+0.06+0.004$

5.264에서 일의 자리의 숫자는 5, 0.1의 자리의 숫자는 2, 0.01의 자리의 숫자는 6, 0.001의 자리의 숫자는 4이다.

5	.	2	6	4
일의 자리	소수점	0.1의 자리	0.01의 자리	0.001의 자리

◐ **참고:** 소수란 유리수를 나타내는데 자릿값으로 쓰는 십진수이다. 즉, 확장된 십진 기수법으로 쓴 수이다.

- 0.4, 0.6과 같이 1보다 작은 수 또는 2.15, 10.32와 같이 자연수와의 합으로 된 수들이다.
- 326.425는 다음과 같다.

	정수 부분			소수 부분		
	3	2	6	4	2	5
단위의 크기	100	10	1	0.1	0.01	0.001
수	300	20	6	0.4	0.02	0.005

◐ **참고:** 소수의 종류

① 순소수: 1 보다 작은 소수 (0.32, 0.24 등)

② 혼소수: 자연수와 소수의 합으로 표시된 수 (5.13 등)

③ 대소수: 3.14나 9.072와 같이 정수부분이 0이 아닌 소수를 대소수(帶小數, mixed decimal)라 한다.

④ 유한 소수: 소수점 아래로 몇 째 자리에서 끝나는 소수

⑤ 무한 소수: 소수점 아래로 한없이 계속되는 수, 이를테면 $\frac{1}{3} = 0.3333\cdots$와 같이 소수점 아래 0이 아닌 숫자가 무한히 계속된다.

⑥ 순환 소수: 무한 소수 중에서 어떤 자리 이하에 몇 개의 숫자가 같은 순서로 되풀이 되는 소수

⑦ 비순환무한소수: 0.202200222000⋯이나 $\pi = 3.14159265358979\cdots$와 같이 순환하지도 않는 소수를 비순환무한소수라 한다. 비순환무한소수는 무리수이다.

◐ **참고:** 1 보다 큰 자연수 중에서 1과 자기 자신 이외에 약수를 가지지 않는 수를 소수(prime number)라 한다. 이를테면, 2, 3, 5, 7, 11, 13, ⋯ 등이 소수이며 소수의 개수는 무한임이 밝혀져 있다.

소수의 자릿값

소수 62.379에서 6은 십의 자리 숫자이고, 60을 나타내며, 2는 일의 자리 숫자이고, 2를 나타낸다. 3은 0.1의 자리 또는 소수 첫째 자리 숫자이고, 0.3을 나타낸다. 7은 0.01의 자리 또는 소수 둘째 자리 숫자이고, 0.07을 나타낸다. 9는 0.001 또는 소수 셋째 자리 숫자이고, 0.009를 나타낸다. 이와 같이 소수의 각 자리의 숫자가 나타내는 값을 소수의 자릿값(place value of decimal number)이라 한다.

소수와 분수 사이의 관계

유리수인 소수와 분수 사이의 어떠한 관계성을 의미한다.

- 소수와 분수는 둘 다 유리수로서 표현하는 방법이 다를 뿐 두 수 사이에는 밀접한 관계가 있다.
- 분모가 10인 분수와 소수와의 관계

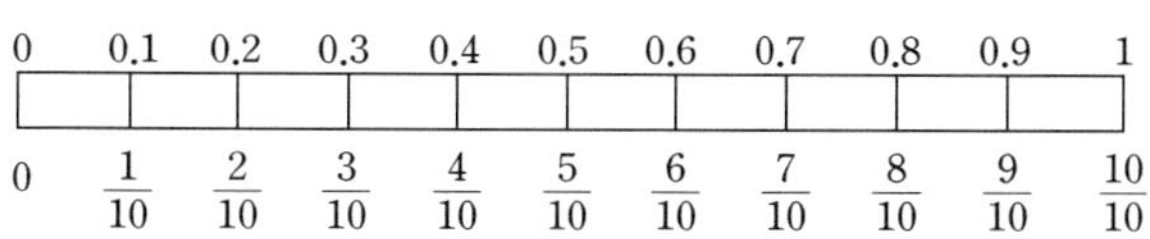

• 분수를 같은 크기의 소수로 표현 방법을 바꿀 수 있고, 반대로 소수를 같은 크기의 분수로 표현할 수 있다.

◐ **참고:** 유리수는 조밀성을 가진다.

소수의 곱셈

두 소수끼리 혹은 자연수, 분수 또는 소수와의 곱이다.

- 소수의 곱셈은 자연수와 소수 혹은 소수끼리의 곱으로 할 수 있다.
- 26×0.2

$$26\times0.2=26\times\frac{2}{10}=\frac{(26\times2)}{10}=\frac{52}{10}=5.2$$

$$\begin{array}{r}2.6\\ \times\ 0.2\\ \hline \end{array}\ \Rightarrow\ \begin{array}{r}2\,6\\ \times\ \ 2\\ \hline 5\,2\end{array}\ \Rightarrow\ \begin{array}{r}2.6\\ \times\ 0.2\\ \hline 5.2\end{array}$$

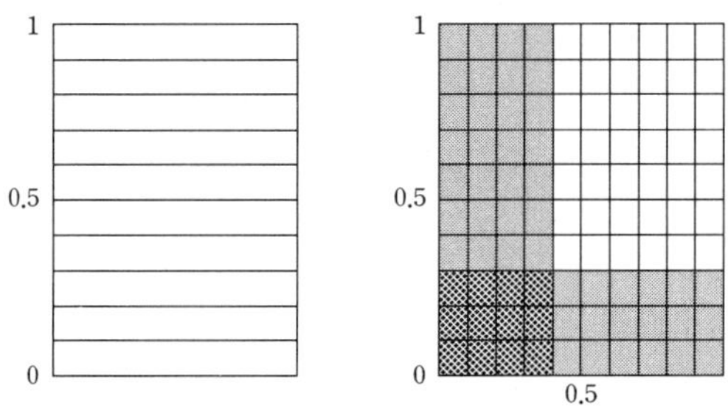

$$\begin{array}{r}0.3\\ \times\ 0.4\\ \hline 0.12\end{array}$$

- $0.3\times0.4=\frac{3}{10}\times\frac{4}{10}=\frac{12}{100}=0.12$

$$\begin{array}{r}0.3\\ \times\ 0.4\\ \hline \end{array}\ \Rightarrow\ \begin{array}{r}3\\ \times\ \ 4\\ \hline 12\end{array}\ \Rightarrow\ \begin{array}{r}0.3\\ \times\ 0.4\\ \hline 0.12\end{array}\ \begin{array}{l}\rightarrow \text{소수점 아래 한 자리}\\ \rightarrow \text{소수점 아래 한 자리}\\ \rightarrow \text{소수점 아래 두 자리}\end{array}$$

소수의 나눗셈(몫)

소수를 자연수나 분수 혹은 소수로 나누어 몫을 구하는 것이다.

보기 3.6÷2 어떻게 계산하는지를 알아보자.

수직선에서 알아보면 3.6×2 = 1.8가 된다.

보기 소수의 나눗셈은 소수를 분수로 고쳐서 계산해도 된다.

• 3.6÷2 = 1.8

$\frac{36}{10} \div 2 = \frac{36}{10} \times \frac{1}{2} = \frac{18}{10} = 1.8$ (그 결과는 소수로 나타낸다.)

소수의 크기비교

두 소수를 견주어 크고 작음을 비교하는 것이다.

• 소수의 대소 비교는 '큽니다(>)와 작습니다(<)'를 사용한다.

• '0.8 > 0.6'을 '0.8은 0.6보다 큽니다.'로 읽는다.

◐ **참고:** 소수는 십진법 체계에서 십진 기수법으로 표기하기 때문에 자연수의 크기 비교와 같은 방법을 택하게 됨을 아는 것이 중요하다. 두 수의 크기를 비교하는 방법을 발견하기 위해서 조작활동으로 수 막대에서 두 소수의 위치를 표시하거나 색칠해 볼 수도 있고, 수직선에서 소수의 위치를 표시하고 직관적으로 알아보면서 오른쪽에 있는 소수가 더 크다는 것을 알 수 있다. 또는 자릿값을 활용해서 소수의 크기를 비교할 수도 있다. 그러나 쉬운 방법을 교사가 제시하는 것이 아니라 아동 스스로 발견하도록 도와주어야 한다.

소수의 덧셈

두 소수 이상의 수를 더하는 것을 말한다.

보기 수직선에서 0.2+0.3을 구하여 보자.

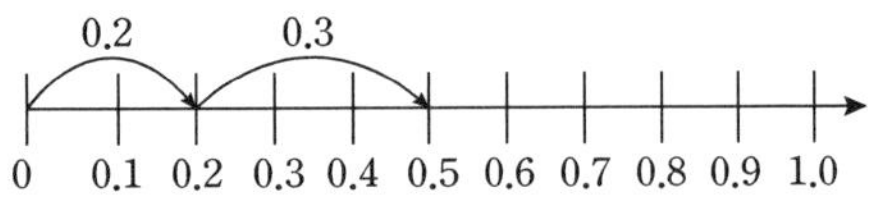

0.2는 0.1이 2이고, 0.3은 0.1이 3이므로 모두 0.1이 5이다. 그러므로, 0.5가 된다.

• 소수의 덧셈은 소수점자리를 항상 맞추어 계산한다.

소수의 몫과 나머지

소수가 있는 나눗셈의 계산 결과 몫과 나머지이다.

보기 1.3÷0.3 = 4 ⋯ 0.1에서 4가 몫이고, 0.1이 나머지이다.

◐ **참고:** 몫의 소수점은 옮긴 피제수의 소수점을 찍는다.

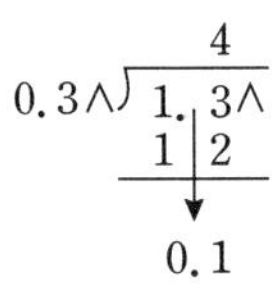

• 소수점은 원래의 소수점을 찍는다.

소수의 뺄셈

소수끼리의 차를 의미한다.

보기 0.8과 0.2의 차를 구하여 보시오.

• 0.8−0.2 = 0.6

0.8은 0.1이 8

0.2는 0.1이 2

⇒ 0.8−0.2 = 0.6

$$\begin{array}{r} 0.8 \\ -\ 0.2 \\ \hline 0.6 \end{array}$$

• 소수의 뺄셈은 항상 소수점의 자리를 맞추어 계산하여야 한다.

소수의 자리(소수의 자리 잡기 원리)

소수가 어떤 자리에 속하는가의 위치를 나타내는 것이다. 즉, 소수도 십진 기수법의 확장된 수이므로 소수의 자리에 따른 자릿값이 있다.

보기 0.47132의 자리를 보면

- 0.1 혹은 10분의 1의 자리
- 0.01 혹은 100분의 1의 자리
- 0.001 혹은 1000분의 1의 자리
- 0.0001 혹은 10000분의 1의 자리
- 0.00001 혹은 100000분의 1의 자리 등이다.

◐ **참고:** 소수 0.47132 =0.4+0.07+0.001+0.0003+0.00002

0.1이 4

0.01이 7

0.001이 1

0.0001이 3

0.00001이 2인 수이다

소수의 혼합계산

소수들로서 덧셈(+), 뺄셈(−), 곱셈(×), 나눗셈(÷)이 일정한 순서 없이 섞여 있는 식의 계산을 말한다.

보기 3.2−{0.6×(0.3+0.5)÷3}과 같은 것이 소수의 사칙 혼합계산'이다.

• 소수의 사칙 혼합계산은 다음과 같이 계산하는 순서가 있다.

① 덧셈과 뺄셈이 섞여 있는 경우는 왼쪽부터 차례로 계산한다.

0.67+0.25−0.16 = 0.92−0.16 = 0.76

단, ( )가 있으면 ( )안을 먼저 계산한다.

$0.58+(0.26-0.18) = 0.58+0.08 = 0.66$

② 곱셈과 나눗셈이 섞여 있는 경우는 왼쪽부터 차례로 계산한다.

$0.25\times0.8\div0.5 = 0.2\div0.5 = 0.4$

단, ( )가 있으면 ( )안을 먼저 계산한다.

$0.3\times(10\div2) = 0.3\times5 = 1.5$

③ 덧셈, 뺄셈, 곱셈이 섞여 있는 경우는 곱셈을 먼저 하고 덧셈, 뺄셈은 순서대로 한다.

$2-0.2\times0.6+0.4 = 2-0.12+0.4 = 1.88+0.4 = 2.28$

④ 덧셈, 뺄셈, 나눗셈이 섞여 있는 경우는 나눗셈을 먼저 하고 덧셈, 뺄셈은 순서대로 한다.

$0.5+0.9\div0.5-0.8 = 0.5+1.8-0.8 = 2.3-0.8 = 1.5$

⑤ ( )가 없고 덧셈, 뺄셈, 곱셈, 나눗셈이 섞여 있는 경우는 곱셈, 나눗셈을 덧셈, 뺄셈보다 먼저 한다.

$0.7\times3-0.84\div0.6+0.65 = 2.1-1.4+0.65 = 0.7+0.65 = 1.35$

⑥ ( )와 { }가 있는 식의 계산은 ( )안을 먼저 계산하고 { }안을 그 다음에 계산한다.

$1-\{0.8\times(0.4+0.2)\div3\} = 1-(0.8\times0.6\div3) = 1-0.48\div3 = 1-0.16 = 0.84$

• 소수뿐만이 아니라 자연수, 분수, 정수 또는 이들의 혼합계산에 있어서도 계산의 순서는 동일하다.

소수점

소수를 나타낼 때 소수부분과 정수부분을 구별하기 위하여 찍는 점을 소수점(decimal point)이라 한다.

보기 5.126에서 보이는 '.'이 소수점이다.

- 5 — 정수부분
- . — 소수점
- 126 — 소수부분

소인수 분해

어떤 수의 약수인 인수가 소수 일 때 그것을 소인수(prime factor)라하고 1보다 큰 자연수를 소수들의 곱으로 나타내는 것을 소인수 분해(prime factorization)라 한다.

◐ **참고:** 소수(prime number)란 1보다 큰 자연수 중에서 1과 자신의 수만을 약수로 가지는 수로 2, 3, 5, 7, 11, … 등이 소수이다.

보기 350을 소인수분해 하시오.

① 약수의 소수를 찾아서 나눈다.

② 몫이 소수가 될 때까지 계속한다.

③ 제수와 끝의 몫을 곱한다.

```
5) 350
5)  70
2)  14
     7
```

• 350 = 2×5×5×7와 같이 소인수 분해되고 소인수의 집합은 {2, 5, 7}이 된다.

소수점의 위치

소수가 어떤 자리에 속하는가의 위치를 나타내는 것이다.

• 즉, 소수도 십진 기수법의 확장된 수이므로 소수의 자리에 따른 자릿값이 있다.

보기 0.21548의 자리를 보면

- 0.1 혹은 10분의 1의 자리
- 0.01 혹은 100분의 1의 자리
- 0.001 혹은 1000분의 1의 자리
- 0.0001 혹은 10000분의 1의 자리
- 0.00001 혹은 100000분의 1의 자리 등이다.

◐ **참고:** 소수 0.21548 = 0.2+0.01+0.005+0.0004+0.00008

0.1이 2

0.01이 1

0.001이 5

0.0001이 4

0.00001이 8인 수이다.

수

모임들의 모임의 공통점으로서 일반적으로 양의 크기를 나타내는 것이 수(number)이다.

보기 1, 2, 3, 4 등은 자연수이고, 0.5, 0.9 등은 소수, −4, −1, 0, 6, … 등은 정수이다.

• 수의 분류는 다음과 같다.

- 수(복소수)
  - 실수
    - 유리수
      - 정수
        - 양의 정수(자연수)
        - 0
        - 음의 정수
      - 분수(소수)
    - 무리수
  - 허수

◐ **참고**

① 초등학교는 (양의)유리수 범위까지의 사칙연산 등을 다루며, 소수(prime number)

는 취급하지 않는다.

② 수와 숫자는 다르다. 467200에서 천의 자리 숫자는 7이고, 이 숫자 7이 나타내는 수는 7000이다.

③ 자연수는 일반적으로 집합수, 순서수, 이름수의 의미로 사용된다.

④ 0과 자연수는 크기만 가진 수이고, 정수는 방향과 크기, 유리수는 비(比)의 성질을 가진 수, 합성수는 1과 소수를 제외한 수이다.

수 감각

수에 대한 직관(intuition)으로서 수를 이해하고 수를 일상생활에서 효과적으로 사용할 수 있는 능력을 수 감각(number sense)이라고 말한다.

보기 80의 25%는 얼마인가의 문제를 해결함에 있어서 평범한 아이들은 25%를 소수로 고쳐서 80×0.25를 계산하여 답을 구하려고 한다. 그러나 수 감각이 발달된 아이들은 25%는 분수로 $\frac{1}{4}$ 이므로, 즉, 80의 25%는 80의 $\frac{1}{4}$ 과 같으므로 암산으로 20임을 알아낸다.

◐ **참고:** 수 감각이 잘 발달되려면 다음과 같은 요소들이 충족되어야 한다.

① 수의 다양한 의미를 이해하고 있어야 한다.

- 집합수, 순서수, 측정수, 이름수에 대한 직관적인 이해가 필요하다.

② 수들의 관계를 잘 파악하고 있어야 한다.

- 수와 수 사이의 관계를 다양하게 파악하고 있어야 한다. 이를테면, 30은 20보다 10이 큰 수, 60의 반, 3배하면 90, $5 \times 6 = 30$, $30 \times 30 = 900$ 등 다양하게 이들 사이의 관계를 알고 있어야 적절하게 또한 자유자재로 사용할 수 있다.

③ 수의 상대적인 크기를 이해하고 있어야 한다.

- 수의 크기나 위치에 대한 느낌을 가지고 있어야 한다. 52는 5의 10배 정도, 50과 거의 비슷하다, 수직선에서 60의 왼쪽, 100의 반보다 조금 크다 등이다.

④ 계산의 상대적인 효과를 잘 파악하고 있어야 한다.

- 수관계를 충분히 파악하고 있으면 효율적으로 계산할 수 있다. 이를테면, '80의 25%는 얼마인가?'에서 수 감각이 잘 발달된 학생은 $80\times\frac{1}{4}$로 계산하지만 그렇지 못한 학생은 80×0.25 또는 $80\times\frac{25}{100}$로 계산한다.

⑤측정에 대한 감각이 있어야 한다.

- 양에 대한 적절한 감각을 가지고 있어야 한다. 어떤 사람을 처음 보고 '저 사람의 키는 170 cm정도이다. 왜냐하면 나보다 약간 크기 때문이다'라고 판단할 수 있으려면 측정과 양에 대한 감각이 필요하기 때문이다.
- 수 감각은 타고나는 능력이 아니라 학습자의 경험을 통하여 발달시킬 수 있는 능력이며, 수 감각의 발달은 수업 내용이 아니라 교사가 어떻게 수업을 하느냐 즉, 수업 방법에 상당부분 의존한다고 볼 수 있다. 학습자의 수 감각을 발달시킬 수 있는 수업은 다음과 같은 사실에 초점을 두고 지도하여야 한다.

▫ 탐구를 통하여 비형식적 전략을 구성하게 한다.
▫ 수와 연산에 대하여 활발한 언어 상호작용이 있어야 한다.
▫ 질적인 추론을 자극한다.
▫ 계산 절차와 결과에 대해 성찰하게 한다.
▫ 다양한 방법으로 계산해보게 한다.

수 계열

수가 일정한 규칙으로 구성되어 있는 체계를 수 계열(number sequence)이라 한다.

- 우리가 사용하고 있는 수는 0, 1, 2, 3, 4, 5, 6, 7, 8, 9의 10개로 모든 수를 나타내는 십진법의 수이다.

보기 수는 왼쪽으로 한 자리씩 일 십 백 천으로 올라가면서 만, 억, 조의 큰 수가 된다.

		억				만				일
3	1	6	4	5	8	3	7	7	5	2
백억의 자리	십억의 자리	일억의 자리	천만의 자리	백만의 자리	십만의 자리	일만의 자리	천의 자리	백의 자리	십의 자리	일의 자리

수 모형

수 또는 자연수의 연산을 지도하는데 쓰이는 교구로 낱개모형[3], 십 모형, 백 모형, 천 모형 등으로 구성되어있으며 십진블록(base-ten block)이라고 하기도 한다.

보기

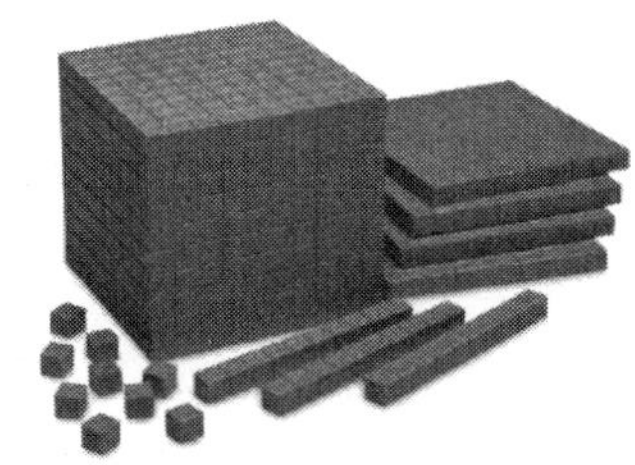

수사

수에 붙여주는 이름을 수사(number name)라 한다.

보기 자연수 3은 삼 또는 셋이라고 읽는다. 여기서 삼 또는 셋이 수에 붙여주는 이름 즉, 수사이다.

수식

수들 사이의 관계를 연산기호(+, −, ×, ÷)와 관계기호(≤, =, ≥)를 사용하여 나타낸 식을 수식(number sentence)이라 한다.

보기 $3+4=7$, $9\times3\leq x$, $4+(7-2)=9$

---

3 2015 개정 교육과정의 초등수학교과서에서는 일 모형으로 표현하였다.

◐ **참고:** 수학에서 식에 해당하는 영어 표현은 expression과 sentence가 있는데 일반적으로 관계기호(≤, =, ≥)를 포함하지 않는 식을 expression이라 하고, 관계기호(≤, =, ≥)를 포함하는 식을 sentence라고 한다.

수의 가르기

하나의 수를 두 수로 가르기(분해)하는 것을 수의 가르기(decompose of number)라 한다.

수의 모으기

두 수를 하나로 모으기(합성)를 수의 모으기(compose of number)라 한다.

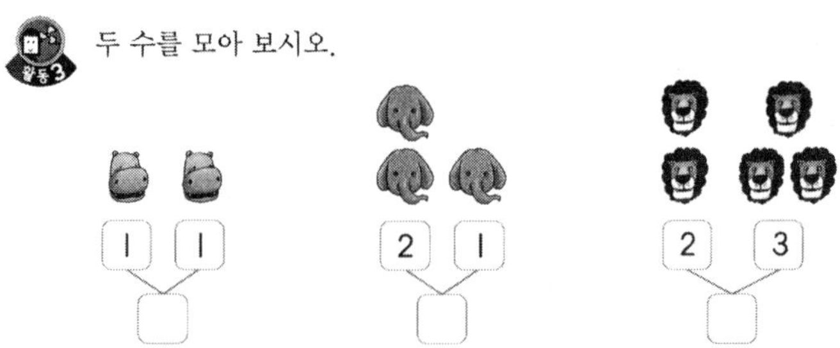

수직선

한 직선 위에 눈금을 매기고, 여기에 실수를 대응시킨 직선을 수직선(number line)이라 한다.

보기 정수를 수직선 위에 나타내면 아래와 같다.

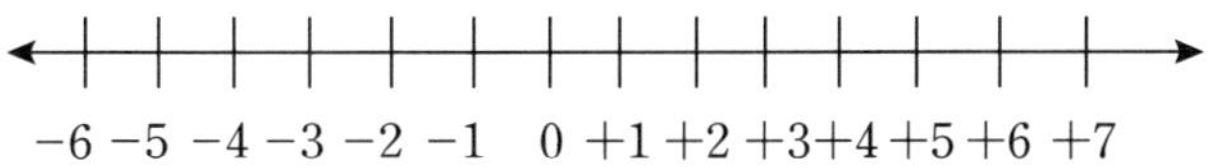

이처럼 수를 수직선에 나타내면 수의 연속성을 알 수 있다.

- 수직선은 수와 수의 성질을 나타내 보이기 위한 기하학적인 모형이다. 직선 위의 점과 실수는 일대일 대응이 된다.
- 수직선에서 나타나는 수는 조밀하다. 무수히 많은 수들이 빽빽하게 들어 있다.

[주의] 수직선은 수를 수직선에 나타낸 것이기에 '수+직선'으로 생각해야 한다. 그런데 대부분의 학생들은 읽을 때 도형에서의 수직으로 읽거나(수직+선) 혼동하는 사람들이 많으므로 주의를 요한다.

수판

셈을 하는데 쓰이는 간편한 도구이다. '산판', '셈판', '주판(abacus)'이라고도 하는데, 우리나라, 중국, 일본 등에서 주로 사용하였다. 최근에는 계산기나 각종 컴퓨터 프로그램 등이 대량으로 나와 있어 사양길에 접어들었으나, 기초적인 수 개념을 형성하는 데는 아직도 가끔씩 쓰이고 있다.

◐ **참고:** 수판의 각 부분의 이름

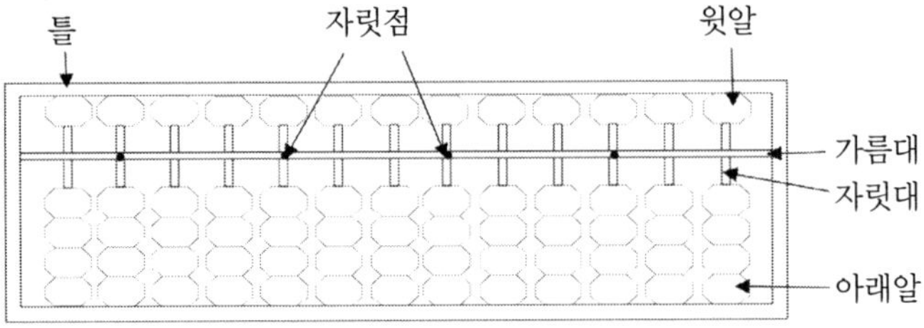

수판의 아래알 한 개는 1을 나타내고, 윗알 한 개는 5를 나타낸다. 가름대의 자릿점은 네 자리마다 찍혀 있고, 수를 놓을 때는 자릿점을 기준으로 일의 자리를 정하며, 왼쪽으로 십, 백, 천, 만, …의 자리가 된다. 수판에 수를 놓고 떨 때는 엄지손가락과 집게손가락만을 사용한다.

▪ 수판셈

수판을 써서 하는 셈을 의미한다. 이것을 '주산'이라고 한다.

◐ **참고:** 수판을 놓는다는 수판으로 셈을 한다는 것이고, 수판질은 수판을 놓는 일이다.

- 수판셈은 수판으로 덧셈, 뺄셈, 곱셈, 나눗셈을 모두 할 수 있으나, 곱셈, 나눗셈은 초등학교에서 다루지 않는다.

① 덧셈의 경우

- 12+65

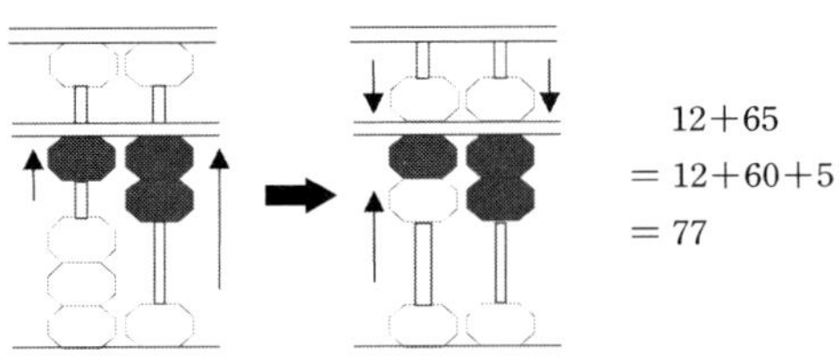

12를 놓는다. 60을 놓고, 5를 놓는다.

② 뺄셈의 경우

• 37−15

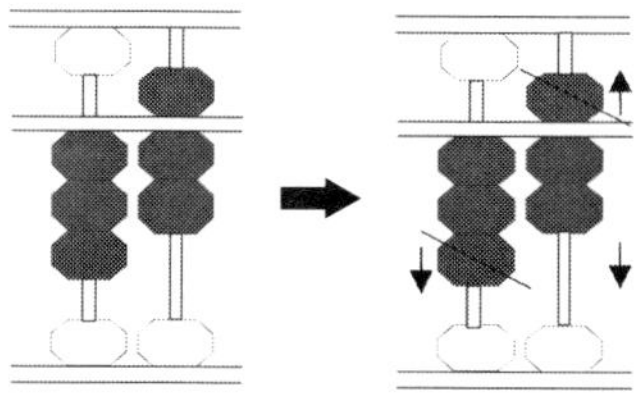

$$\begin{aligned} & 37-15 \\ &= 37-10-5 \\ &= 22 \end{aligned}$$

37을 놓는다.　　10을 떨고, 5를 떤다.

수 패턴

수가 가지고 있는 일정한 규칙을 수 패턴(number pattern)이라 한다.

보기 1, 2, 3, 5, 8, ___, ___, ___는 바로 앞의 두 수를 더한 것이 그 다음 수가되는 수 패턴을 가지고 있다.

순서수

'첫째, 둘째, 셋째, …'와 같이 사물의 차례 또는 순서를 나타낼 때 사용되는 자연수를 순서수(ordinal number)라 한다.

보기 초등학교 운동회에서 달리기를 한 후 1등, 2등, 3등, …과 같은 자연수 1, 2, 3, …은 순서수이다.

순환소수

순환되는 숫자를 가진 소수를 순환소수(repeating decimals)라 한다.

보기 분수 $\frac{1}{3}$의 값을 구해보면 0.33333 …과 같이 소수점아래 3이 계속된다. 이러한 소수를 순환소수라 한다.

▪ 숫자

수를 기호로 나타낸 것을 말한다.

보기 1, 2, 3, 4, 5, 6, 7, 一, 二, 三, …, 九 따위를 '숫자(numeral)'라 한다.

◐ 참고

① 기본 숫자: 수를 기록하기 위해서 명수체계에서 사용되는 기호이다.

② 아라비아의 기본 숫자는 0, 1, 2, 3, 4, …, 9로서 모두 10개이다.

③ 한 숫자에서는 一, 二, 三, …, 九와 十, 百, 千, 萬 등 십의 거듭제곱을 이론적으로 보면 기호 5는 숫자이지 수가 아니다. 숫자 5는 오라 불리는 수(추상적 개념)을 나타내기 위한 이름이다. '오'를 나타내는 또 다른 이름은 |||||, 3+2, 6−1, 10÷2 등이 있다. 교사는 수와 숫자를 정확하게 사용하려고 노력해야하며, 아이들에게는 쓰여진 수를 수가 아니라 '숫자'라고 굳이 말하게 하거나 수라고해도 교정해 줄 필요는 없다.

▪ 승법적 기수법

곱셈의 원리에 의한 수를 기록하는 방법을 승법적기수법(multiplicative numeration system)이라 한다.

보기 532를 한 숫자로 나타내면 五百三十二가 되고, 이것은 百의 5곱과 十의 3곱과 2가 있다는 뜻이다. 다시 말해, 五×百 (+) 三×十 (+) 二에서 곱셈기호 ×를 생략한 것이 五百三十二이다.

▪ 승수

곱셈에서 곱하는 수를 승수(multiplier)라 한다.

보기 3×8 = 24에서 8이 승수에 해당된다.

3	×	8	=	24
피승수		승수		곱

십의 거듭제곱

어떤 수를 나타낼 때, 10을 여러 번 곱하여 나타내는 것을 십의 거듭제곱(power of ten)이라 한다.

보기 863562는 다음과 같이 십의 거듭제곱으로 나타낼 수 있다.

$$\begin{aligned}863562 &= 800000 + 60000 + 3000 + 500 + 60 + 2\\ &= 8 \times 100000 + 6 \times 10000 + 3 \times 1000 + 5 \times 100 + 6 \times 10 + 2\\ &= 8 \times 10^5 + 6 \times 10^4 + 3\times10^3 + 5 \times 10^2 + 6 \times 10^1 + 2\end{aligned}$$

- 10이 아닌 다른 수도 거듭제곱으로 나타낼 수 있다.

십진 기수법

십진수를 나타내는 방법이다. 다시 말해, 10씩 묶기를 기반으로 하는 수표기 방식을 말한다. 십진 기수법(base-ten numeration system)을 '십진법'이라 한다.

- 십진 기수법은 숫자 0, 1, 2, 3, 4, 5, 6, 7, 8, 9로 모든 수를 표현하는 방법이다.

십진법

0, 1, 2,⋯, 9의 10개의 숫자를 한 묶음으로 하여 1자리 올려가는 방법이다. 사람의 손가락 수에 의해 유래하였다. 1, 10, 100, 1,000, ⋯과 같이 10배마다 새로운 자리로 옮겨가는 기수법이다. 십진법(decimal system)을 십진 기수법이라고도 한다.

- 십진법은 숫자 0, 1, 2, 3, 4, 5, 6, 7, 8, 9로 모든 수를 표현하는 방법이다.

십진 기수법(십진법)의 원리

십진 기수법의 원리(principle of base-ten numeration system)란 십진법으로써 십진수를 나타내는 방법이다.

- 십진 기수법의 원리는 0, 1, 2, 3, 4, 5, 6, 7, 8, 9의 10개 숫자로써 모든 수를 표현하는데 9다음에는 한자리를 올려 10으로 적고, 10이 10배가 되면 100 등 10씩 모일 때마다 한자리씩 올려 세는 방법이다. 즉, 10씩 묶기에 근간을 둔 수 표기체계로, 왼쪽으로 한 칸 이동할 때마다 자릿값이 10배 증가한다.

십진 기수법의 전개식

십진수를 십의 거듭제곱으로 나타내는 방식이다.

보기 $857632 = 800000 + 50000 + 7000 + 600 + 30 + 2$

$= 8 \times 100000 + 5 \times 10000 + 7 \times 1000 + 6 \times 100 + 3 \times 10 + 2$

$= 8 \times 10^5 + 5 \times 10^4 + 7 \times 10^3 + 6 \times 10^2 + 3 \times 10^1 + 2$과 같은 방식이다.

십진분수

분모가 10 혹은 10의 거듭제곱인 분수 또는 그와 동치인 소수나 퍼센트를 십진분수(decimal fraction)라 한다.

보기 $\frac{1}{10}$ 또는 0.1, $\frac{1}{100}$ 또는 0.01 등은 십진분수이다. 하지만 $\frac{2}{3}$나 $\frac{7}{5}$ 등과 같은 수는 십진분수가 아니다.

십진블록

일, 십, 백, 천에 해당하는 모델이 각각 블록 모양으로 만들어진 수학교구 중의 하나로 현장 학교에서는 십진블록(base-ten blocks)이라는 용어보다는 수모형이라는 용어로 더 널리 사용되고 있다.

십진수

십진법으로 나타낸 수이다. 십진법이란 정수, 소수와 같이 0, 1, 2, 3, 4, 5, 6, 7, 8, 9 로서 모든 수를 표현하는데, 0, 1, 2, 3, 4, 5, 6, 7, 8, 9 다음에 한자리를 올려 10으로 적고, 10이 10배 되면 100으로 적듯이, 10씩 모일 때마다 한자리씩 올려 세는 방법이고, 이와 같은 방법으로 나타낸 수가 십진수(decimal number)이다.

1을 10배하면 → $1 \times 10 = 10$

10을 10배하면 → $10 \times 10 = 100$

100을 10배하면 → $100 \times 10 = 1000$

1000을 10배하면 → $1000 \times 10 = 10000$

⋮ ⋮

현재, 우리가 쓰고 있는 0, 1, 2, 3, ⋯, 10, ⋯, 100, ⋯, 1000, ⋯ 등은 십진수이며 다음과 같은 형식으로 전개한다(십진 기수법의 전개식).

$$\begin{aligned} 864872 &= 800000 + 60000 + 4000 + 800 + 70 + 2 \\ &= 8 \times 100000 + 6 \times 10000 + 4 \times 1000 + 8 \times 100 + 7 \times 10 + 2 \\ &= 8 \times 10^5 + 6 \times 10^4 + 4 \times 10^3 + 8 \times 10^2 + 7 \times 10^1 + 2 \end{aligned}$$

쌍둥이 소수

두 수의 차가 2인 소수(prime number)의 쌍, 즉 (p, p+2)를 쌍둥이 소수(twin prime)라 한다.

보기 (3, 5), (5, 7), ⋯ 등은 쌍둥이 소수이다.

▪ 암산

계산기구나 필산(筆算)으로 하지 않고 머리로 계산하는 것을 암산(mental computation)이라 한다. 속셈이라고도 한다. 암산에는 다른 사람이 읽어주는 수를 들으면서 계산하는 청암산(聽暗算)과 쓰인 수를 보면서 계산하는 시암산(視暗算)이 있다.

◐ **참고:** 암산을 하는 주요 전략은 다음과 같다.

① 큰 수부터 더하기

큰 수부터 더하는 전략이 널리 이용된다. 68+36은 60+30 = 90이고, 8+6 = 14이므로 104이다.

② 잘라서 더하기/빼기

더하는 수의 일부를 먼저 더한 다음, 나머지 수를 더하는 전략이다. 87+36은 87+30 = 117이고, 117+6 = 123이므로 합은 123이다. 87−36은 87−30 = 57이고, 57−6 = 51이므로 51이다.

③ 몇 십으로 만들어 더하기/빼기

암산하기 쉽도록 두 수를 몇 십으로 만들어 계산하는 전략이다. 87+36을 계산하기 위하여 90+33으로 하거나 83+40으로 바꾸어 계산한다. 81−39를 계산하기 위하여 82−40으로 바꾸어 계산한다.

④ 보수 이용하기

합이 100이 되는 수(100의 보수)들을 모아 계산하는 전략이다. 33+56+34+44+67을 계산하기 위하여 합이 100이 되는 수끼리 모아 (33+67)+(56+44)+34로 계산한다.

이 전략은 일반적으로 사용되는 전략은 아니다.

알고리즘

유한번의 단계를 거쳐서 어떤 계산결과에 이르는 계산과정 또는 절차를 알고리즘(algorithm)이라 한다. 이 용어는 처음에는 종이위에 연필로 계산하는 필산을 뜻했다. 오늘날 우리가 학교에서 사용하는 계산 알고리즘 가운데 상당수는 인도의 수학자들이 만든 것이지만, 아이러니컬하게도 알고리즘이라는 용어는 19세기 아라비아 수학자 알 콰리즈미(Mohammed al-Khowarizmi)의 이름에서 유래하였다.

보기 3948+2749를 세로 셈으로 계산해보자.

$$\begin{array}{r} {\scriptstyle 1\ \ 1\ \ \ \ } \\ 3948 \\ +\ 2749 \\ \hline 6697 \end{array}$$

- 제1단계: 일의 자리를 더하면 17이므로 이 중에서 10은 십의 자리에 1을 올려 쓰고 일의 자리 아래에 7을 쓴다.
- 제2단계: 받아올림과 함께 십의 자리를 더하면 9이므로 십의 자리 아래에 9를 쓴다.
- 제3단계: 백의 자리를 더하면 16이므로 이 중에서 1000은 천의 자리에 1을 올려 쓰고 6은 백의 자리 아래에 쓴다.
- 제4단계: 받아올림과 함께 천의 자리끼리 더하면 6이므로 천의 자리 아래에 6을 쓴다.

이와 같은 계산과정 또는 절차를 알고리즘 이라하며 덧셈 이외에도 뺄셈, 곱셈, 나눗셈에서도 마찬가지로 생각할 수 있다.

앞의 수

수를 차례로 나열하였을 때, 어떤 수를 기준으로 먼저 있는 수를 앞의 수(number of front)라 한다.

보기 아래 수직선에서 기준수를 6으로 하였을 때, 앞의 수는 5이다.

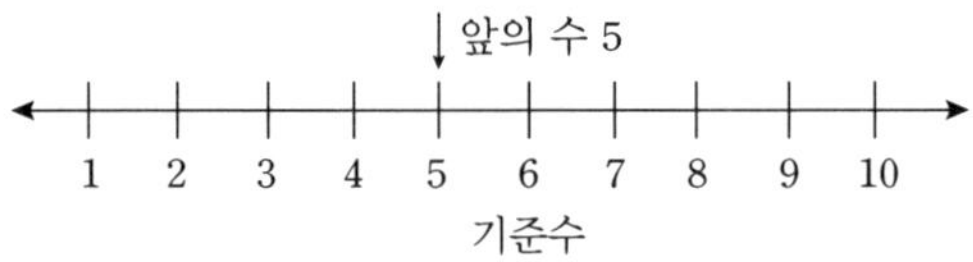

위의 수직선에서 4 앞의 수는3, 3앞의 수는 2이다. 또 6뒤의 수는 7, 7뒤의 수는 8, 8뒤의 수는 9, 9뒤의 수는 10이다. 1, 2, 3, 4, 5, 6, 7, …에서 4앞의 수를 모두 말해 보면, 3, 2, 1이다.

◐ **참고:** '앞' 반대의 뜻은 '뒤'이므로, 앞의 수와 뒤의 수는 서로 반대가 된다. 앞의 수와 뒤의 수 사이에 어떤 수가 있는데, 그 수를 '사이의 수'라고도 한다.

약분

분수의 분모와 분자를 그 공약수로 나누어 분수의 값을 변화시키지 않고 분수를 간단히 하는 것을 약분(simplifying the fraction)이다. 약분하여 더 이상 약분되지 않을 때 그 분수를 기약분수라 한다.

보기 다음 분수를 약분하여 보시오.

$\frac{12}{18}=\frac{12\div2}{18\div2}=\frac{6\div3}{9\div3}=\frac{2}{3}$ (분자, 분모에 똑같이 2로 나누고, 그 다음 3으로 나누었다.)

$\frac{12}{18}=\frac{12\div6}{18\div6}=\frac{2}{3}$ (분자. 분모에 한 번 만에 6으로 나누었다.)

(12의 약수: 1, 2, 3, 4, 6, 12)
(18의 약수: 1, 2, 3, 6, 9, 18)
→ 1, 2, 3, 6은 12와 18의 공통된 약수이다.

◐ **참고:** 위의 1, 2, 3, 6처럼 공통된 약수를 '공약수'라 한다.

▪ 약수

어떤 수를 나누어떨어지게 하는 수를 약수(divisor)라 한다.

보기 1은 모든 수의 약수이고, 어떤 수는 자기 자신의 약수이다.

◐ **참고:** 어떤 정수도 0으로 나눌 수 없다.

▪ 약수의 합

어떤 수의 약수들의 총 합 즉, 약수들을 모두 합한 수를 약수의 합(sum of divisor)이라 한다.

보기 6과 8의 약수의 합을 알아보자.

- 6의 약수는 1, 2, 3, 6이므로 6의 약수의 합은 (1+2+3+6) = 12이다.
- 8의 약수는 1, 2, 4, 8이므로 약수의 합은 (1+2+4+8) = 15이다.
- 즉, (6의 약수) + (8의 약수) = (1+2+3+6)+(1+2+4+8) = 12+15 = 27

따라서 6과 8의 약수의 합은 27이다.

▪ 양의 정수

양의 정수(positive integer)는 정수에서 0보다 큰 수를 말한다. 양의 정수를 양수(positive number) 또는 자연수(natural number)라 한다.

◐ **참고:** 0보다 작은 수를 '음의 정수(negative integer)' 또는 '음수'라고 한다.
0과 양의 정수, 음의 정수를 통틀어 '정수(integer)'라고 한다.

보기 아래 수직선상에서 원점의 오른쪽에 표시한 수, 1, 2, 3, 4, …를 '양수'라 한다. 0은 양수도 음수도 아닌 수이며, 원점에서 왼쪽의 수가 음수,

즉 음의 정수이다.

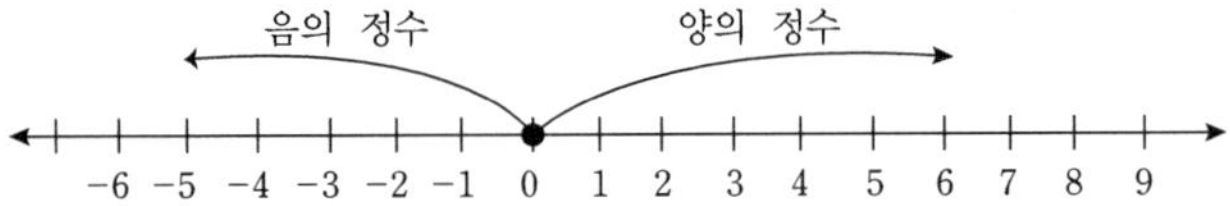

양의 유리수

양의 유리수(positive rational number)는 0보다 큰 정수와 분수를 통틀어 일컫는 말이다.

보기 양의 유리수를 수직선 위에 나타내면 다음과 같다.

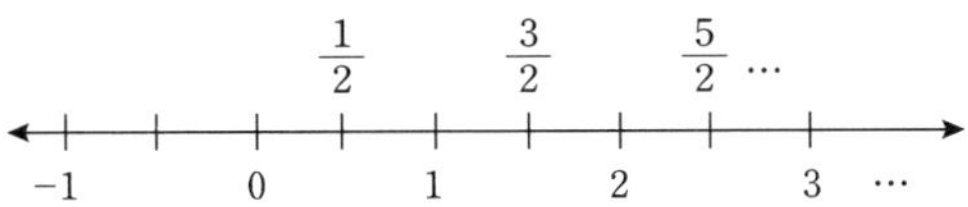

◐ **참고:** 양의 유리수에는 0보다 크고 1보다 작은 유리수가 무한히 존재한다. 즉 정수와 정수 사이에는 유리수가 무수히 많으며 이러한 성질을 유리수의 조밀성(density)이라 한다.

양의 유리수의 혼합계산

0보다 큰 정수와 분수의 덧셈, 뺄셈, 곱셈, 나눗셈이 함께 섞여 있는 계산을 의미한다.

보기 양의 유리수 혼합식 $6-5\times\frac{5}{42}\div\frac{1}{4}$과 같은 식의 계산이다.

자연수, 분수와 소수가 섞인 사칙 혼합 계산을 연습한 다음 유리수(분수)만의 혼합 계산을 완성하는 것이 좋다.

◐ **참고:** 혼합계산의 순서

① 괄호( )가 있으면 ( )를 먼저 푼다. 괄호는 대괄호 안의 중괄호, 중괄호 안

의 소괄호를 먼저 푼다. 즉, 소괄호, 중괄호, 대괄호의 순으로 계산한다. 여기서 (　　)는 소괄호, {　　}는 중괄호, [　　]는 대괄호이다.

② 곱셈, 나눗셈은 덧셈, 뺄셈보다 먼저 앞에서부터 차례대로 계산한다.

③ 덧셈, 뺄셈도 앞에서부터 차례로 계산한다. 이를테면, 아래에 주어진 식은 표시한 순서대로 계산한다.

$$6.5 \quad - \quad 4.2 \quad \times \quad \frac{5}{36} \quad \div \quad \frac{1}{6} \quad + \quad \frac{1}{5}$$

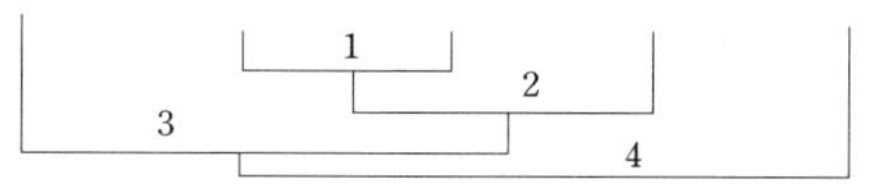

어떤 수

어떤 수는 알 수 없는 임의의 수를 의미한다. 어떤 수는 (　　)나 □ 또는 문자 x, y, z 등으로 나타낸다.

보기 '4와 어떤 수와의 합은 9이다.'를 식으로 나타내면 다음과 같다.

$4 + \square = 9$　또는　$4 + x = 9$

　　↓　　　　　　　　　↓

어떤 수　　　　　　어떤 수

어림

어림(estimation)은 수의 크기, 측정이나 계산 결과 등에 대한 판단으로 '얼마쯤 되겠다'를 뜻한다.

◐ **참고:** 어림하는 능력을 개발하기 위해서는 다음과 같은 탐구적인 방법으로 수업을 전개하여야 한다.

- 다양한 주제와 상황 속에서 어림을 하게 한다.
- 어림하는 방법은 다양하며, 방법의 선택은 문제의 목적, 상황에 따라야 함을 알게 한다.
- 정확한 답보다는 대략적인 답에 초점을 맞춘다.
- 저학년부터 전 교육과정에 걸쳐 통합적으로 지도한다.

◐ **참고:** 어림의 주요 전략은 다음과 같다.

① 왼쪽–오른쪽 전략(front–end strategy)

지필계산은 자릿값이 낮은 자리에서 높은 자리로 올라가면서 계산을 하지만 이 전략은 높은 자리(왼쪽)에서 낮은 자리(오른쪽)로 내려가면서 계산하는 방법이다. 답에 가장 영향을 주는 것은 낮은 자리 보다 높은 자리에 있기 때문이다.

보기 396+263+537을 어림할 때, 백의 자리만 계산하면 300+200+500이므로 약 1000이라고 할 수 있고, 좀 더 자세히 계산하기 위하여 십의 자리까지 고려한다면(십의 자리에서 반올림) 400+300+500이므로 약 1200이라고 할 수 있다.

② 조화수 전략(compatible number)

자연스럽게 어울리는 수끼리 묶어서 어림하는 방법이다.

보기 23+39+32+64+49를 어림하기 위하여 어울리는 수 (39+64)+(23+32+49)로 묶어서 어림하면 100+100이므로 200쯤 된다.

③ 군집 어림(clustering)

이 전략은 크기가 비슷한 수끼리 묶어 평균을 이용하여 어림하는 방법으로 평균 이용하기 또는 평균 전략이라고도 하며 다음의 두 과정을 거쳐 수들의 합을 어림할 수 있다.

• 수들의 평균, 즉 수들이 모여 있는 특정 값을 어림 한다.

• 수의 개수를 곱한다.

보기 620+584+651+552+631을 어림하기 위하여 크기를 비교한다. 다섯 수의 평균은 약 600이므로 합을 어림하면 약 600×5 = 3000이다.

④ 융통성 있는 끝수처리(rounding)

어림하기 쉬운 수로 만들기 위하여 끝수처리를 한다.

보기 42×61을 어림하기 위하여 끝수처리를 하여 40×60 = 2400이 되므로 42×61은 2400보다 조금 크다고 어림할 수 있다.

어림셈

어림셈(computational estimation)이란 주어진 수들의 어림으로 근삿값들을 사용하여 덧셈, 뺄셈, 곱셈, 나눗셈을 하는 것을 말한다. 즉, 계산의 결과를 어림해 보는 셈을 말한다.

보기 어림셈에서는 근삿값으로 연산을 하며 여기서 말하는 근삿값이란 올림, 반올림, 버림을 하여 얻은 수 값을 의미한다. '346+462'를 십의 자리에서 반올림하여 계산하면 '300+500 = 800'이다.

◐ **참고**

① 올림의 경우: 5461을 약 6000으로 보는 경우는 백의 자리 이하를 올리는 어림수이다.

② 반올림의 경우: 6371을 약 6400으로 보는 경우는 십의 자리에서 반올림한 어림수이다.

③ 버림의 경우: 4362를 약 4000으로 보는 경우는 백의자리 이하를 버리는 어림수의 결과이다.

어림수

어림수(round numbers or approximate numbers)란 대강 짐작으로 잡은 수 또는 어림하여 나타낸 수를 말한다. 초등수학에서는 주로 올림, 버림, 반올림 등을 통하여 구한수를 어림수라 한다.

어울리는 수

같이 묶어서 계산하면 보다 쉽게 계산을 할 수 있는 수의 쌍을 어울리는 수(compatible) 또는 친화수라고 한다.

보기 $(345+345+345+345)\times25 = (345\times4)\times25 = 345\times(4\times25)$

$$= 345\times100 = 34500$$

억

억(hundred millions)이란 수에 있어서 99,999,999 다음의 수이며, 1,000,000의 100배인 수 100,000,000이다. 100,000,000을 '억' 또는 '일억'이라고 읽는다.

억 단위의 자리를 나타낸 표를 아래와 같이 나타낼 수 있다.

			억				만				일
천	백	십	일	천	백	십	일	천	백	십	일
	8	1	5	0	0	0	0	0	0	0	0

815억 ⇒ 팔 백 십 오 억

- 100만이 10이면, 1000만이다.
- 1000만이 9이면, 9000만이다.

- 1000만이 10이면, '억 또는 일억'이라 하고, '100000000'이라고 쓴다.
  ⇒ 이것은 1만의 10000 배와 같다.

에라토스테네스의 체

에라토스테네스가 구안한 그리스 시대부터 알려진 소수를 찾는 교구의 이름이 에라토스테네스의 체(sieve of Eratosthenes)이다.

◐ **참고:** 활동지를 사용하여 소수를 구하는 경우는 아래와 같은 단계를 거쳐 진행된다.

- 1단계: 1은 건너뛴다(1은 소수도 아니고 합성수도 아니다).
- 2단계: 2에 ○ 표를 하고, 2 다음에 나타나는 2의 배수를 모두 ×표한다.
- 3단계: 3에 ○ 표를 하고, 3 다음에 나타나는 3의 배수를 모두 ×표한다.
- 4단계: 이런 방식으로 ×표 되지 않은 수로 이와 같은 과정을 반복한다.
  결과적으로 ○표 된 남아있는 수들이 소수가 된다.

역수

곱해서 그 결과가 1이 되도록 만드는 수를 원래 수에 대한 역수(reciprocal)라 한다.

보기 5의 역수는 $\frac{1}{5}$ 이며, $\frac{2}{3}$ 의 역수는 $\frac{3}{2}$ 이다.

역연산

연산 후의 결과를 연산 이전의 결과로 만들어주는 연산을 역연산(inverse operation)이라 한다. 초등수학에서 덧셈과 뺄셈, 곱셈과 나눗셈 등이 서로 역연산 관계이다.

보기 $2+3=5$와 $5-3=2$는 서로 역연산이다. 왜냐하면 연산 후의 결과를 연산

이전의 결과로 만들어 주기 때문이다.

연산

어떤 수의 집합에 속하는 두 개의 원소 a, b의 순서쌍 (a, b)에 대응하는 원소 c를 그 집합의 원소 중에 일의적으로 결정하는 조작으로 설명할 수 있다. 이를테면, 집합 A에서 정의역이 $A\times A$이며, 변역이 A인 함수 $f : A\times A \to A$가 존재하면 이 함수 f를 이항연산(binary operation)이라고 한다.

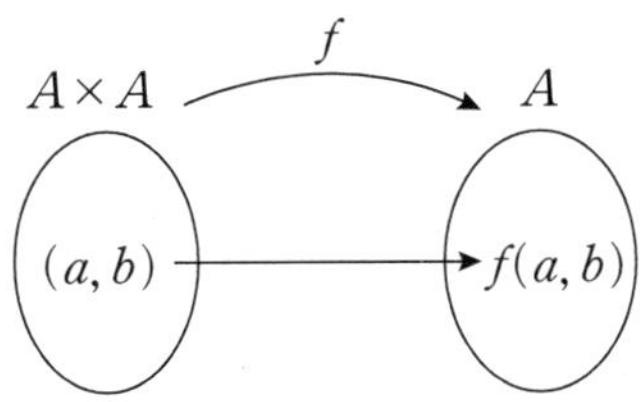

보기 자연수의 집합 N에서의 순서쌍 (15, 3)에 더하기의 관계를 적용시키면, '18'이라는 제3의 수와 대응된다.
즉, 15+3 = 18이다. 그리고 빼기, 곱하기, 나누기라는 관계를 적용시키면, '12, 45, 5'라는 수와 대응된다. 즉, 15−3 = 12, 15×3 = 45, 15÷3 = 5이다. 이들은 모두 두 수에서 한 수가 결정되는 것이므로 이항 연산이다.

◐ **참고:** 연산은 계산과 혼용해서 사용하나 계산보다 더 포괄적인 의미이다.

연산자

연산자(operator)란 어떤 대상에 작용하여 그 대상을 변화시키는 것을 말한다.

보기 곱셈의 본질적인 개념은 배의 개념인데 여기서 배는 연산자의 의미이다.
즉, 3배라는 것이 어떤 대상에 작용하면 그만큼 수를 늘이거나 확장시키게 된다.

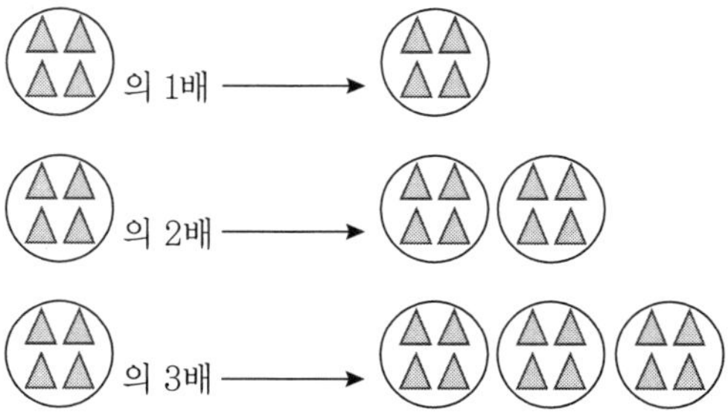

영

아무것도 없음을 나타내는 수를 영(zero)이라 한다. 십진기수법에서는 자릿값에 해당하는 수가 없음을 나타내는 숫자이다.

보기 세자리 수 503에서 0의 의미는 십의 자리가 아무것도 없음, 즉 '십의자리가 비어있음'을 나타낸다.

영역모델

분수를 지도하기 위한 구체적인 모델중의 하나로 가장 구체적인 형태이고 아동이 가장 쉽게 조작할 수 있는 것이다. 영역은 전체(단위)이고, 그것을 등분할한 부분들은 같은 크기와 모양을 가지고 있다. 영역 모델은 원, 직사각형, 정사각형, 삼각형 등 어떤 형태도 될 수 있다. 영역 모델을 사용할 때에는 다양한 모델을 다룸으로써 학생들이 분수는 항상 '파이의 한 부분'이라는 생각을 갖지 않게 해야 한다.

영역 모델의 예와 특성

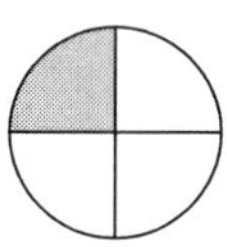

원: 전체를 파악하기쉽다. 그러나 등분할하기 어렵다.

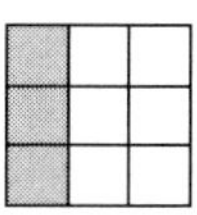

직사각형: 등분할하기 쉽다. 그러나 전체로 파악하기 쉽지 않다.

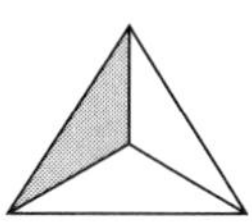

삼각형: 등분할하기 어렵고 전체로 파악하기 쉽지 않다.

오각수

피타고라스는 모든 수에 특별한 의미를 부여하였다. 특히 규칙적인 모양으로 배열된 도형의 개수에 삼각수, 사각수, 오각수(五角數, pentagonal number) 등의 이름을 붙여 새로운 수의 체계를 만들려고 하였다. 오각수는 일정한 크기의 ●를 배열하였을 때 그 모양이 오각형인 수이다.

보기 오각수의 수열은 1, 5, 12, 22, 35, …와 같이 만들어진다.

완전수

한 자연수의 자기 자신을 제외한 약수의 합이 자신과 같을 때를 완전수(perfect number)라 한다.

보기 6의 약수는 1, 2, 3, 6인데 6을 제외한 약수의 합이 6이므로 6은 완전수이다. 이 외에도 28, 496, 8128 등이 있다.

원소

여러 개의 모임에서 모임을 이루는 낱낱의 대상이나 요소를 원소(elements)라 한다. 집합이나 모임을 이루는 개개의 사물을 의미한다.

보기 집합 A와 B가 아래와 같을 때 즉,

$\mathrm{A}=\left\{\frac{1}{4}, \frac{5}{6}, \frac{3}{7}\right\}$, $\mathrm{B}=\left\{1\frac{2}{5}, 2\frac{1}{3}, 3\frac{3}{4}\right\}$에서 $\frac{1}{4}, \frac{5}{6}, \frac{3}{7}$을 집합 A의 '원소'라 하고, '$\frac{1}{4} \in A$, $\frac{3}{7} \in A$'와 같이 나타낸다. $\frac{1}{4} \in A$를 '$\frac{1}{4}$은 집합 A의 원소이다.' 라고 읽는다.

유리수

유리수(有理數, rational number) 에서 한자의 '有理'는 '이치 또는 사리에 맞음'을 뜻한다. 영어의 'rational'도 사전을 보면 '이성적인, 합리적인' 뜻을 가지고 있으므로 어느 정도 연관성을 가지고 있음을 알 수 있다. 그러나 유리수는 'rational'에서도 알 수 있듯이 '비(ratio) 또는 비율'을 나타내는 말에서 유래하였으며 '비로 표시되는 수'의 의미로서 상대적인 크기를 나타낸다고 볼 수 있다.

보기 범자연수, 정수, 유리수를 수직선에 나타내 보면 다음과 같다.

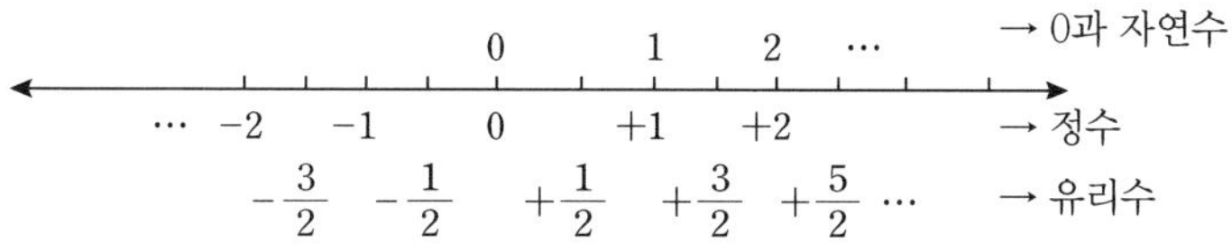

유클리디언 알고리즘

최대공약수를 구하는 방법 중의 하나로 a, b가 정수이고, $a \geq b$이고 $a = bq+r(r<b)$이면, $\gcd(a, b) = \gcd(b, r)$이다. 이와 같이 최대공약수를 구하는 것을 유클리디언 알고리즘(euclidean algorithm) 또는 유클리디언 호제법이라 한다.

보기 343과 280의 최대공약수를 유클리디언 알고리즘으로 구하여 보시오.

$$343 = 280 \cdot 1 + 63$$

$$280 = 63 \cdot 4 + 28$$

$$63 = 28 \cdot 2 + 7$$

$$28 = 7 \cdot 4$$

$\therefore \gcd(343, 280) = \gcd(280, 63) = \gcd(63, 28) = \gcd(28, 7) = 7$이 된다.

◐ **참고:** 현재 초등수학에서 다루고 있는 최대공약수를 구하는 방법은 큰 수인 경우 최대공약수를 구하기가 어려워진다. 유클리디언 알고리즘을 활용하면 어떤 경우이건 손쉽게 최대공약수를 구할 수 있다.

유한집합

집합 A가 그와 대등한 진부분집합 B가 존재할 때, 집합 A를 무한집합(infinite set)이라하고, 무한집합이 아닌 집합을 유한집합(finite set)이라 한다. 즉, 원소의 개수를 하나하나 모두 셀 수 있을 때 유한집합이라 한다.

보기 A = {1, 2, 3}은 유한집합이다.

이름수

사물의 이름 대신에 부여한 수로서 양을 나타내거나 연산의 대상은 아니지만 자료를 정리할 때 중요하게 활용된다.

보기 학번, 전화번호, 아파트 동 호수, 각자 가지고 있는 주민등록 번호 등이 이름수(nominal number)이다. 6번 버스, 우리가 살고 있는 아파트 102동 등은 모두 사물의 이름 대신에 부여한 이름수[4]이다.

인수

정수 $a(\neq 0)$, b에 대하여 $b = ac$인 정수 c가 존재할 때, a는 b를 나눈다고 말한다.

4 이름수를 교재에 따라서는 명목수 또는 명칭수라 부르기도 한다.

이 때 a를 b의 약수 또는 인수(factor)라 하고 b를 a의 배수라 한다.

보기 6 = 2×3으로 표현되므로 2는 6의 약수 또는 인수이다.

◐ **참고:** 0을 제외한 모든 정수는 0의 약수이고, 또한 0은 0이 아닌 모든 정수의 배수이다. 그러나 초등수학에서는 약수와 배수를 정수의 집합이 아닌 자연수의 집합에서만 다룬다. 이를테면, 초등수학에서 6의 약수는 1, 2, 3, 6이 답이지만, 정수의 집합에서 생각하면 그 답은 −6, −3, −2, −1, 1, 2, 3, 6 모두가 약수가 된다.

음의 정수

0보다 작은 수로서 양의 정수의 반대 대는 수이다.

보기 …, −5 , −4 , −3 , −2 , −1 과 같이 '−' 와 자연 수가 함께 결합되어 0보다 작은 수가 음의 정수(negative integer), 음수이다.

- 음의 정수는 수직선에서 기준점 (0, 원점) 의 왼쪽에 위치하는 수이다. 수직선의 원점과 거리가 멀수록, 왼쪽으로 갈수록 작은 수를 나타낸다.

◐ **참고**

① 정수의 대소

$$-5 < -4 < -3 < -2 < -1 < 0 < +1 < +2 < \cdots$$

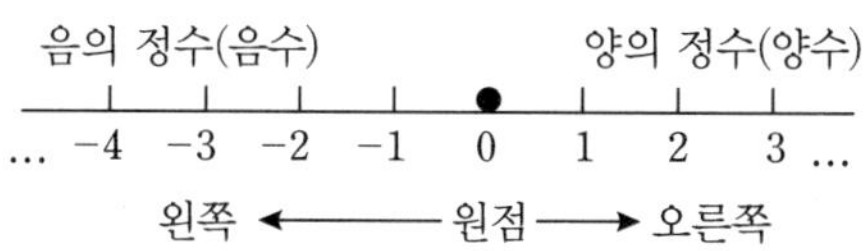

② 정수의 성질

성질이 서로 반대되는 수나 양을 비교할 때, 한 쪽을 양수 (+)로 정하면 다른 한 쪽을 '음수(–)' 로 표시한다.

양수(+)	동쪽	북쪽	남자	전진	상승
음수(–)	서쪽	남쪽	여자	후퇴	하강

양수(+)	영상	온다	출생	우측	이익
음수(–)	영하	간다	사망	좌측	손해

③ 정수에는 양의 정수(양수, 자연수), 음의 정수(음수) 그리고 0으로 되어 있다.

이분모 분수

둘 이상의 분수에서 분모가 서로 다른 분수를 이분모 분수(unlike fraction)라 한다.

보기 두 분수 $\frac{1}{4}$과 $\frac{3}{5}$에서 $\frac{1}{4}$의 분모는 4이고, $\frac{3}{5}$의 분모는 5이다.
4와 5는 분모로서 서로 다른 수이므로 $\frac{1}{4}$과 $\frac{3}{5}$은 이분모 분수이다.

◐ **참고:** 분모가 다른 분수의 덧셈, 뺄셈은 분모를 같게 해야 연산을 할 수 있다.

① 분모가 다를 때, 분모를 같게 하는 것을 '통분'이라고 한다.

② 이분모 분수의 분모를 같게 하는 방법은 분모의 공배수를 공통분모로 한다. 그러나 일반적으로 최소공배수로 통분하는 것이 제일 간편하다.

이중괄호

소괄호 ((　)), 중괄호({　}), 대괄호([　])등 여러 개의 괄호 들이 서로 겹쳐있는 경우를 이중괄호(nested parentheses)라 한다.

보기 $2+\{6-(10-8)\}=2+(6-2)=2+4=6$

◐ **참고:** 여러 개의 괄호가 섞여 있는 경우, 계산의 순서는 가장 안쪽에 있는 괄호부터 먼저 계산하고 그 다음 바깥쪽에 있는 괄호로 진행한다.

이항 연산

이항 연산(二項演算, binary operation)은 두 대상으로부터 하나의 대상을 얻는 연산이다. 즉, 어떤 집합의 곱집합에서 그 집합으로 가는 함수이다.

보기 이항 연산은 두 개의 원소의 순서쌍 (a, b)를 일의적으로 정의된 셋째의 원소 c에 대응시키는 규칙이다.

$a+b=c,\ \ a-b=c,\ \ a\times b=c,\ \ a\div b=c$

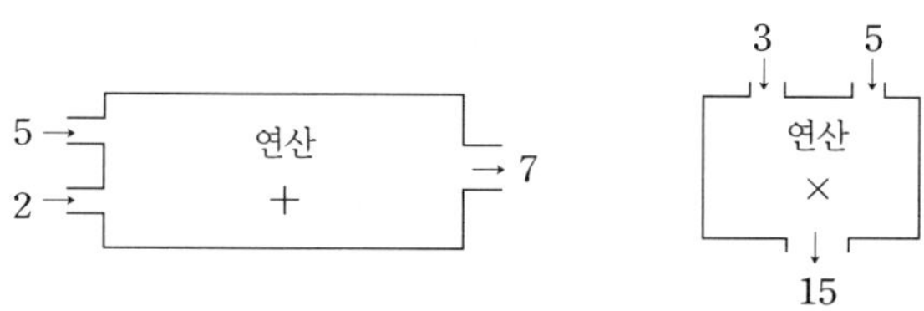

$2+5=7,\ (2,\ 5)\rightarrow 7$ $3\times 5=15,\ (3,\ 5)\rightarrow 15$

ㅈ

자릿값

십진 기수법에 따른 숫자의 위치가 갖는 값을 자릿값(place value)이라 한다. 자릿값은 기수법의 한 성질로 숫자에 기본 숫자가 갖는 자리에 따라 기본 숫자의 값이 다르다.

보기 수 437의 4는 백이 넷, 3은 십이 셋, 7은 일이 일곱임을 나타내는데 백, 십, 일 등이 자릿값이다.

$$437 = 400+30+7$$
$$= (4 \times 100) + (3\times 10) + (7 \times 1)$$

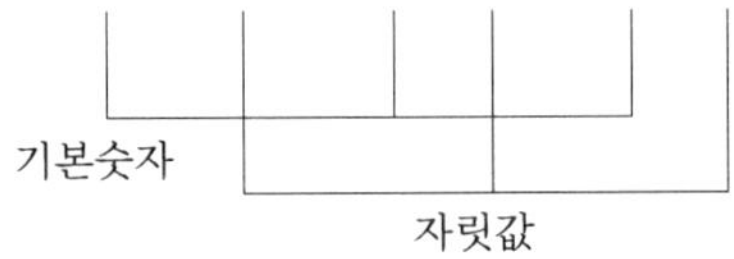

▪ 자리의 수(자리 수)

10진법에 따른 자리 수이다. 10진법에서 일의 자리, 십의 자리, 백의 자리, 천의 자리 … 등 왼쪽으로 가면서 자리 수를 세고, 소수에서는 오른쪽으로 가면서 0.1의 자리(소수 첫째 자리 또는 $\frac{1}{10}$의 자리)수, 0.01의 자리(소수 둘째 자리 또는 $\frac{1}{100}$의 자리)수, 0.001의 자리(소수 셋째 자리 또는 $\frac{1}{1000}$의 자리)수 … 등으로 센다.

◐ **참고:** 자리 수는 자릿값과 같이 십진수의 전개식에서 많이 쓰인다.

▪ 자리의 숫자

10진법에 따른 각 자리의 숫자이다.

보기 6743에서 천의 자리의 숫자는 6이고, 6이 나타내는 값은 6000이다.

◐ **참고:** 수와 숫자는 다르다. 수(number)는 '모임들의 모임의 공통점'으로서 양의 크기를 나타내며 이러한 수를 기호 5, Ⅴ, 五, 𝍸 등으로 나타낸 것이 숫자(numeral)이다.

▪ 자리 잡기(자리 계산)

자리 잡기(deciding place value)란 십진 기수법에서 여러 유형에 따라 자리 잡기의 원리를 적용하여 나타내는 것이다.

보기 56473을 자리 잡기의 원리를 적용하여 나타내면 다음과 같다.

만의 자리	천의 자리	백의 자리	십의 자리	일의 자리
5	6	4	7	3
5	0	0	0	0
	6	0	0	0
		4	0	0
			7	0
				3

자연수

양의 정수를 통틀어 이르는 말이다. 수의 체계는 앞의 수를 참고하기 바란다.

보기 1, 2, 3, 4, 5, …, 100 따위의 수를 '자연수(natural number)'라 한다.

◐ 참고

① 자연수의 (홀수)+(짝수)의 덧셈은 홀수이고, (짝수)+(짝수), (홀수)+(홀수)인 경우는 짝수이다.

② 홀수와 짝수의 곱셈에서는 (홀수)×(홀수)만 홀수이고 (홀수)×(짝수), (짝수)×(짝수)인 경우는 모두 짝수가 된다.

③ 0이나 분수, 소수는 자연수가 아니다.

자연수와 분수의 덧셈

1, 2, 3, 4, …와 같은 자연수와 $\frac{1}{2}$, $\frac{2}{3}$, $\frac{3}{4}$, …와 같은 분수와의 덧셈을 말한다.

보기 $5+\frac{2}{5}=5\frac{2}{5}$와 같은 것이다.

자연수와 소수의 덧셈

자연수와 소수 혹은 소수와 자연수의 합을 의미한다.

보기 1, 2, 3, 4, 5, …와 같은 자연수와 0.1, 0.2, 혹은 2.32, 6.521 등의 소수와의 합을 말한다.

◐ **참고**

① 자연수와 소수의 덧셈도 세로셈으로 계산하면 소수점 자리 맞추기가 쉽다.

$$\begin{array}{r} 5 \\ +\ 3.27 \\ \hline 8.27 \end{array}$$

② 자연수와 소수의 덧셈은 소수점의 자리를 자연수의 일의 자리 끝에 맞추어야 하며 소수점 이하의 합은 10이 되면 받아 올린 수만큼 자연수에 더해준다.

자연수와 소수의 뺄셈

자연수와 소수 혹은 소수와 자연수의 차를 의미한다. 이를테면, 1, 2, 3, 4, 5, …와 같은 자연수와 4.12, 5.3 등과 같은 소수의 차를 말한다.

보기 $5.25-2 = 5+0.25-2 = 5-2+0.25 = 3+0.25 = 3.25$로 자연수는 자연수끼리, 소수는 소수끼리의 차를 구한다.

이것을 세로셈으로 계산하면,

$$\begin{array}{r} 5.25 \\ -\ 2 \\ \hline 3.25 \end{array}$$

뺄셈도 덧셈과 마찬가지로 소수점의 자리를 맞추어 자연수는 자연수끼리, 소수는 소수끼리의 뺄셈을 한다.

◐ **참고**

① 바로 빼지 못하고 필요시 받아 내림해서 뺄셈을 하는 경우도 있다.

즉, 3−0.2와 같은 경우는 2+1−0.2 = 2+0.8 = 2.8이다.

$$\begin{array}{r} 3 \\ -\ 0.\,2 \\ \hline 2.\,8 \end{array} \qquad \begin{array}{r} 2.\ 10 \\ -\ 0.\ \ 2 \\ \hline 2.\ 8 \end{array}$$

② 3−0.2 는 빼는 수를 바꾸어 '0.2−3'처럼 계산하면 답이 달라진다.

③ 뺄셈에 있어서는 두 수를 바꾸어 뺄 수 없다.

정수

자연수(양의 정수)와 자연수에 대응하는 음의 정수 및 0(영)을 통틀어 정수(integer)라 한다.

보기 수직선에서 정수 표현 및 대소

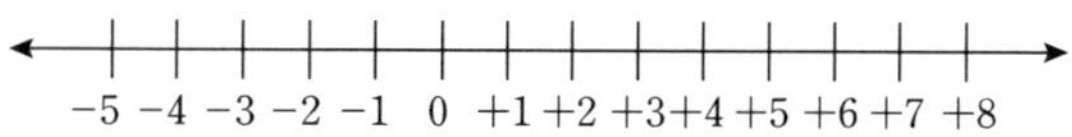

- 기준점 0에서 오른쪽으로 양의 정수(양수, 자연수), 왼쪽으로 음의 정수(음수)이다.
- 오른쪽으로 갈수록 큰 수이고, 왼쪽으로 갈수록 작은 수이다.
- 자연수는 정수에서 양의 정수를 의미한다.

◐ **참고**

① 정수는 0과 양의 정수(양수), 음의 정수(음수)로 구성되어 있다.

② 0은 양의 정수(양수), 음의 정수(음수)도 아니다.

③ 정수의 성질은 덧셈, 뺄셈, 곱셈에 대하여 닫혀 있지만 나눗셈은 닫혀있지 않다. 즉, 두 정수의 합, 두 정수의 차, 두 정수의 곱은 항상 정수이다.

제거형

초등수학의 뺄셈의 한 유형으로 제거(take away), 즉 뺀 나머지(구잔)를 구하는 상황이다.

보기 '연못에 오리가 8마리 있습니다. 그 중에서 3마리가 집으로 돌아갔습니다. 연못에 있는 오리는 몇 마리입니까?'라는 지문의 문제를 해결하기 위하여 모델 8개를 놓은 다음, 거기서 3개를 제거하고 남은 개수를 구한다.

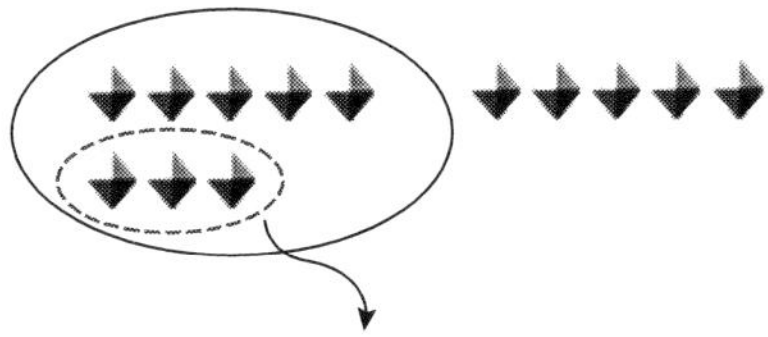

제곱

제곱(自乘, square)의 自는 '스스로'의 뜻이며, 乘은 '곱'이라는 뜻이다. 그러므로, 自乘은 '스스로의 곱'을 뜻한다.

보기 2의 제곱이란 2의 스스로의 곱 2×2으로서 2^2으로 나타낸다.

제곱수

제곱수(square number)는 어떤 정수의 제곱이 되는 정수를 말하며, 완전제곱수라고 하기도 한다. 다시 말하면 제곱수는 어떤 정수에 자기 자신을 한 번 더 곱해 만들어지는 정수이다.

보기 4, 9, 16, … 등이 제곱수이다.

제수

나눗셈에서 나누는 바로 그 수를 제수(divisor)라고 한다. 어떤 수나 양을 몇 등분으로 나눌 때, 나누는 수나 등분이 제수이다.

보기 20 ÷ 3 = 6 ⋯ 2

피제수 ÷ 제수 = 몫 ⋯ 나머지

즉, 제수는 피제수를 나누는 수, 20÷3에서 3이 제수이다.

◐ **참고** 검산은 (제수) × (몫) + (나머지) = (피제수)이다.

3 × 6 + 2 = 20

조

조(兆, trillion) 또는 일조는 억의 만 곱절로 일, 만, 억 다음의 수를 부를 때 쓰는 십진수의 단위이다.

◐ **참고**

① 영문 trillion에서 'tri'는 3을 의미 한다. 그러므로, 1,000 옆에 1,000이 3개 더 붙어있다는 뜻으로 해석할 수 있다.

② 조 다음의 수를 쓸 때, 단위는 경을 쓰나 일상생활에서는 잘 쓰지 않는다.

조밀성

조밀성(density)이란 유리수와 실수 집합이 갖는 성질로서 임의의 두 유리수 사이에는 반드시 다른 유리수가 존재한다는 성질이다. 즉, 서로 다른 두 유리수 a, b 사이에는 이들과 다른 유리수 $\frac{a+b}{2}$가 존재한다.

◐ **참고**

① 유리수에는 수직선에서 보는 바와 같이 조밀성이 있고, 실수에는 연속성이 있다.

② 자연수를 수직선에 나타내면 2와 3사이, 3과 4사이에 어떤 다른 자연수도 존재 하지 않는다. 따라서 자연수의 집합에서는 이산적인 성질을 갖는다.

중괄호

괄호 중에서{ }를 중괄호(a brace)라 한다. 중괄호는 { }모양의 묶음표이다.

◐ 참고

① 괄호 안에는 대괄호 [ ], 중괄호 { }, 소괄호 ( )로 나눈다.

② 괄호가 있는 식의 계산 순서를 보면 소괄호 ( ), 중괄호 { }, 대괄호 [ ]의 순서대로 한다.

$$[\{(32-55)+8\}\div 4]+2\times 8=45$$

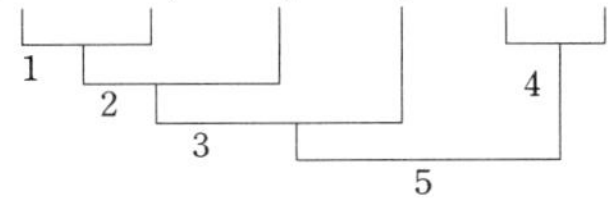

중복구구

한 자리수의 중복 덧셈 구구 혹은 중복 곱셈 구구를 중복구구(double fact)라 한다.

보기 1+1 = 2, 2+2 = 4, 3+3 =6, ⋯ 등과 같은 덧셈 구구와 1×1 = 1, 2×2 = 4, 3×3 = 9, ⋯와 같은 곱셈구구를 중복구구라 한다.

지수

a^b에서 b를 지수(exponent)라 한다.

보기 2×2×2×2×2 = 2^5에서 2를 밑(base), 5를 지수라 한다.

진법

수를 표기하는 기수법 중의 하나이다. 현대 기수법은 자릿값 체계로 10진법(decimal system), 2진법(binary system), 5진법 등이 있다.

◐ 참고

① 2진법은 0, 1로 나타내는데 가장 단순하면서 가장 널리 응용되고 있다. 컴퓨터는 2진법을 쓴다.

② 10진법은 0, 1, 2, 3, 4, 5, 6, 7, 8, 9의 10개의 수로서 모든 수를 표현한다. 우리가 일상생활에서 쓰는 수는 바로 이 10진 기수법이다.

진분수

분자가 분모보다 작은 분수를 진분수(proper fraction)라 한다.

보기 $\frac{1}{2}$, $\frac{2}{3}$, $\frac{3}{4}$, $\frac{4}{7}$, $\frac{5}{9}$ 등은 모두 진분수이다.

◐ 참고

① 분수는 가로선 위쪽을 분자, 아래쪽을 분모라 한다.

② 분수의 종류에는 진분수, 가분수, 대분수로 나누고 특히 분자가 1인 분수를 '단위 분수'라 한다.

③ 대분수는 (자연수)+(진분수)의 형태이다.

④ 가분수는 분자가 분모와 같거나 큰 분수이다.

진소수

분수는 일정한 양의 전체를 등분한 것 중에서 몇 개를 택하여 $\frac{4}{5}$와 같이 나타내었다. 이와 같은 분수를 가분수나 대분수와 구별하기 위하여 진분수라고 하였다. 마찬가지로 소수에서도 분수 $\frac{4}{5}$를 0.8로 생각할 수 있다. 이와 같은 소수 0.8

을 3.82와 같은 소수와 구별하기 위해서 진소수(proper decimal)라고 말한다.

진약수

자기 자신을 제외한 약수를 진약수(proper factor)라 한다.

보기 8의 약수는 1, 2, 4, 8이다. 이 중에서 8을 제외한 1, 2, 4가 8의 진약수이다.

집합

집합(set)이란 '우리의 직관 또는 사고의 대상이며, 명확하고 또 식별할 수 있는 물건들을 모아놓은 전체'를 말한다.

보기 0보다는 크고 100보다 작은 자연수 중에서 짝수들의 모임

◐ 참고

① 철수네 반에서 키가 큰 어린이의 모임, 머리카락이 짧은 학생의 모임 등은 조건이나 범위가 확실하지 않기 때문에 집합이 아니다.

② 집합 속에 들어 있는 하나, 하나를 '원소'라 하고, 원소와 원소 사이를 ','로 나타내며, 중괄호 {　 }로 묶어 표현한다. 즉, 연필, 필통, 자, 지우개, 각도기 등을 '학용품의 집합'이라고 할 때, 지우개, 자, 연필 등은 '학용품의 집합'의 원소이다.

학용품의 집합 = {연필, 필통, 자, 지우개, 각도기}

③ 집합의 원소의 수가 유한개이면 유한집합이고, 무한이면 무한집합이다.

집합 수

양을 나타내는 수로서 어떤 집합의 원소가 몇 개(how many~)인가를 나타내는 수를 집합 수(cardinal number)라 한다.

보기 집합 A = {1, 2, 3}인 경우, A의 집합 수는 3이다.

집합적 사고

수학을 학습하는데 있어서 집합적으로 보고 생각함으로써 보다 발전적이고 창의적인 생각이 길러진다고 보는 사고를 집합적 사고(set theoretical thinking)라 한다.

보기 '모든 자연수는 유리수이다'는 집합적 사고를 함으로서 참임을 말할 수 있다.

짝수

어떤 수를 2로 나누었을 때 나머지가 남지 않는 자연수이다.

보기 자연수 중에서 2, 4, 6, 8, … 등을 '짝수(even number)'라 한다. 즉, 짝수는 2의 배수이다.

◐ 참고

① 자연수에서 짝수가 아닌 수를 '홀수(odd number)'라 하며 홀수는 1, 3, 5, 7, 9, …와 같은 수이다.

② 자연수는 짝수와 홀수로 이루어진 수이다.

③ 초등수학에서 짝수와 홀수를 지도하는 방법은 위에서와 같이 약수와 배수를 사용하지 않고, 주어진 물건의 개수를 양쪽으로 똑같이 나눌 수 있으면 짝수이고 그렇지 않으면 홀수이다.

차
뺄셈식 a−b = c에서 a−b를 'a 빼기 b'라고 읽고, c를 차(difference)라고 한다.

보기 뺄셈식 7−2 = 5에서 5를 7과 2의 차라고 한다.

천 모형
십진법 체계에서 열 개의 백 모형으로 이루어지는 입방체(cube)를 천 모형이라 한다.

보기 아래 그림은 낱개모형, 십 모형, 백 모형, 천 모형을 나타낸다.

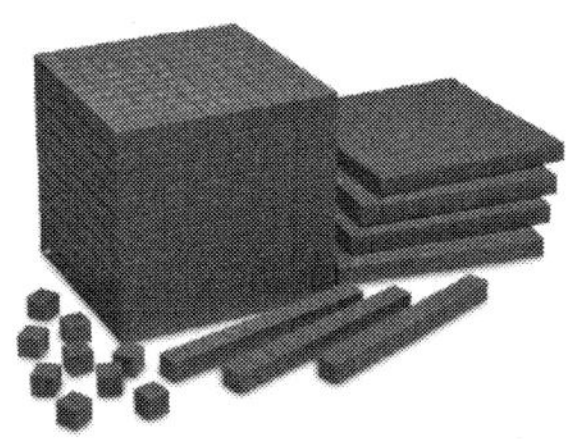

첨가형
덧셈의 유형 중에 하나로 하나의 부분에 다른 부분을 첨가해서 전체를 알아내는 조작을 첨가형(addition type)이라 한다.

보기 '연못에 오리가 3마리 놀고 있습니다. 2마리가 더 들어왔습니다. 연못에는 오리가 몇 마리 있습니까?'라는 문제를 해결하기 위해서는 모델 3개를 놓은

다음, 2개를 더 놓는다. 그리고 모두 몇인지 세어서 답을 구한다.

최대공약수

두 수의 약수들 가운데 공통으로 가지는 약수를 '공약수'라 하고, 이들 공약수 중에서 가장 큰 수가 최대공약수(greatest common divisor)이다. 공약수 중에서 절대치가 가장 큰 약수이며, 'G.C.D'로 표현하기도 한다.

◐ **참고:** 최대공약수를 구하는 방법은 다음과 같다.

① 소인수 분해로 구하기

$$36 = \boxed{2} \times \boxed{2} \times \boxed{3} \times 3$$

$$60 = \boxed{2} \times \boxed{2} \times \boxed{3} \times 5$$

↓ ↓ ↓

$2 \times 2 \times 3 = 12$ 최대공약수

② 공약수의 집합 만들기로 구하기

- 36의 약수의 집합 = {1, 2, 3, 4, 6, 12, 36}
- 60의 약수의 집합 = {1, 2, 3, 4, 5, 6, 10, 12, 15, 20, 30, 60}

→ 두 집합의 공통 약수(1, 2, 3, 4, 6, 12)중에서 가장 큰 수 12가 최대공약수이다.

③ 연제법으로 구하기

2	) 36, 60
2	) 18, 30
3	) 9, 15
	3, 5

$2 \times 2 \times 3 = 12$가 최대공약수이다.

④ 유클리디언 알고리즘(유클리디언 호제법)으로 구하기

- $\gcd(60,\ 36) = \gcd(36,\ 24) = \gcd(24,\ 12) = 12$

위의 4가지 방법 중 초등수학에서의 지도방법은 ②번과 같이 지도한다.

최소공배수

2개 이상의 수의 배수들 중에서 공통인 배수가 되는 수들을 '공배수'라 하고 공배수들 중에서 가장 작은 수를 최소공배수(least common multiple)라 한다. 최소공배수는 'L.C.M'으로도 표기하기도 한다.

◐ **참고:** 최소공배수를 구하는 방법은 다음과 같다.

① 소인수 분해로 구하기

$$\begin{array}{r|ccccc|cc} 36 = & 2 & \times & 2 & \times & 3 & \times & 3 \\ 60 = & 2 & \times & 2 & \times & 3 & \times & 5 \end{array}$$

$2 \times 2 \times 3 \times 3 \times 5 = 180$ 최소공배수

② 배수의 집합 만들기로 구하기

- 4의 배수의 집합 = {4, 8, 12, 16, 20, 24, …}
- 6의 배수의 집합 = {6, 12, 18, 24, 36, …}
- 4와6의 공배수의 집합 = {12, 24, …}

이때, 공배수 중에서 제일 작은 12가 최소공배수이다.

③ 연제법으로 구하기

$$\begin{array}{r|l} 2 & 36,\ 60 \\ \hline 2 & 18,\ 30 \\ \hline 3 & 9,\ 15 \\ \hline & 3,\ 5 \end{array}$$

$2 \times 2 \times 3 \times 3 \times 5 = 180$

위의 3가지 방법 중 초등수학에서의 지도방법은 ②번과 같이 지도한다.

측정수

측정수(measuring number)란 연속량인 대상을 측정한 결과를 나타내는 수이다. 길이, 무게, 부피, 시간 등은 세어서 나타내는 것이 아니라 재어서 나타내는 것(how much~)이므로 측정수라고 한다.

보기 6 m, 6 kg, 6시간, 6달 등의 6은 모두 연속량을 잰 결과를 나타낸 측정수이다.

친화수

친화수(親和數, friendly number)는 두 수의 쌍이 있어, 어느 한 수의 진약수를 모두 더하면 다른 수가 되는 것을 말한다.

보기 220과 284의 쌍이 그 예이다. 220의 진약수는 1, 2, 4, 5, 10, 11, 20, 22, 44, 55, 110로 모두 더하면 284가 된다. 반대로 284의 모든 진약수 1, 2, 4, 71, 142를 모두 더하면 220이 된다.

ㅋ

크기가 같은 분수

분모와 분자가 크기는 달라도 절대 값이 같은 분수를 말한다.

보기 $\frac{1}{4}$, $\frac{2}{8}$, $\frac{3}{12}$과 같은 분수이다. 크기가 같은 분수를 '동치 분수(equivalent fraction)'라 한다.

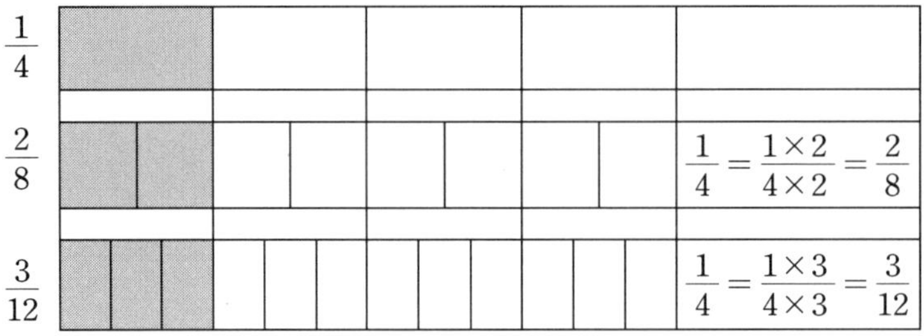

이와 같이 분자와 분모에 0이 아닌 같은 수를 곱하면 크기가 같은 분수가 된다.

퀴즈네어 색막대

이 색막대(colored rods)는 벨기에의 수학교육자 퀴즈네어(G. Cuisenaire)가 음악의 악보에서 음의 높낮이에 힌트를 착안하여 수들의 관계를 서로 다른 높낮이와 길이, 색깔로 나타낸 수학학습 교구로서 현재 세계적으로 널리 사용되고 있다. 이것은 한 변이 1 cm인 정사각형이고 길이가 1 cm에서 10 cm까지의 10종류의 직육면체 막대로서 그 구성은 주황색, 파란색, 갈색, 검은색, 녹색, 노란색이 각각 4개씩 있고, 보라색 6개, 연두색이 10개, 빨간색 12개, 흰색 22개 등 모두 74개로 구성되어 있다(최창우, 2014).

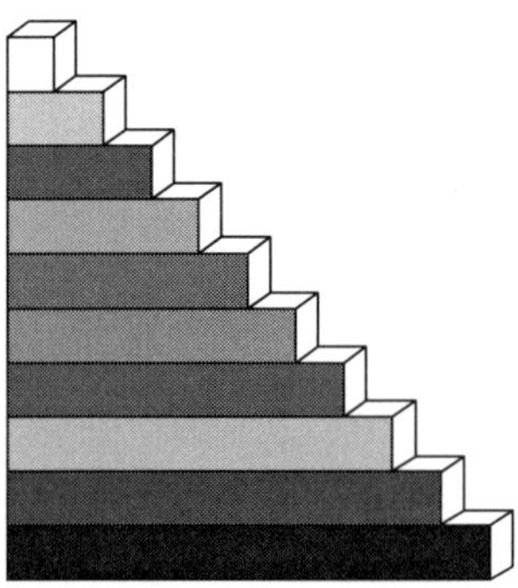

색	길이	개수
흰 색	1cm	22개
빨간색	2cm	12개
연두색	3cm	10개
보라색	4cm	6개
노란색	5cm	4개
녹 색	6cm	4개
검은색	7cm	4개
갈 색	8cm	4개
파란색	9cm	4개
주황색	10cm	4개

◐ **참고:** 퀴즈네어 색막대 활용이 가능한 초등수학의 내용

퀴즈네어 색막대를 활용할 수 있는 초등수학의 내용	교육과정 영역	해당학년
막대(임의의 측정단위)를 이용한 길이 측정 및 길이 어림	측정	1~2학년군
(한 자리 수)자연수의 덧셈, 뺄셈	수와 연산	1~2학년군
막대를 이용한 주어진 공간 채우기	도형	1~2학년군
자릿값 및 십진수의 지도	수와 연산	2~3학년
분수로 나타내기	수와 연산	3~4학년군
자연수의 곱셈과 나눗셈, 곱셈의 교환법칙의 표현	수와 연산	3~4학년군
막대그래프로 나타내기	자료와가능성	3~4학년군
패턴 익히기(증가, 반복, …)	규칙성	1~4학년
분수의 의미, 분수의 크기 비교	수와 연산	3~4학년군
동치분수 찾기	수와 연산	3~4학년군
회전이동, 대칭이동	도형	3~6학년
분수의 덧셈, 뺄셈	수와 연산	5~6학년군
선대칭 익히기	도형	5~6학년군
흰 막대를 단위 부피로 생각하여 직육면체의 부피 구하기	측정	5~6학년군
약수와 배수, 공약수와 공배수, 최대공약수와 최소공배수	수와 연산	5~6학년군
평균 구하기	자료와가능성	5~6학년군
비와 비율(비의 표현 및 비례식)	규칙성	5~6학년군
쌓기로 모양 만들기	도형	5~6학년군

큰 수

9999보다 큰 수로 만 이상의 수이다. 실생활에 쓰이는 큰 수는 만, 억, 조 등이며, 이보다 더 큰 수를 나타낼 때는 단위를 천, 만, 등으로 하여 나타낸다.

◐ **참고**

① 십진수는 0에서 9까지의 10개의 숫자를 사용해서, 10배하면 한 자리씩 위로 올라가는 수의 체계이다.

② 초등학교에서 지도하는 큰 수의 단위는 조(兆, trillion)까지이며, 만 이상의 큰 수를 읽을 때 우리나라의 명수법 체계는 일, 십, 백, 천이 반복되며, 4자리마다

새로운 수의 단위가 도입된다. 그러므로 큰 수는 읽을 때 뒤에서부터 차근차근 4자리씩 끊어 읽거나 쓰면 편리하다. 예를 들어, 2980001423458002을 읽는 방법을 다음과 같은 절차로 지도하면 효과적이다.

2980001423458002 → 2980 0014 2345 8002 → 2980 조 0014 억 2345 만 8002

→이천구백팔십조 십사억 이천삼백사십오만 팔천이

반대로, '사천오조 육십억 이만 사'를 수로 나타내는 방법을 다음과 같은 절차로 지도하면 좋을 것이다.

사천오조 육십억 이만 사 →

			조				억				만				
천	백	십	일	천	백	십	일	천	백	십	일	천	백	십	일
4	0	0	5			6	0				2				4

→

			조				억				만				
천	백	십	일	천	백	십	일	천	백	십	일	천	백	십	일
4	0	0	5	0	0	6	0	0	0	0	2	0	0	0	4

→ 4005006000020004

ㅌ

타일

벽이나 바닥 따위에 붙이는 것으로써 점토를 구워 만든 작고 얇은 판이다. 타일(tile)은 수 개념을 형성하는데, 낱개나 10단위에서 100단위까지 십진수의 덧셈, 뺄셈의 구체물 자료로 많이 쓰인다.

보기 그림타일을 이용한 자연수 만들기

3장의 수 타일 [1], [0], [4]로 만들 수 있는 세 자리의 수를 모두 알아보자. (100

의 자리의 수가 0일 때에는 안 된다.)

백의 자리 숫자	1	1	4	4
십의 자리 숫자	0	4	0	1
일의 자리 숫자	4	0	1	0
만들어진 수	104	140	401	410

∴ 만들 수 있는 세 자리의 수는 104, 140, 401, 410이다.

◐ 참고

① 수를 세는 데 쓰이는 타일을 '수 타일'이라 한다. 이는 타일을 대신하여 그림과 같이 너비가 1 cm정도의 긴 종이를 사용하며 분리량과 연속량의 연결을 짓는다.

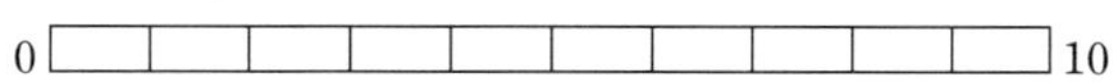

② 초등학교 1, 2학년에서는 자연수의 개수를 분리량으로 취급하지만, 자연수가 길이를 나타낸다는 생각도 필요하다. 타일의 사용은 이 두 가지 사고 방법의 가교 역할을 한다.

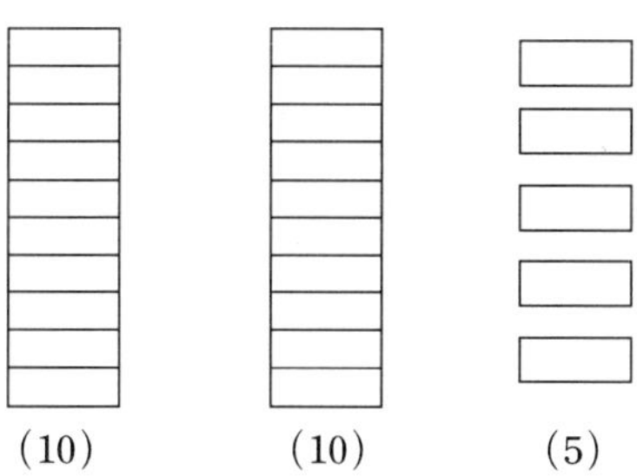

▣ 통분(통분한다)

통분(reduction of fractions to a common denominator)이란 두 개 이상의 분수에서 분모가 다를 때, 그 크기를 바꾸지 않고 분모를 같게 하는 것을 '통분한다.'고 한다.

즉, 분모가 다른 분수를 같은 분모로 고치는 것을 '통분한다'고 하고, 통분한 분모를 '공통분모'라고 한다. 통분은 분자와 분모에 0이 아닌 수를 곱하여 할 수 있으며, 공통분모는 각 분모의 공배수 중에서 가장 작은 수(최소공배수)로 하면 편리하다.

보기 $\frac{1}{3}$과 $\frac{3}{5}$의 통분

$$\frac{1}{3}=\frac{2}{6}=\frac{3}{9}=\frac{4}{12}=\frac{5}{15}=\frac{6}{18}=\frac{7}{21}=\frac{8}{24}=\frac{9}{27}, \cdots$$

$$\frac{3}{5}=\frac{6}{10}=\frac{9}{15}=\frac{12}{20} \cdots$$

$$\frac{1}{3}=\frac{1\times5}{3\times5}=\frac{5}{15}, \quad \frac{3}{5}=\frac{3\times3}{5\times3}=\frac{9}{15}$$

ㅍ

포함제

a에는 b가 몇 번 포함되어 있는가를 알아보는 나눗셈을 의미한다. 포함제(measurement division problem) 상황은 할당과 동수누감을 통하여 해결한다.

활동2 바둑돌 18개를 3개씩 나누어 보시오.

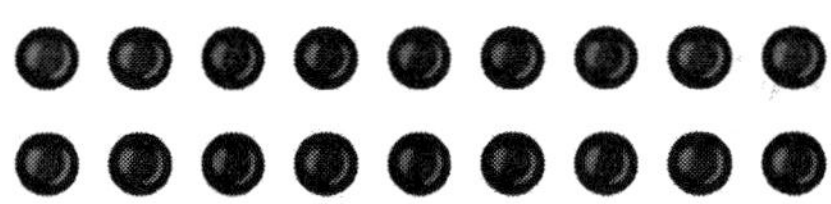

- 18에서 3을 몇 번 빼면 0이 됩니까?

  18−□−□−□−□−□−□=0

- 3개씩 묶으면 몇 묶음입니까?

- 나눗셈식으로 나타내어 보시오.

- 어떤 방법으로 나누었습니까?

이 문제는 $18=3\times x$인 형태로 기준량의 몇 개분(개수)쪽이 미지수로 되어있는

경우로 포함제이다.

플러스

덧셈기호 즉, 양수를 나타내는 기호를 플러스(plus)라 한다.

보기 5+7은 덧셈식으로, 이때 '+' 기호는 5에다 7을 더하라는 기호이다.

피가수

덧셈식 a+b = c에서 수 a+b를 'a 더하기 b'라 읽고, c를 합(sum)이라고 한다. 또, a를 a+b의 피가수(被加數, addend)라 한다.

보기 3+5 =8에서 3을 3+5의 피가수라 한다.

피감수

뺄셈식 a−b = c에서 a−b를 'a 빼기 b'라고 읽고, c를 차(difference)라고 한다. 또, 빼지는 수 a를 a−b의 피감수(被減數, minuend)라 한다.

보기 7−5 = 2에서 7을 피감수라 한다.

피승수

곱셈에서 두인자 중의 하나로, 곱하는 수와 곱해지는 수중 곱해지는 수를 피승수(被乘數, multiplicand)라 한다.

보기 4×5 = 20에서 우리나라에서는 4의 5배로 해석하며 4를 피승수, 5를 승수라 한다. 그런데 미국과 영국을 포함한 서양에서는 5의 4배로 해석하며, 5를 피승수, 4를 승수라 한다.

피제수

나눗셈에서 나누어지는 수를 피제수(dividend)라고 한다.

보기 72÷9에서 72가 피제수이다.

◐ **참고**

① 나눗셈은 피제수, 제수, 몫, 나머지로 이루어진다.

② 제수는 나누는 수이다.

72	÷	9	=	8
(피제수)		(제수)		(몫)

③ 검산은 나눗셈과 몫과 나머지가 맞는지를 확인해 보는 방법이다. 검산 방법은 몫과 제수를 곱하여 나머지를 더하면 피제수가 되어야 한다.

(나눗셈) $48 \div 5 = 9 \cdots 3$ (검산) $9 \times 5 + 3 = 48$

필산

종이와 연필을 이용하여 하는 계산을 필산(paper and pencil calculation)이라 한다.

◐ **참고:** 필산은 큰 수나 복잡한 수의 계산을 체계적으로 할 수 있다는 장점이 있다. 그러나, 계산 결과에 대한 수 감각을 느낄 수 없을 뿐만 아니라 계산하는 데 많은 시간을 필요로 한다는 단점이 있다.

ㅎ

합

덧셈식 $a+b = c$에서 수 $a+b$를 'a 더하기 b'라 읽고, c를 합(sum)이라고 한다. 즉,

어떤 수나 양을 더하는 것을 뜻한다. 다른 말로 나타내면 '합치다', '더하기', '덧셈'의 의미를 나타낸다. (피가수+가수=합)

합병형

덧셈의 유형 중에 하나로 동시에 존재하는 두 양을 한데 합친 크기를 구하는 상황을 말한다.

보기 '오른손에 구슬 3개를 들고 있고, 왼손에 2개를 들고 있습니다. 손에 들고 있는 구슬은 모두 몇 개입니까?'라는 문제를 해결하기 위해서는 모델 3개를 놓고 또 2개를 놓는다. 그리고 모두 몇인지 세어서 답을 구한다.

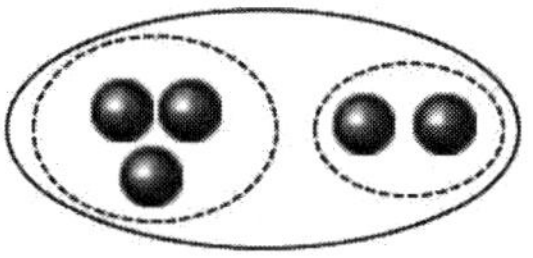

합성

둘 이상이 합하여 하나가 되거나 하나로 만드는 것을 합성(composition)이라 한다. 합성으로 덧셈의 개념을 형성하며 초보적인 덧셈에 주로 많이 이용한다.

보기 ●●●●●와 ☆☆☆의 합성은 ●●●●●☆☆☆이다. 5+3 = 8

합성수

1과 자기 자신 이외의 약수를 적어도하나 가지는 자연수를 합성수(composite number)라고하며, 모두 소수의 곱으로 분해할 수 있다.

보기 4, 6, 8, 9, 10, … 등은 1과 자기자신이외에 적어도 하나의 약수를 가지므로 모두 합성수이다.

합집합

두 집합의 원소들을 합쳐서 새로 모음을 뜻한다. 두 집합 'A'와 'B'가 있을 때, 적어도 집합 'A'와 'B'의 어느 한 쪽에는 속해있는 원소들로 이루어진 새로운 집합을 'A와 B의 합집합(union)'이라고 한다. 합집합의 기호는 ∪이다. 이것을 기호로 나타내면 'A∪B'로 나타내고 'A와 B의 합집합' 이라고 읽는다.

보기 $A = \{1, 3, 4, 6, 7\}$, $B = \{2, 3, 5, 6, 8\}$일 때, $A \cup B = \{1, 2, 3, 4, 5, 6, 7, 8\}$이 된다.

항등원

어떤 자연수 a에 대하여 $a \times 1 = 1 \times a = a$인 1이 유일하게 존재한다. 이때, 1을 항등원(identity)이라고 한다. 즉, 어떤 수에 1을 곱하면 그 자신의 수가 된다는 것이다.

형상수

피타고라스는 수는 일정한 모양을 갖는다고 생각하였는데, 그 모양이 삼각형이면 삼각수, 사각형이면 사각수, …와 같다. 이와 같이 수를 도형과 관련시켜 붙인 이름을 도형수라 하는데 다른 말로 형상수(figurate number)라고 하기도 한다.

혼 소수

자연수와 소수의 합으로 된 소수를 혼 소수(decimal mixed number)라 한다.

보기 3.62는 자연수 3과 소수 0.62의 합으로 되어 있으므로 혼소수이다.

혼합 계산

수의 연산에 있어서 덧셈, 뺄셈, 곱셈, 나눗셈이 하나의 식에 두 가지 또는 그 이상의 연산이 섞여있는 계산을 말한다.

보기 '(36+27)×5 = '와 같이 하나의 식에 덧셈, 곱셈 등 두 가지 이상의 연산이 있는 것을 말한다. 혼합 계산은 자연수끼리는 물론, 분수와 자연수, 분수와 소수, 자연수와 소수 또, 정수와 이들 간의 혼합 계산도 있다.

홀수

2로 나누어떨어지지 않는 정수이다.

보기 … −5, −3, −1, 1, 3, 5, … 등은 모두 홀수이다.

◐ **참고:** 초등수학에서는 음수를 취급하지 않으므로 자연수 중에서 2의 배수가 짝수(even number)이고, 짝수가 아닌 수는 홀수(odd number)이다. 와 같이 약속하고 있다. 즉, 자연수 전체 집합에서 2로 나누어떨어지지 않는 수 또는 2로 나눌 때 나머지가 1인 수의 집합을 '홀수'라고 한다.

보기 초등수학에서는 1, 3, 5, 7, 9, 11, 13, 15, … 등이 모두 홀수가 된다.

◐ **참고**

① 자연수 집합은 여러 가지 방법으로 분류할 수 있다. 예를 들어 자연수 집합은 {1}과 소수의 집합, 합성수의 집합으로 분류할 수 있다. 또, 3의 배수 집합과 3의 배수가 아닌 집합으로도 분류할 수 있다. 같은 방법으로 자연수 집합은 2의 배수 집합과 2의 배수가 아닌 집합으로 분류할 수도 있다. 이때, 2의 배수의 집합을 짝수라 하고, 2의 배수의 집합이 아닌 집합을 홀수라고 한다.

② 홀수는 2로 나누어 나머지가 1인 수 이므로, '(짝수)+1'로 나타낼 수도 있다.

③ 자연수의 연산에서 홀수가 나올 수 있는 경우는

(짝수)+(홀수)=(홀수)

(홀수)×(홀수)=(홀수)인 경우이다.

회문수

회문수(回文數, palindromic number) 또는 대칭수(對稱數)는 왼쪽에서 오른쪽으로 읽은 수와 오른쪽에서 왼쪽으로 읽은 수가 일치하는 수를 말한다.

보기 24542은 회문수이고, 45678은 회문수가 아니다.

힌두-아라비아 수 체계

힌두-아라비아 수 체계 또는 십진법은 아시아와 중동 지역에서 발생하였다. 초기 발달은 인디아에서 A.D. 600년 무렵 발생하였는데 위치적 기수법의 구조를 가진 수 체계이었다.

◐ **참고:** 힌두-아라비아 수 체계의 특징은 다음과 같다.

① 기본수(10)가 있다. 처음 수를 셀 때 손가락을 이용하였을 것이다. 손가락 10개가 모두 사용되면 더 이상 셀 수 없으므로 그 때까지 센 것을 기록할 필요가 있었다. 따라서 10개씩 묶는다는 것은 매우 자연스러운 일이다.

② 영에 대한 숫자가 있다. 0은 없음을 나타내기도 하지만 302처럼 0은 10묶음이 없다는 자릿값을 나타낸다.

③ 숫자 1, 2, 3, 4, 5, 6, 7, 8, 9, 0이 사용된다.

④ 자릿값 구조는 오른쪽에는 낱개를 나타내고, 왼쪽으로 한 자리씩 옮길 때마다 10배씩 큰 수를 나타낸다. 어떤 위치에서든 왼쪽에 있는 수는 오른쪽에 있는 수보다 10배 큰 수 있다. 이것은 소수를 나타낼 때에도 마찬가지이다.

⑤ 알고리즘을 사용하여 지필 계산이 가능하다. 계산기나 컴퓨터를 사용함으로써 지필 계산의 중요성이 떨어지기는 하지만 학생들은 연산에 대한 알고리즘을 배워야 한다.

참고문헌

강미선(2006). ≪행복한 수학 초등학교 1-수의 세계≫, 휴먼어린이.

강미선(2006). ≪행복한 수학 초등학교 2-연산의 세계≫, 휴먼어린이.

강시중(1981). ≪수학교육론≫, 교육출판사.

강완외(1999). 초등수학 학습지도의 이해, 양서원.

고동욱(1996). ≪수와 논리≫, 한국방송통신대학교출판부.

교육부(2002). ≪수학 5-가≫, 교사용 지도서.

교육부(2010). ≪수학 3-2≫, 초등학교 교사용 지도서.

교육부(2013a). 수학 1-1, ㈜천재교육.

교육부(2013b). 수학 1-2, ㈜천재교육.

교육부(2013c). 수학 2-2, ㈜천재교육.

교육부(2014a). 수학 3-1, ㈜천재교육.

교육부(2014b). 수학 4-2, ㈜천재교육.

교육부(2015a). 수학 5-1, ㈜천재교육.

교육부(2015b). 수학 5-2, ㈜천재교육.

교육부(2015c). 수학 6-1, ㈜천재교육.

교육부(2015d). 수학 6-2, ㈜천재교육.

교육부(2015). 수학과 교육과정, 교육부 고시 제2015-74호 [별책 8]

김남준(2014), 가능성 탐구, 2014 초등 수학수업 역량강화 직무연수. 서울특별시교육청.

김성준외(2013). 초등학교 수학과 교재연구와 지도법, 동명사.

김수환외(2010). 초등학교 수학과 교재연구, 동명사.

김수미(2015). 미국초등학교에서 쓰이는 수학용어사전, 교우사.

김연식·박교식(1994). 우리나라의 학교 수학 용어의 재검토. 대한수학교육학회 논문집 제4권 제2호. 1-10.

김옥경(1996). 초등학교 6학년 학생들의 분수 개념 이해와 분수 수업 방안에 대한 연구,

대한수학교육 학회논문집 제6권 제2호, p. 211-228.

김태수·김휘룡·노장옥·손창목·신영훈·정세원(1995). 초등수학용어집, 경상북도초등수학 교육연구회.

박성택외(1994). ≪수학교육≫, 동명사.

배종수(1999). ≪초등수학교육 내용 지도법, 제7차 교육과정을 중심으로≫, 경문사.

서울대학교 교육연구소(1999). ≪교육학 대백과사전≫, 하우동설.

이경희(2016). 수학레시피 - 초등

유병림(1983). ≪산수과교수법과 교재연구≫, 동명사.

이런 수업 어때요(2005). 서울초등수학교육연구회.

이용률외(1997). ≪초등수학교육론≫, 경문사.

이의원 외(1999). ≪초등수학교육≫, 동명사.

이인환(2010). 좋은 수학 수업을 위하여 교사에게 거는 기대와 역할, 초등수학과 교육 세미 나, 한국초등수학교육연구회.

전평국(1998). 초등수학교육 이론과 실제, 교학사.

최창우·남형채(1997). 초·중등학교에서의 함수의 개념에 관한 비교고찰, 대구교육대학교 과학·수학교육연구, Vol. 20, p. 27-47.

최창우(2001). 대수적인 관점에서의 수와 연산. 한국수학교육학회지 시리즈E, 제11집, 71-83.

최창우(2004).한국과 뉴질랜드의 초등학교 저학년 교육과정 및 수학학습프로그램의 비교와 분석, 대한수학교육학회지〈학교수학〉 제6권 제1호, 1-19.

최창우 외 2인(2004). ≪대학수학의 이해≫, 경문사

최창우·Story Brian(2008).뉴질랜드 초등학교의 포트폴리오 평가에 관한 사례연구, 대한수학교육학회지 〈수학교육학연구〉 제18권 제1호, 63-80.

최창우(2012). 뉴질랜드 초등학교의 포트폴리오 탐색, 한국수학교육학회지 시리즈 C 〈초등수학교육〉 제15권 제3호, 235-247.

최창우(2014). 수학교육과 교구, 경문사.

최창우(2017). 2015 개정 교육과정에 따른 초등수학 교재연구, 경문사.

하대연·박재균(1984). 수학영한사전. 형설출판사.

학습용어 개념사전, 2010. 8. 5., (주)북이십일 아울북.

한국초등수학교육연구회(1999). 제23회 초등수학 교육 세미나.

한국초등수학교육연구회(2001). 제25회 초등수학과 교육 세미나.

한태식(1995). van Hiele 이론에 근거한 대표적 연구의 비교, 대한수학교육학회 논문집 제5권 제1호, p. 29-37.

Centre for Mathematics Education(2003). *Getting to know the NZ Mathematics Curriculum.* Centre for Mathematics Edu- cation, Auckland College of Education.

Charles, Randall I.(February 1985). "The Role of Problem Solving." Arithmetic Teacher 32: 48-50.

Freudenthal, H. (1983). *Didactical phenomenology of mathematical structures. Dordrecht: D. Reidel Publishing Company*

Kouba, Vicky L. ,Catherine A. Brown, Thomas P. Carpenter, Mary M. Lindquist Edward a. Silver, and Jane O. Swafford.(April 1988)." Results of the Fourth NAEP Assessment of Mathematics: Number, Opreations, and Word Problems." Arithmetic Teacher 35: 14-19.

Romberg, Thomas, and Thomas Carpenter. "Research on Teaching and Learning Mathematics: Two Disciplines of Scientific Inquiry." In Handbook of Research on Teaching, 3d ed edited by M. Wittrock, pp. 850-73. New York: Macmillan Publishing Co., 1986.

Smith, J. C. (2006). Revisting algebra in a number theoretical setting. In R.

Vergnaud, G.(1983). *Multiplicative Structures,* In R. Lesh(Eds.), Acquisitions of Mathematics Concepts and Processes, Academic Press. 127-174.

Zalman Usiskin. Teaching Children Mathematics, February 1997.

찾아보기

ㅋ

ㅌ

ㅍ

ㅎ

A

B

C

G

H

I

L

M

N

O

P

Q

R

S

T

U

W

Z